IGLESIA ÚNICA

Cómo los líderes misionales definen la visión, capturan la cultura y generan movimiento

Will Mancini

 Vida®

La misión de Editorial Vida es ser la compañía líder en satifacer las necesidades de las personas con recursos cuyo contenido glorifique al Señor Jesucristo y promueva principios bíblicos.

IGLESIA ÚNICA
Edición en español publicada por
Editorial Vida – 2014
Miami, Florida

© 2014 por Will Mancini

Originally published in the USA under the title:
Church Unique
Copyright © 2008 by Will Mancini
Published by permission of Jossey-Bass, San Francisco, CA 94103

Editora en Jefe: *Graciela Lelli*
Traducción: *Grupo del Sur*
Edición: *Grupo del Sur*
Diseño interior: *Grupo del Sur*

ISBN: 978-0-8297-6529-8

CATEGORÍA: Ministerio cristiano / Recursos pastorales

IMPRESO EN ESTADOS UNIDOS DE AMÉRICA
PRINTED IN THE UNITED STATES OF AMERICA

13 14 15 16 ❖ 6 5 4 3 2 1

Más halagos para *Iglesia única*

«*Iglesia única* es un libro imprescindible. He observado que muchas de nuestras congregaciones predican acerca de la singularidad del llamado y los dones de Dios y luego intentan copiar el ministerio y el llamado de alguna iglesia popular. Si bien podemos aprender de las buenas prácticas de otras congregaciones, creo que es un error terrible querer ser exactamente iguales. Will Mancini nos muestra un mejor camino».

—Larry Osborne, autor de *A Contrarian's Guide to Knowing God*, pastor principal de North Coast Church, San Diego, California

«Cuando leí *Una iglesia con propósito* sentí el deseo de liderar una iglesia como Saddleback. Luego de leer *Iglesia única* lo que quise fue descubrir la identidad única de Dios para mi congregación. Will Mancini me brindó un manual inspirador y osado para movilizar a mi iglesia tradicional en función de su singular llamado misionero a seguir a Jesús».

—Reverendo Richard Kannwischer, pastor principal de First Presbyterian Church, San Antonio, Texas

«Como un experto chef de visiones, Will Mancini nos ofrece una receta creativa que satisfaga el hambre del líder de crear, lanzar e implementar una visión única para su iglesia».

—Aubrey Malphurs, profesor de ministerios pastorales de Dallas Theological Seminary, presidente de Malphurs Group y autor de *Planeamiento estratégico: un nuevo modelo para la iglesia y los líderes*

«Habiendo entrenado personalmente a líderes alrededor del mundo acerca de la visión de la iglesia, soy muy selectivo a la hora de invitar a alguien para que nos capacite en Discovery Church. Will Mancini es uno de los pocos que yo invitaría. El proceso que lidera y comparte en *Iglesia única* es muy útil, ya seas un principiante o un líder experimentado con experiencia en procesos de desarrollo de la visión. Si alguna vez has tenido como líder la pausa interior que te hace preguntarte si algo falta, este libro tal vez te otorgue la llave a una mayor claridad y a nuevos niveles de efectividad ministerial».

—David Loveless, pastor de Discovery Church, Orlando, Florida

«El proceso descrito por Will Mancini desató entre nuestros líderes un nuevo gozo y la energía para clarificar, articular y acercar la visión de Dios para nosotros en nuestra comunidad. ¡En mis quince años de liderazgo pastoral en Trinity Church nunca estuve más emocionado y esperanzado por el futuro de nuestra *joven* iglesia de 134 años!»

—Reverendo Dr. Richard C. Noack, pastor principal de Trinity Klein Lutheran Church, Spring, Texas

«Will Mancini es un líder de vanguardia e innovador, que obliga a otros líderes a examinar su interior y el de sus iglesias para intentar descubrir la realidad de quiénes son y qué están haciendo. Todos deberían leer sus escritos y escuchar sus mensajes».

—Ronnie Floyd, autor y pastor principal de First Baptist Church Springdale y the Church at Pinnacle Hills, Springdale, Arkansas

«La experiencia de Will Mancini en liderazgo visionario y pensamiento estratégico ha sido una enorme guía en mi ministerio. Todo lo que Will escribe debería leerse».

—David Saathoff, pastor principal de Bandera Road Community Church, San Antonio, Texas

«El proceso y los principios de este libro pueden ayudarte en cualquier nivel de la vida de tu organización. Si estuviera comenzando nuevamente mi ministerio, lo primero que haría sería seguir el camino señalado en este libro. Si sientes que estás estancado, este libro es para ti. Más importante aún, si estás experimentando un crecimiento rápido que te demanda reenfocar tu visión constantemente, lee este libro. Will Mancini trabajó para Upward Unlimited durante varios años, ayudándonos a definir y comunicar nuestra visión de un modo más claro. Entre los muchos beneficios de la claridad que actualmente disfrutamos, está la certeza de transmitir nuestra visión a la próxima generación asegurándonos de impartirle nuestro ADN».

—Caz McCaslin, fundador y presidente de Upward Unlimited

«Will Mancini ha dominado el proceso de ayudar a los líderes a comprender la visión de Dios para sus congregaciones, a descubrir su visión ministerial y comunicarla a quienes lideran. Lo que él aquí presenta no es otro programa de talle único, o un enfoque adaptable para todos. Es más bien un proceso probado de descubrimiento y disciplina que da como resultado una visión clara para iglesias dinámicas con ministerios saludables. El resultado final es una visión bíblica, persuasiva, clara, transferible, práctica y singular. Estos principios estimularán tu liderazgo, motivarán a tu equipo y revolucionarán tu ministerio».

—Willy Rice, pastor principal de Calvary Baptist Church, Clearwater, Florida

«La mayoría de los libros acerca de la visión son para personas que carecen de ella. Este no lo es. El libro *Iglesia única* de Will Mancini es pura claridad para tu proceso de búsqueda de visión. Si lo que buscas es un parche rápido para cortar y pegar entre las palabras desgastadas de tu declaración de misión, este libro no es para ti. Pero si estás listo para despertar a la singularidad dormida de tu iglesia y experimentar las "imágenes nítidas en alta definición" que solo tu congregación puede crear, entonces deja de leer esto y ve directamente a la página 113 (fig. 9.1). Will y su plantel de aprendices carnívoros nos han dado un nuevo mantra de los héroes: "Salva al líder de la iglesia, salva al mundo"».

—The Wayfarer Team, "Awaken Redefinition"

«Sé que el concepto de *Iglesia única* funciona porque lo experimenté de primera mano. A lo largo del proceso, el liderazgo de nuestra iglesia pudo descubrir la visión especial que distingue a nuestra congregación y posicionarse para alcanzar a las personas de maneras nuevas y emocionantes. Demasiadas congregaciones están frustradas con teorías estereotipadas que sencillamente no funcionan con la cultura de su iglesia. Los principios de *Iglesia única* hicieron exactamente lo contrario: nos ayudaron a expresar con claridad nuestros propósitos directamente desde quienes somos realmente».

—Ryan Rush, pastor principal de Bannockburn Baptist Church, Austin, Texas y autor de *Home on Time*

«Muchos de los libros para iglesia y liderazgo que leí siguen el mismo enfoque estereotipado, pero *Iglesia única* es diferente. Más que decir: "esto está bien escrito", cada capítulo me llevaba a la pregunta: "¿cómo nos comprometemos con mi equipo en esto ahora mismo?". Cuando no me avergonzaba por las maneras en que Will señalaba mis esfuerzos ineficaces por definir mi visión, me sentía motivado a implementar sus principios en ese mismo instante. Las iglesias que me rodean (y muy a menudo incluida la nuestra) están desesperadas por encontrar el camino a un futuro más saludable, pero con demasiada frecuencia encuentran obviedades bien escritas que brindan un alivio momentáneo más que una dirección duradera. *Iglesia única* va más allá del remiendo rápido y simple, y nos lleva hacia una visión profundamente útil para un futuro que honra a Dios. *Iglesia única* brinda esperanza, más allá de la salud de tu congregación. No solo es un libro para comprar, sino para implementar. Merece un premio por la sección de "agujeros de pensamiento" en los cuales pueden caer los ministerios sin darse cuenta».

—John Crosby, pastor principal de Christ Presbyterian Church, Edina, Minnesota

«Sostienes en tus manos un libro que te hará repensar el modo en que la iglesia lleva a cabo la gran comisión. Will Mancini es un viejo amigo y consultor de Castle Hills First Baptist Church. Nos ayudó a entender el ADN espiritual que hace que nuestra iglesia y misión en San Antonio sean tan únicas. El autor ama ayudar a líderes de iglesia para superar los problemas y obstáculos. Su comprensión acerca del proceso que lleva desarrollar cambios es extraordinaria. Este libro puede guiarte en circunstancias difíciles. Puede orientarte en el proceso de aprovechar iniciativas y oportunidades. Los principios que descubrirás en las páginas de este libro fueron usados, probados y su efectividad fue confirmada».

—R. James Shupp, pastor principal de Castle Hills First Baptist Church, San Antonio, Texas

«Cada tanto Dios pone personas únicas en tu camino que agregan un valor significativo a tu vida y ministerio. Will Mancini es una de esas personas en mi vida. En un momento crítico de la vida de nuestra iglesia, Will se unió a nuestro viaje y nos ayudó a navegar a través de las desafiantes aguas de permanecer fieles a nuestra visión en un contexto vertiginosamente cambiante. Hoy entendemos y comunicamos nuestra visión con mucha claridad, en gran parte, gracias a Will. Como alguien que ha cosechado los cuantiosos frutos de su contenido, recomiendo enfáticamente este libro».

—Vance Pitman, pastor principal de Hope Baptist Church, Las Vegas, Nevada

«Después de algunos años de haber transitado el camino hacia el descubrimiento de la visión, aún lo consideramos uno de los momentos estratégicos más importantes en la historia de nuestra congregación. Nos ayudó a clarificar nuestro propósito y continúa dirigiendo las decisiones de nuestro ministerio. *Iglesia única* tiene mi más alta recomendación como una herramienta indispensable para los líderes de la iglesia».

—Tim Sims, pastor ejecutivo de Gateway Community Church, Houston, Texas

«En *Iglesia única*, Will Mancini presenta con claridad el modo en que las congregaciones se entorpecen cuando siguen el modelo de moda en lugar de avanzar hacia la forma orgánica y moldeada por Dios específicamente para ellas, a través de un proceso práctico y dinámico de formación de visión. Lo experimenté, vi sus beneficios y creo en él».

—Brian Audia, director ejecutivo de Surgance, Inc.

«Pocas personas presionan la tecla de pausa en sus ministerios para pensar. Por eso me entusiasma tanto *Iglesia única*. Este libro te obligará a retroceder varios pasos y rever el ADN que Dios ha dado a tu iglesia. Luego te ayudará en el proceso de reconstruir, con más enfoque e intencionalidad. Así que, si realmente quieres repensar cada aspecto de tu ministerio y convertirte en la iglesia que Dios te llamó a ser, dedica toda tu atención a este libro».

—Billy Andrews, Southside Baptist Church, Warner Robins, Georgia

«Luego de cada encuentro con Will Mancini, me voy con el desafío de dar mi vida por el liderazgo de la iglesia de Dios. Will Mancini maximiza sus conocimientos como ingeniero, su entrenamiento teológico y su experiencia en el liderazgo congregacional para ayudar a cada iglesia a moverse más allá de la práctica de imitación, más allá de la adoración de la innovación, para llegar al emocionante mundo que significa convertirse en *Iglesia única*. Creo que el gran aporte de Will es ayudar a los líderes de la iglesia a pensar acerca del modo en que Dios diseñó sus congregaciones con un propósito singular. Todo líder está hambriento de cumplir el plan de Dios para su congregación, pero los modelos y mantras provistos para ayudar pueden entorpecer el camino. Antes de darte cuenta, estás a cargo de la iglesia Willow Creek sin tener al pastor Hybels contigo. *Iglesia única* festeja el trabajo creativo de Dios en cada uno de nosotros y nos brinda la confianza para acoger la gracia corporativa, el alma corporativo y el mandato divino que hacen que nuestras vidas y iglesias sean únicas. ¡Bienvenido a la temporada inspiradora de vivir tu historia personal y convertirte en el singular tú! La genialidad de *Iglesia única* se encuentra en las herramientas que ayudan a los líderes a avanzar más allá de la comprensión, hacia la integración. Lee este libro con un bolígrafo en tu mano».

—Bruce Wesley, pastor principal de Clear Creek Community Church, League City, Texas

Este libro está dedicado a
Abigail,
el tesoro de papá
T.G.W.W.

CONTENIDO

CUARTA PARTE

Promover la visión

Pensamientos finales

Prólogo

LA SINGULARIDAD PERMEA EL PLAN DE DIOS. De las galaxias a los bancos de arena, de los fósiles a los copos de nieve, cada elemento es único. La inigualable creación de Dios ruge con originalidad.

También lo hacen sus hijos. Cada uno de nosotros es una versión fresca de su creatividad. No hay dos de nosotros que sean idénticos. Cada persona es una combinación única de ADN, ambiente y circunstancias. Nadie es copia de nadie.

Elementos de la naturaleza: únicos.

Sus hijos: únicos.

Nuestro Señor ama hacer nuevas todas las cosas. ¿Por qué esperar que actúe de modo diferente con su iglesia? Will Mancini afirma que no deberíamos hacerlo. En este volumen él nos insta a ver cada congregación como una creación original. Cada ramo de flores es diferente de los demás.

Cada congregación toca la música de manera levemente diferente. Aun si toca la misma pieza que el grupo de la otra calle, la música emerge de una manera única porque los músicos no son los mismos. Los directores de orquesta descubren el sonido dentro de su banda y lo explotan.

Los líderes de congregaciones sabios también lo hacen. Este libro nos aleja de las modas pasajeras de la última conferencia y nos acerca a la fortaleza congregacional local innata. Si estás buscando lograr una iglesia saludable a través de un enfoque de talle único que se adapte a cualquier congregación, prueba con otro libro. Pero si estás listo para arremangarte la camisa y buscar la singularidad de la presencia de Dios en tu congregación, ésta es tu herramienta.

De manera muy hábil, Will Mancini aborda virtualmente todas las grandes ideas y opiniones que se emplean hoy día. Metódicamente las destila y reordena logrando que la visión sea más que una simple declaración. Este libro es, de muchas maneras, el eslabón perdido de todo el parloteo estratégico de la Iglesia.

Es un enfoque único en una disciplina saturada, una mirada exhaustiva y aun así, sencilla. Si crees que tu congregación no necesita este libro, lee el capítulo cuatro. Si crees que no tienes tiempo para un libro de este estilo, lee el capítulo nueve. Will trabaja a través de los mensajes mezclados y sintetiza las verdades irrefutables con la simpleza y la claridad que demanda de las iglesias con las cuales trabaja.

Él escribe desde la experiencia. El equipo Auxano lidera a nuestra iglesia (Oak Church, en San Antonio, Texas) a lo largo de este proceso. A pesar de que aún estamos uniendo las piezas, ya vemos emerger una visión más clara. Deseamos que tú puedas descubrir lo mismo.

Max Lucado y Steve Dye
Oak Hills Church
San Antonio, Texas

INTRODUCCIÓN

*Las diferencias entre congregaciones se acrecientan con el paso
de tiempo. Lo más seguro es asumir que no hay dos iguales.
Cada congregación tiene su propia cultura.*

Lyle Schaller

EL MENSAJE DE ESTE LIBRO se entrelaza de manera única en mi propia historia. Lidero una pequeña banda de seguidores de Cristo profundamente apasionada por la salud, el crecimiento, la efectividad y la fidelidad de la Iglesia. Nos llamamos a nosotros mismos «Auxano», palabra griega que Lucas utilizó en el libro de los Hechos para describir la expansión y multiplicación de la Iglesia primitiva. Somos una nueva clase de consultores, tan nueva que nos desagrada utilizar el término «consultores», por lo que nos auto-denominamos «navegadores». En menos de una década hemos trabajado con una gama muy amplia de iglesias que van desde las locamente creativas, a las que son fenómenos de crecimiento vertiginoso de los suburbios de Estados Unidos; desde proyectos que luchan por revitalizarse, hasta las vibrantes primeras líneas evangélicas. A diferencia de muchos consultores clásicos, hemos adoptado una estrategia de equipo en el modo de aprender, colaborar y servir a la iglesia local. Reconocemos, como muchos otros que escribieron en la última década, que éste es un tiempo desafiante pero a la vez optimista para la iglesia en Estados Unidos.

Menciono la variedad de nuestro trabajo consultivo no como quien exhibe un currículum, sino para enfatizar la singularidad de este libro. ¿Qué nos permitió servir a semejante variedad de iglesias mientras las placas tectónicas de la modernidad y la posmodernidad se desplazan y trituran? Encontrarás las respuestas en *Iglesia única*. En estas páginas descubrimos el modo de pensar, las herramientas, las experiencias de proceso y las historias que nuestro equipo acumuló al desempeñar los roles de evangelistas de claridad, estrategas misionales, especialistas en ajustes, y arquitectos culturales, todo en el cuerpo heterogéneo de Cristo y en estos tiempos extremadamente desafiantes. Para decirlo de otro modo:

- o Ayudamos a las iglesias misionales a expresar con claridad una estrategia y desarrollar el proceso

- o Exhortamos a las iglesias que están demasiado estructuradas a enterrar su rutina ministerial

o Mostramos a las iglesias tradicionales cómo ponerse «ruedas de entrenamiento misional»

o Denunciamos las dinámicas no intencionales en nuestras congregaciones que están perfectamente diseñadas para crear el consumismo religioso que todo pastor rechaza

o Alentamos a todas las iglesias a hacer sentir el latido de Jesús en la comunidad circundante con su Iglesia única

Vemos el futuro de la Iglesia con el optimismo que nace de nuestra experiencia compartida. Cada día las iglesias locales están un paso más cerca o más lejos de convertirse en el movimiento para el cual Dios las diseñó. El equipaje del institucionalismo es más pesado o no fue desempacado. El latido de la pasión redentora late más fuerte o se debilita. Creemos que «el futuro como movimiento» para la iglesia local está intrínsecamente ligado a dos supuestos. Primero, una visión única debe «rebozar» de la vida del líder tanto como de la comunidad de liderazgo de la iglesia. Segundo, esta visión debe crear una cultura única al interior de la iglesia que esté predispuesta y motivada a permear la cultura exógena de la iglesia. En otras palabras, alcanzar a la comunidad circundante debería ser algo innato, conducido por el ADN de la iglesia y no por un programa de actividades. Por lo tanto, escribo con un propósito: *desafiarte a encontrar tu Iglesia única, esto es, a vivir una visión que permite crear una iglesia activa sensacionalmente única.*

Lo que no es este libro

Un rápido sondeo del material sobre liderazgo de la iglesia revela varias categorías dominantes. *Iglesia única* se distingue claramente de todas ellas con un enfoque innovador.

¡No *más escuela!*

Iglesia única no está escrito desde un enfoque académico. Hubo un excelente trabajo de investigación y documentación de la iglesia emergente cuando desafiamos a las iglesias con las cuales trabajamos a despertar al cambio cultural.*

---

* *Missional Church* de Guder y Barrett, *Emerging Churches* de Gibbs y Bolger, y *The Shaping of Things to Come* de Frost y Hirsch son tres trabajos excelentes y un muy buen punto de partida.)

También hubo algunas «planificaciones estratégicas» efectivas, o herramientas de «planificación ministerial» producidas por profesores-profesionales (por ejemplo, *Planeamiento estratégico: un nuevo modelo para la Iglesia y los líderes,* por mi amigo Aubrey Malphurs). *Iglesia única* está en contraste con esos trabajos. Sí, debemos esclarecer la necesidad de una transformación misional en la iglesia local, ¿pero quién nos mostrará a qué se parece realmente? Sí, tenemos que tener modelos de planificación de los cuales aprender, ¿pero quién ayuda a las iglesias locales a definir o redefinir mejor su ADN? Este libro habla de esos asuntos desde la experiencia de nuestro equipo de navegadores a tiempo completo que vive inmerso en la presión constante del liderazgo cotidiano de la iglesia y los procesos de cambio.

¿Preguntas acerca de preguntas?

Iglesia única no ofrece conclusiones y extrapolaciones basadas en encuestas u otros análisis empíricos. Camino en la cuerda floja de una relación de amor-odio en este punto. Por un lado estoy profundamente agradecido a investigadores como Barna Group y Gallup Research, quienes sirven a la iglesia con un trabajo muy cuidadoso basado en la integridad, que resulta indispensable. Por el otro lado, soy un poco escéptico frente a quien escribe un libro referido a lo que debería ser la iglesia, como resultado de haber realizado un puñado de encuestas por correo. Los libros y las aproximaciones consultivas desde esta metodología pueden ser muy útiles, pero para mí generan acidez estomacal por dos motivos: he visto trabajos de encuestas distorsionados para encajar en expectativas preconcebidas, y he visto cómo un mal uso de estos resultados hirieron a la iglesia debido a un sobre-análisis. Permíteme ilustrar esto. Si preparo una encuesta y la envío a trescientas «iglesias efectivas», puedo desarrollar de manera relativamente sencilla un esbozo de «diez hábitos de una iglesia efectiva» o algo por el estilo. Si luego traslado eso a tu iglesia evaluaré tu trabajo sobre la base de estos criterios predeterminados. Así puedo crear un sistema de puntuación que permitiría definir lo que estás haciendo bien y lo que no. Luego de las calificaciones ¿qué conclusión te dejo? Que debes trabajar en tus debilidades, por supuesto. El problema con esto es simple. Si tu enfoque principal o paradigma de efectividad es tratar de superar tus limitaciones, terminarás peor que al comienzo. En cambio será mucho más efectivo si te enfocas en descubrir y desarrollar tus fortalezas.

Desde este posicionamiento *Iglesia única* comienza mirando a la micro cultura que te rodea y a lo que hace que tu congregación sea única en su especie. ¿Cuál es la huella digital única de Dios para tu iglesia? ¿Qué tiene de diferente la gracia corporativa de tu congregación y su alma colectiva? ¿Qué es lo que tu iglesia hace mejor que otras diez miles? Esta perspectiva honra a Dios al considerar lo que hizo y lo que planea. Esto representa una aproximación sintética que lógicamente debe ser previa a una analítica. (Muchos de ustedes aprendieron a hacer estudios bíblicos de la misma manera, comenzando con síntesis o conclusiones tentativas acerca de la unidad de un libro bíblico antes de interpretar los versículos individuales del texto.) Claramente, hay un tiempo y un contexto para analizar, pero cuidado si es el enfoque dominante.

¿Aceptar la «solución mágica»?

Iglesia única no se enfoca en una táctica particular de liderazgo eclesiástico. Lo repito, los libros que lo hacen pueden ser de gran ayuda, como por ejemplo los libros acerca de dotación de personal, cómo ser un pastor ejecutivo, cómo evangelizar y recaudar fondos, y otros. Recomiendo libros como estos con regularidad, pero marco dos limitaciones. Primera: en general los abordajes de la iglesia son extremadamente fragmentados (de nuevo síntesis versus análisis). En el mejor de los casos aprender tácticas nos deja susceptibles a un abordaje difícilmente extrapolable, que nos impide integrar la visión a la vida de la iglesia. En el peor de los casos, puede prometer demasiado para el futuro ofreciendo «la solución» (el síndrome de la «solución mágica») porque representa de un modo falso el eslabón perdido a la efectividad de la iglesia. Segunda limitación: el abordaje táctico no suele considerar ninguna de las características singulares de tu congregación o de la micro cultura que la rodea.

¿Modelos o hacedores de modelos?

Iglesia única no describe la historia del modelo de abordaje de una iglesia. Personalmente, las «biografías de iglesias» me resultan una lectura muy placentera e inspiradora. (Por ejemplo, acabo de leer *Confessions of a Reformission Rev*, de Mark Driscoll. Aprecio su humor áspero y la introspección que aporta al relatar la historia de Mars Hill Community.) En tanto es importante intercambiar nuestras historias, hay una función que estos libros no realizan. Si bien cuentan acerca de su visión única y singular, raramente aportan una guía o herramientas introspectivas para desarrollar *tu propia visión*. Por favor, comprende que no expreso todo esto para ser crítico, sino tan solo práctico.

En contraste con describir «la experiencia de una iglesia», mostramos «fotografías» a lo largo del viaje de muchas congregaciones. Estás imágenes no son solo para ilustrar, sino para ofrecerte un valor práctico y fácilmente extrapolable para que puedas contextualizar tu misión y focalizar tus propias iniciativas estratégicas.

Entonces ¿qué promete *Iglesia única*? Presenta ideas acerca del modo de discernir tu «gracia corporativa» y tu micro cultura circundante, así como la forma de sintetizarlos en tu singular Sendero de visión. Más que eso, te aporta un Modelo de Integración de la Visión. Este modelo es el marco para actualizar todos los aprendizajes tácticos en función de tu visión particular. Cuando discutamos acerca de la *visión como un estilo de vida*, las ideas de cultura eclesiástica e integración de la visión serán importantes. ¡No crearás una cultura contagiosa a menos que tu visión única afecte y se manifieste de un modo único en cada faceta de la vida del cuerpo!

Un modo de vida de liderazgo visionario

Los contenidos de este libro son una alternativa a la planificación estratégica clásica.

En lugar de un documento de planificación estático, te muestro el modo en que puedes desarrollar un sendero de visión que lleva a un *estilo de vida* de liderazgo visionario, en contraposición y por sobre el concepto de una *declaración* de visión. La tabla I.1 resalta algunas diferencias entre la planificación estratégica clásica y el abordaje de sendero de visión de una Iglesia única.

En pocas palabras, este enfoque representa un contrapunto a una epidemia que estamos padeciendo en la iglesia de Estados Unidos, a la cual denomino «vacío de visión». Los síntomas de esta patología se han vuelto tan normales que son difíciles de reconocer. Los líderes en la vorágine de vacío claman por las herramientas, programas y recursos apropiados para impulsar a sus congregaciones hacia adelante, en lugar de descubrir modos mejores de dirigir la energía del liderazgo. El resultado es la clonación masiva y la aglomeración de una visión fotocopiada en el cuerpo de Cristo. A pesar de lo real y extendido de este brote, creo firmemente que hay una solución clara y alcanzable. ¿En qué consiste? Un mejor modo de liderazgo incluye las disciplinas de observación cuidadosa, gran imaginación y máxima colaboración que forjan una visión *única* basada en lo que Dios está haciendo de modo *único* en el contexto *único* de cada iglesia. Hubo un tiempo en el cual un abordaje de talle único que sirviera para todos era viable. Ya no estamos en ese tiempo. Hasta que los líderes no solo acepten la singularidad, sino que lleguen a reconocerla como algo valioso, se perderán lo mejor que tiene Dios para sus ministerios. La respuesta es tener una visión que se haga visible, original, natural, focalizada y extravagante. Cuando los líderes comienzan a pensar con claridad, comprometiéndose localmente, focalizándose desde una postura redentora, y arriesgándose con osadía, sus iglesias se convierten en una fuerza imparable y una influencia irresistible. Se convierten en iglesias que prevalecen, no porque «tengan un propósito», sino porque *están llenas de propósito*. ¿Estás listo para descubrir y vivir una visión que cree una cultura eclesial sorprendentemente única? Si lo estás, *Iglesia única* es tu mapa. En este libro te guiamos para que puedes descubrir, desarrollar y transmitir tu visión única al crear tu propio sendero de visión. La claridad y aplicación práctica que captas mediante este tipo de proceso te llevarán a un nuevo nivel de efectividad y a un estilo de vida de liderazgo visionario.

La figura I.1 resalta los pasos sencillos que seguiremos en estas páginas para ayudarte a desarrollar, descubrir y transmitir la visión de Dios exclusiva para tu congregación.

Tabla I.1 Planificación estratégica vs. Sendero de visión

Planificación estratégica clásica	Sendero de visión de una Iglesia única
Visión como contenido	Visión como forma de vida
Misión como declaración	Misión como mandato misional
Valores como declaraciones	Valores como motivos misionales
Estrategia como plan	Estrategia como mapa misional
Mediciones como objetivos	Mediciones como marcas de vida misional

Figura I.I Anticipo del sendero de visión

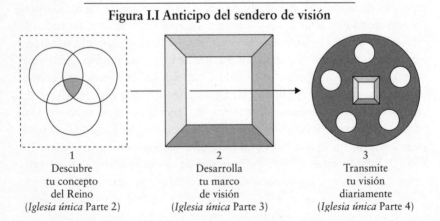

1
Descubre
tu concepto
del Reino
(*Iglesia única* Parte 2)

2
Desarrolla
tu marco
de visión
(*Iglesia única* Parte 3)

3
Transmite
tu visión
diariamente
(*Iglesia única* Parte 4)

Descubrir la visión misional

La primera parte, «Redefinir la visión», muestra el vacío de visión existente en las iglesias de hoy. ¿Qué resultado obtuvimos de dos décadas de conferencias? ¿Cuál es la utilidad actual de la planificación estratégica en la iglesia? ¿Cómo la iglesia emergente y la recuperación del *missio Dei** desafían los supuestos previos sobre el crecimiento de la iglesia? Aquí exploramos estas y otras preguntas. La primera parte explica el modo en que las iglesias perdieron su rumbo y necesitan encontrar su propio Sendero de visión.

La segunda parte, «Esclarecer la visión», va directo hacia la naturaleza esencial de la claridad que deben tener los líderes de la iglesia de hoy. ¿De dónde proviene la claridad? ¿Cómo pueden determinar mejor el futuro los líderes? ¿Cómo pueden tener una confianza absoluta al expresar con claridad la identidad y la dirección de la iglesia? Al leer las respuestas a estas preguntas confío en que encontrarás algunas perspectivas frescas que ampliarán significativamente tu entendimiento de la visión y te ayudarán a continuar desarrollando tus habilidades como visionario. Para los líderes que aún se hacen eco del pensamiento y los escritos misionales de la última década, la segunda parte provee una perspectiva que te impulsa a consolidar y madurar el movimiento que ya estás liderando, mientras descubres tu «concepto del Reino», la «gran idea» simple y clara que define el modo en que tu congregación glorificará a Dios y hará discípulos.

La tercera parte, «Expresar con claridad la visión», presenta un modelo para poder ser elocuente incluyendo el desarrollo de tu marco de visión. Éste está compuesto por cinco elementos que definen el ADN de tu iglesia y crea la plataforma de alcance de tu visión. El marco de visión es lo suficientemente amplio como para incluir el vocabulario evolutivo de la iglesia que anticipa hacia donde te está llevando Dios. Una vez que el equipo de liderazgo completa el extenuante, pero muy gratificante, proceso de esclarecimiento de la visión, ¿cuáles son las palabras adecuadas para describir tu concepto del Reino? ¿Qué términos destraban la comprensión de la estrategia? ¿Qué idioma capta los corazones de tu gente?

La cuarta parte, «Promover la visión», introduce un modelo de integración de visión que te ayuda a transmitir la visión diariamente. ¿Qué pasos prácticos ayudan a los líderes visionarios a avanzar al siguiente

---

(*N. del T.: En las primeras décadas del siglo XX surgió el término latino *missio Dei,* el cual, luego de ser admitido, adquirió gran popularidad en medio de variadas interpretaciones. El término está estrechamente vinculado con la relación existente entre la misión de Dios y el llamamiento de la iglesia a participar.)

nivel? ¿Cómo pueden levantarse los líderes y reclutar más interesados en la congregación? ¿Qué haces con aquellos preciosos hermanos frustrados que están anclados al ayer? ¿Existe un modelo de visión central que redefina el modo en que los diversos departamentos de la congregación puedan trabajar juntos? Detrás del modelo de integración de visión se encuentre quizás uno de los supuestos más importantes de este libro: *el nivel de éxito en promover la visión es directamente proporcional con el nivel de éxito que previamente existió en alinear e incorporar dicha visión*. Al considerar la visión como un estilo de vida, los conceptos cultura de la iglesia e integración de la visión son vitales.

En otras palabras, nutrir la cultura interna precede a la expansión de la influencia externa. El verdadero cambio se genera de adentro hacia afuera.

Lyle Schaller, tal vez uno de los consultores de iglesias más respetados del siglo veinte, cuyas observaciones y trabajos abarcan cinco décadas, apoya este principio. De sus cuarenta y tantos libros, una de las observaciones más importantes que él hace acerca de las tendencias de crecimiento es la siguiente: «El asunto crucial [del crecimiento] *no* es la estrategia en sí misma [de la iglesia]. La cuestión crucial es si la congregación, incluyendo los que reciben un salario, está preparada para brindar el suficiente apoyo a una estrategia central claramente definida y respaldada».[1] En otras palabras, la estrategia central que eliges no es tan importante como lo es el sentimiento de pertenencia e integración en torno a la estrategia que elijas.

El modelo de integración de visión les brinda a ti y a tu equipo de liderazgo un marco común y una comprensión compartida que la mayoría de las iglesias jamás tiene. Funciona para cualquier trasfondo denominacional, tamaño de iglesia y estilo de liderazgo.

Finalmente, a lo largo del proceso de redefinición, esclarecimiento, clara expresión y promoción de la visión, los capítulos utilizan la metáfora de la redención. Esto es así por dos razones: primera, si el impacto potencial de crear una cultura espectacularmente única es tan enorme, la salvación es una analogía maravillosa y estimulante. Segunda, será normal encontrar el triple patrón «perdido, hallado y transformado» en tu experiencia personal y en el trabajo diario de ocuparte de los corazones de las personas.

Recuerdo que antes de sentir el impulso hacia el ministerio vocacional en la facultad, siendo un joven estudiante ponía total atención en cada palabra que mencionaba mi pastor. (Asistía a una pequeña capilla bíblica en Brandywine Valley, en el sudeste de Pensilvania.) Un día, durante el sermón, mi pastor dijo algo que cautivó mi corazón: «Siempre quise ser un hacedor de reyes y no un rey». Honestamente no recuerdo la prédica ni el contexto de esta declaración. Las palabras simplemente penetraron en mi mente y todo lo demás se evaporó. No sería sino hasta veinte años más tarde que reconocería la resonancia profética dentro de mi corazón. Habiendo tenido la oportunidad de liderar un gran modelo, prefiero mantenerme detrás de la escena trabajando como un hacedor de modelos. Mi mayor gozo es ver a un líder expresar con claridad por primera vez un modelo de ministerio único para su congregación. Esa es la pasión que existe detrás de *Iglesia única*. Mi oración es que, al interactuar con las páginas de este libro, Dios te revele un panorama de su visión para tu vida y ministerio que te deje sin aliento, mientras trabajas, amas y vives por Cristo Jesús.

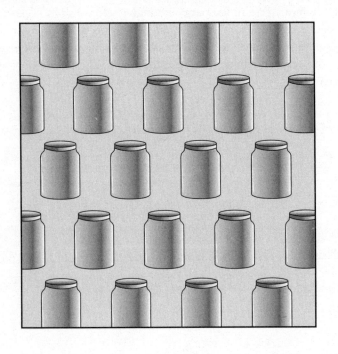

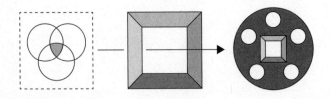

Primera parte

REDEFINIR LA VISIÓN

UN GRANJERO QUE COSECHABA CALABAZAS PASEABA entre sus plantas de hermosas hojas verdes al comienzo de la temporada, mientras sus pequeñas verduras comenzaban a aportar color al paisaje. Miró hacia abajo y notó un frasco de vidrio transparente. La curiosidad se apoderó de él, agarró el envase y lo llevó hasta uno de los brotes de calabaza, metió la pequeña calabaza con su pecíolo dentro, y dejó el frasco abierto en el campo.

Meses más tarde, habiendo olvidado por completo el experimento, el granjero caminaba por su huerta muy satisfecho al ver su campo cubierto de calabazas hermosas y enormes. Así redescubrió el frasco de vidrio intacto, pero se sorprendió al verlo lleno con la pequeña calabaza que creció en su interior. La fina barrera de vidrio había definido la forma de la masa naranja que contenía. La calabaza tenía un tamaño un tercio menor de lo que debería.

El problema con esta pequeña calabaza es el mismo que padecen la mayoría de las iglesias en la actualidad. En lugar de crecer hasta su máximo potencial dado por su ADN, se conforman con el tamaño de un molde o modelo externo. Estos «frascos de vidrio» ponen barreras invisibles al crecimiento y predeterminan el formato de comunidad que tendrán las iglesias.

La primera parte nos muestra los frascos que debemos romper para poder vivir con alegría la cultura y la forma natural modelada por Dios para cada congregación local y, más importante aun, para tu congregación local. El liderazgo visionario de hoy parece asemejarse más al «frasco compartido» que a tu propio ADN. Por lo tanto, es tiempo de redimir la visión redefiniéndola. En otras palabras, necesitamos repensar lo que significa ser un visionario. Una vez que la visión es evaluada y reestablecida, los líderes misionales pueden romper el molde, una iglesia a la vez, al liderar a su congregación hacia el futuro incomparable de Dios para su iglesia.

1

PECADO NO ORIGINAL

DESCUIDAR LA SINGULARIDAD

En la vida de fe cada persona descubre cada uno de los elementos que conforman una aventura única y original. Dios nos previene de seguir los pasos de los demás y nos llama a una asociación incomparable con Cristo. La Biblia deja bien en claro que cada vez que hay una historia de fe, es completamente original. El genio creativo de Dios no tiene fin. Nunca cae en el recurso de reproducir copias en serie por estar fatigado o incapaz de mantener la rigurosidad de la creatividad.

—Eugene Peterson

JACOB, MI HIJO DE TRECE AÑOS, disfrutó recientemente de un viaje en avión de dos horas acompañado de su nuevo amigo Matthew. Mientras charlaban y se iban conociendo, decidieron escribir e intercambiar sus firmas sobre las servilletas de papel que daban en el avión. Matthew pensó que la firma de su nuevo amigo era un poco aburrida, así que cada diez minutos mi hijo me interrumpía pasándome una servilleta firmada para que yo la analizara. Cada papel contenía cinco nuevos modelos de firmas cuidadosamente diseñados. «¿Cuál te gusta más, papá?», me preguntaba mi hijo entusiasmado. Cambiando la inclinación, remodelando sus letras jotas e imitando la sofisticación de la letra de un doctor, mi hijo se encaprichó con encontrar su firma adecuada una que fuera impresionante. Debido a su creciente frustración, busqué las palabras correctas para liberarlo de su sobre-análisis. «La firma adecuada», afirmé con seguridad, «es la que sale con más naturalidad».

Hoy visité una de las iglesias más grandes de Carolina del Sur: una comunidad bautista del sudeste, ubicada en el centro de la ciudad, cuyo edificio se levanta con ladrillos rojos y columnas blancas, inmersa entre los inconfundibles acentos de la cultura sudoriental. Mañana pasaré el día en la primera iglesia protestante de la ciudad de Houston, una elegante comunidad tradicional, alojada en el centro cultural del distrito de museos del centro médico más grande del mundo. Este fin de semana estaré en un suburbio de Phoenix, trabajando con una comunidad de las Asambleas de Dios, cuyo pastor predica a siete mil personas usando una camisa hawaiana. Cada una de estas iglesias tiene su propia firma: el modo en que lleva a cabo su ministerio con más naturalidad. Cada día me confronto con la fuerza bruta de la realidad de que las iglesias locales son, sin lugar a dudas, *únicas e incomparablemente diferentes*. Dios no produce en serie a su Iglesia.

Singularidad infinita

No desechemos la infinita creatividad de nuestro ingenioso Señor en lo referente a las huellas digitales de la iglesia local. ¿Cuánto se deleita Dios en la singularidad creativa? Considera los copos de nieve. En toda la historia de la existencia no han caído dos copos idénticos. ¿Cómo es eso posible? Es la obra de las manos de Dios; cada complejo cristal de nieve tiene un número casi infinito de variaciones. Cuando estos copos extremadamente sensibles son soplados por el viento, las condiciones siempre cambiantes los llevan a desarrollar diferentes patrones. El diseño final es un reflejo de estas condiciones de crecimiento.[1]

Considera ahora lo que Dios hace cuando quince personas se reúnen en su nombre. ¿Cuánta singularidad hay en esos quince individuos? ¿Y qué pasa con una congregación de cien, o mil personas? ¿Es posible que la originalidad de estos grupos sobrepase la originalidad de un pequeño cristal de agua arrastrado por el viento del invierno? ¿No será que cada iglesia, aun siendo pequeña, posee un alma colectiva peculiar porque cada congregación es un subconjunto diferente de santos únicos en su especie? ¿No será que cada locación presenta sus propias condiciones de crecimiento que afectan el patrón y desarrollo del pueblo de Dios? Si a lo largo de la historia del universo cada copo de nieve creado fue diferente, ¿es tan difícil concebir que cada una de las más de trescientas mil iglesias en Estados Unidos es única?

Estas preguntas nos llevan a la esencia de la redefinición de la visión. El punto de inicio para la visión, reflexionando acerca del futuro de la iglesia, no es decidir a dónde queremos ir o explorar lo que está funcionando en otras congregaciones, sino entender *de qué modo somos únicos*.

Singularidad = Cultura

¿A qué singularidad me refiero? No se trata simplemente de un estilo de alabanza o del tipo de programas ofrecidos. Es algo más significativo y al mismo tiempo sutil. Es algo que suele pasarse por alto: una cultura única de cada iglesia en particular. La cultura surge como efecto combinado de la interacción entre valores, pensamientos, actitudes y acciones que definen la vida de tu congregación. Este término es difícil de definir en su naturaleza porque representa un concepto amplio e intangible. George Barna da una definición ampliada de cultura: «es el resultado de la compleja mezcla entre conocimiento, creencias, valores, supuestos, símbolos, tradiciones, hábitos, relaciones, recompensas, lenguaje, moralejas, reglas, y leyes que aportan sentido e identidad a un grupo de personas».[2]

Robert Lewis y Wayne Cordeiro describen esta compleja mezcla de cultura como «la realidad social más importante en tu iglesia. Aunque invisible para el ojo no entrenado, su poder es innegable. La cultura da color y sabor a todo lo que tu iglesia es y hace».[3] Otra definición común de cultura es «reglas no explícitas de cómo hacer las cosas». El modo en que cada congregación expresa su vida y ministerio de modo sutilmente diferente, brinda resultados que finalmente son influenciados por su cultura.

Hay tantos ejemplos de cultura como grupos de personas existen, ya sea una nación, compañía, iglesia, club o escuela. Durante tres años participé con mis dos hijos en un emprendimiento local de Indian Guides. Era un programa, patrocinado por YMCA, conformado por una pequeña comunidad de padres e hijos que realizaba una serie de actividades y campamentos al aire libre. Esta particular cultura se caracterizaba por sus reuniones tribales, tenía un sistema de ceremonias de premiaciones, y se identificaba por el uso de una especie de uniforme especial. Cada semana, tomábamos nuestros chalecos de cuero decorados con parches y nuestros tocados de plumas. Cada campamento esperaba ansioso la danza del chamán alrededor de la fogata. Cada cosa que hacíamos estaba relacionada con el lenguaje indio, comenzando por nuestros nombres. Como mis hijos eran Flecha Recta y Águila Roja, creí que sería genial llamarme Viento Veloz. (Ya que tanto las águilas como las flechas necesitan del viento.) ¡Sobre-espiritualizar mi nombre me trajo problemas con otros padres que interpretaron «viento» de manera un poco diferente! Cuando participas de Indian Guides tienes que ingresar a la micro cultura que multiplica los valores, pensamientos, actitudes y acciones de la cultura norteamericana nativa. Las experiencias que compartimos transformaron mi habilidad y aprecio por observar y respetar a la naturaleza. Pasear por los bosques me resulta ahora una experiencia amplificada.

Al igual que Indian Guides, tu iglesia posee su propia cultura. Pero, sin características evidentes como los tocados de plumas y los tipis, la cultura de tu iglesia y el modo en que caracteriza su singularidad pueden ser difíciles de discernir. Esto está claro para el observador interno, porque la cultura misma es abrumadora e intangible al mismo tiempo. Nuevamente Lewis y Cordeiro hablan al respecto: «La cultura eclesiástica es fundacional de la vida y testigo de cada iglesia. *Desafortunadamente, demasiados líderes fallan en reconocer o entender lo que esta realidad implica*»[4] (itálicas mías). En la segunda parte transitamos pasos específicos para discernir la cultura durante el proceso de expresar con claridad la visión. Pero por ahora, despejemos algunos de los enigmas de la cultura considerando fuentes de singularidad de una iglesia. A las preguntas planteadas aquí, agrego breves ejemplos de mis experiencias consultivas:

o Líderes: ¿cuáles son las fortalezas originales del/los líder/es en tu congregación? Piensa en las características singulares de los líderes bíblicos: la fe de Abraham, la humildad de Moisés, la valentía de Josué, o la visión de Nehemías. Por ejemplo, al pensar en David Saathoff, de Bandera Road Community Church en San Antonio, Texas, pienso en un líder con la habilidad inusual de reproducir el valor de las personas perdidas en las vidas de otros líderes.

o Dones: si cada miembro de tu iglesia tiene un don espiritual único, ¿cómo resultará la mezcla del don colectivo? Cuando trabajé con una congregación del área de San Diego, me asombró la presencia significativa del don de misericordia que impregnaba el corazón del equipo.

o Herencia: ¿qué clase de herencia tiene en común tu gente? ¿Es multifacética o comparten muchos lazos familiares? ¿Qué dice la identidad étnica común acerca del ADN de tu iglesia? Una congregación bautista tradicional de Dallas con alrededor de quinientos miembros tenía más lazos familiares que cualquier otra iglesia que haya conocido, y enfrentaba un declive significante. ¿Estás conexiones de parentesco son un obstáculo o un facilitador de una estrategia evangelística basada en el hogar?

o Experiencias: ¿qué experiencias compartidas tiene en común tu congregación? Cuando hice esta consulta en una iglesia de las afueras de Ft. Lauderdale, sus líderes se dieron cuenta por primera vez de que la mayoría de sus miembros había llegado a Cristo después de los cuarenta años de edad, como resultado de una etapa de quebrantamiento en sus vidas. Entonces ellos comenzaron a verse como sanadores de heridos con la habilidad especial de alcanzar un segmento de la población adulta.

o Tradición: ¿qué impacto produce el trasfondo denominacional o su ausencia en tu singularidad? En la First Presbyterian Church de Houston la «consideración» de la herencia confesional se abrió paso en cada aspecto de su visión y comenzó a focalizar sus estrategias de extensión.

o Valores: ¿qué valores dirigen la toma de decisiones en tu iglesia? ¿Qué convicciones únicas comparte tu gente? El pastor de una mega-iglesia interrumpió en una ocasión una sesión de estrategia que yo lideraba por una necesidad de cuidado «urgente» que yo no creía importante. Luego concluimos que su valor más alto era «cada individuo importa». No fue sino hasta entonces que comencé a apreciar el modo en que esta iglesia de cinco mil miembros se adaptaba, a diferencia de otras mega-iglesias, a vivir este valor esencial.

o Personalidad: si tuvieras que describir qué es lo que distingue a tu congregación de todas las demás, ¿qué dirías? Trabajo con dos iglesias metodistas ubicadas en la misma ciudad pero que se encuentran en extremos. First Church of Pasadena enfatiza el sobrecogimiento y la reverencia, en tanto Gateway Community pone el acento en la autenticidad y la accesibilidad.

o Evangelismo: ¿cómo expresa la gran comisión tu congregación? ¿Cómo la matiza? La iglesia Bannockburn Baptist de Austin decidió que no iba a considerar la gran comisión de manera individual sino familiar. Su eslogan es: «Inspirando generaciones».

o Recuperación: ¿de qué pecados y patrones de pecados fueron liberados los miembros de tu congregación? ¿Con qué patrones de mundanería se ven más tentados? (Considera el modo en que las epístolas abordan preocupaciones particulares de cada lugar.) Una congregación identificó su gracia corporativa como la ayuda a las personas quebrantadas sexualmente.

o Motivación: ¿hay un rubro profundamente motivacional detrás del modo en que tu iglesia muestra su misión (por ejemplo comunidad, servicio, oración, o alabanza)? Cuando Chuck Swindoll estableció Stonebriar Community Church en Frisco, Texas, expresaron con claridad su misión en torno de la gran idea del «gozo».

La lista podría continuar pero este comienzo es solo para mostrar la complejidad de la originalidad de cada iglesia. Pocas iglesias comprenden su singularidad única y exclusiva, ni siquiera piensan en ella de modo sistemático.

Perdido en el camino hacia tu propio ADN

El título de este capítulo, «Pecado no original», hace referencia al hábito común de descuidar aquello que hace que una congregación sea única y tienda a adoptar programas y modos de pensar que funcionan en otro lugar. Los líderes de hoy no han discernido con claridad la singularidad de sus iglesias. Como un niño que disfruta jugar con la nieve, ignorando la belleza intrínseca de cada copo, los líderes de la iglesia se están perdiendo la belleza especial de lo que tienen frente a sus ojos. De algún modo, han perdido el rumbo hacia el descubrimiento de su propio ADN.

«Agujeros de pensamiento»

La pregunta más importante es: ¿por qué los líderes no ven la huella digital inigualable de su identidad en la expresión local del cuerpo de Cristo? Veo seis obstáculos comunes que sobresalen entre el paisaje de la vida de la iglesia. Como todos ellos afectan al modo de pensar, los llamé «agujeros de pensamiento». Un «agujero de pensamiento» aparece en ciertos momentos y lugares, cuando el modo de pensar dinámico es absorbido de la superficie, siendo sofocado y desapareciendo de la vista, al igual que en las arenas movedizas. ¿Puede este término tan extraño representar una realidad común? Absolutamente. Podemos encontrar vacíos de pensamiento por todos lados a nuestro alrededor. En la cultura de Estados Unidos, el cincuenta por ciento de los adultos no leerá un libro jamás en su vida, sin embargo pasarán horas de entretenimiento frente a la televisión, sin necesidad de pensar.[5] Este ejemplo sencillo ilustra una epidemia silenciosa que trabaja en derredor nuestro. La realidad es que la mayoría de las personas no piensa; solo reorganiza sus prejuicios. Pensar puede perturbar el statu quo y requiere mucha valentía.

Los agujeros de pensamiento son los obstáculos, barreras y zonas peligrosas que se encuentran a lo largo de la gran carrera del liderazgo evitando que reflexionado acerca de nosotros mismos y alcancemos un conocimiento profundo. Examinemos seis de estos agujeros que cubren el paisaje de la iglesia.

RUTINAS MINISTERIALES. El primer agujero de pensamiento es *la rutina* que puede producir el ministerio. La rutina comienza cuando las ocupaciones del ministerio crean en el líder un apuro constante e irreversible. La inmediatez de cada próximo evento o demanda ministerial impide que el líder tome el tiempo necesario para discernir la cultura y definir el ADN de la iglesia.

La mayoría de estos líderes encuentran prácticamente imposible dedicar un día al mes durante siete meses, para realizar el proceso de exploración de la cultura de su iglesia. Este proceso es exactamente lo que recomendé a un pastor que adoptó con entusiasmo nuestro enfoque. Su única objeción fue realizar el proceso en un plazo de tiempo más corto, pidiéndome que lo completáramos en noventa días o menos. Yo sabía que los mejores resultados requerirían más tiempo, pero acepté su condición con la esperanza de que con el transcurso del tiempo cambiara de parecer. Doce meses más tarde, habiendo percibido el trabajo que Dios estaba haciendo en medio de ellos, este pastor se disculpó conmigo frente a su equipo de liderazgo y me agradeció por la paciencia que le había tenido. Para este pastor este proceso fue el más significativo en la vida de su ministerio, pero su apuro casi logró comprometer el desarrollo de la visión de su iglesia. George Barna, en la edición actualizada de su libro *El poder de la visión*, remarca la necesidad de disminuir la velocidad en la rutina ministerial. Él dice que para tener éxito en captar correctamente la visión «el proceso debe *sustraer un costo significativo* de los buscadores de dicha visión. La *dedicación al proceso* de descubrimiento de la visión es el componente más importante de todas las actividades relacionadas del proceso» (itálicas mías).[6] Sus palabras son enfáticas; la mayoría de los líderes no están dispuestos a pagar el precio del tiempo. Las demandas del hoy pueden extinguir el diálogo necesario del mañana. Cuando esto sucede nuestras actividades multiplicadas no nos permiten vivir con una identidad más clara.

TRAMPA DE COMPETENCIA. El segundo agujero de pensamiento es *la trampa de competencia*. El éxito que se va experimentando con el transcurso del tiempo se puede convertir en una carga para muchos líderes ministeriales. Las medallas de oro de los logros del ayer se convierten en grilletes de hierro en el tobillo del líder. Se desarrolla un supuesto sutil («sé cómo hacer las cosas») que eclipsa la escucha activa y la observación reflexiva, hábitos importantes y necesarios para discernir el ADN de una iglesia.

La próxima vez que te encuentres en un entorno de aprendizaje fíjate quién toma nota y formula preguntas. No es inusual que las personas más consagradas sean las menos receptivas a aprender cosas nuevas. Esta es la razón por la cual los líderes jóvenes suelen percibir tan bien la cultura: tienen menos base de experiencia para contaminar sus percepciones y supuestos acerca de lo que funciona.

La trampa de competencia es muy fácil de identificar en dos escenarios. El primero es aquel en el cual el líder se traslada a una nueva congregación. Él o ella naturalmente trae consigo los patrones y programas ministeriales que aseguraban el éxito. Pero lo que el líder no puede trasladar es la cultura de la congregación anterior. Como es más sencillo copiar programas conocidos que encarnar nuevos, el líder pasa por alto el proceso de descubrimiento de ADN. El segundo escenario sucede cuando un líder experimentado atraviesa un cambio mayor, como una mudanza o la aparición de nuevos colaboradores. En general, el líder corre más rápidamente hacia el camino conocido del ayer que hacia el descubrimiento de nuevos rumbos de efectividad. Este abordaje impermeable al cambio transforma a los líderes en personas que hablan, en lugar de personas que escuchan. Las presunciones impiden el avance hacia un auto-descubrimiento que permitiría alcanzar nuevos niveles de liderazgo.

LA PENDIENTE RESBALADIZA DE BASARSE EN LAS NECESIDADES. En *la pendiente resbaladiza de basarse en las necesidades,* los líderes tratan constantemente de suplir las necesidades y expectativas de los miembros de la congregación. Ya sea que las necesidades sean de consumismo religioso o situaciones realmente de vida o muerte, la pendiente resbaladiza funciona igual. Con el piloto automático de los líderes puesto en el modo «reaccionar», el liderazgo razonado no tiene lugar porque siempre hay un desfile constante de necesidades que requieren respuesta inmediata. La visión de la iglesia se reduce a hacer felices a las personas. La realidad es que una iglesia de estas características, al tratar de ser todo para todos, probablemente se esté perdiendo de cumplir con su llamado y su rol comunitario singulares. Tal vez, deslizarse por la pendiente resbaladiza de la atención de las necesidades es la forma más «espiritual» de evitar el duro trabajo del auto-descubrimiento. Ni siquiera Jesús suplió todas las necesidades físicas de su ámbito de influencia. Sin embargo, en Juan 17.4 puede orar al Padre: «Yo te he glorificado en la tierra, y he llevado a cabo la obra que me encomendaste». A pesar de que Jesús no suplió *todas* las necesidades, sí atendió todas aquellas para las que fue creado y llamado a suplir. Al igual que la persona de Jesús, la iglesia local como cuerpo de Cristo debe comprender para qué fue creada y llamada. Jesús ejerció un *discernimiento* tremendo *para saber* y *coraje para ir* hacia donde Dios lo dirigía. Los líderes de las iglesias locales deben ir y hacer lo mismo, diferenciando con mucho cuidado la voz de Dios de las ruedas chillonas de las necesidades satisfechas.

Es interesante notar que la iglesia que se enreda en estos agujeros de pensamiento trabaja mejor cuando hay una crisis, porque la crisis misma imparte un increíble (y usualmente sin precedentes) sentido de claridad y unidad en torno de una necesidad obvia. Pero este tipo de claridad es fugaz. Desafortunadamente, los líderes no pueden ver este patrón, por lo que finalizada la crisis vuelven a caer en el al agujero de pensamiento.

REMOLINOS CULTURALES. Los agujeros cuatro y cinco se encuentran en *el remolino cultural*. La vertiginosidad del cambio cultural del siglo pasado en Estados Unidos acarreó revoluciones de nueva información que giraban cada vez más rápido. Los cambios vinieron como consecuencia de los grandes avances en tecnología y comunicación: del automóvil a la radio FM, a la televisión, a Internet.[7] El cambio no es malo en sí mismo; el cambio pone al líder en desventaja cuando intenta seguirle el ritmo. La semana pasada escuché a un pastor de cuarenta y dos años quejarse en su sermón por no poder manejar su iPod. (El mismo pastor que diez años antes fundó una iglesia innovadora.) La vida ya no se percibe a través de un visor de fotos estáticas que avanzan con cada generación, sino a través de un caleidoscopio que cambia diariamente. El cambio acontece más rápido que nunca.

La iglesia *local* está ligada de manera obvia e inextricable a esos cambios en el remolino cultural. Estas realidades de cambio, incluido el de la modernidad a la posmodernidad, fueron tan bien estudiados por tantos libros que renuncio a darle siquiera una repasada superficial. Ofrezco, sin embargo, una ilustración para mostrar la conexión entre los cambios culturales y el desafío que representa discernir el ADN de tu iglesia.

El cambio generó una gran variación en el tejido de la cultura estadounidense. Los demógrafos hacen referencia al número creciente de segmentos poblacionales luchando por captar estas diferencias. Al etiquetamiento clásico de jóvenes profesionales urbanos (yupi) a mediados de los 80, los publicistas ampliaron y afinaron las categorías de la lista cada año (con humor, por supuesto):

Muppy: profesional urbano de mediana edad

Dinky: ingreso doble, sin hijos aún

Glams: canoso, acomodado, pudiente, casado

Sitcom: único ingreso, dos hijos, hipoteca opresiva

Sadfab: soltero y desesperado por un bebé

El efecto red es que las realidades culturales que nos rodean se parecen cada vez menos a un enorme plato de acero y más a cientos de gotitas de mercurio difíciles de agarrar y examinar.

Hace quince años, la mayoría de las personas levantaría su mano en respuesta a la pregunta: «¿puedes decir con cien por ciento de seguridad el nombre del presentador de la cadena de noticias CBS?» En la mayoría de los grupos a los que se le hace esa pregunta hoy, muy pocos, si es que alguno, levantan la mano. La televisión por cable y satelital introdujeron tantos puntos de vista que nuestro país está menos unificado en su experiencia como veedor televisivo. De hecho, una familia de cuatro miembros tal vez tenga una televisión en cada habitación con cuatro canales distintos funcionando de forma simultánea.

Supongamos que quieres comunicarte con esta familia tipo. Sería mucho más sencillo, conceptualmente hablando, si vivieran sus vidas en el mismo canal. Pero como mamá, papá, el adolescente Ted y su pequeña hermana Susi navegan los canales de su propio océano, es mucho más difícil compartir un vocabulario común. El desafío para los líderes de la iglesia es exactamente el mismo. El pastor ya no habla los domingos por la mañana a una cultura monolítica con experiencias compartidas y puntos de anclaje, como las conexiones a un Ted Koppel* o un Dan Rather*. Dado que un grupo de personas que conviven bajo un mismo techo pueden venir de ambientes culturales tan variados, es cada vez más difícil discernir y luego guiar desde un ADN común.

El ritmo de cambio creciente en el remolino cultural lleva a los líderes a dos tentaciones que los distraen de pensar sobre la identidad de su congregación con claridad. La primera es ser una *iglesia innovadora*.

---

*(N. del T.: Edward James Martin "Ted" Koppel es un periodista radial nacido en Gran Bretaña, más conocido como el presentador del programa *Nightlife*, desde los comienzos de éste en 1980, hasta su retiro a fines del 2005.)

---

*(N. del T.: Daniel Irvin "Dan" Rather, Jr. es un periodista estadounidense que fue presentador del programa de noticias de la cadena CBS por 24 años, desde marzo de 1981 hasta marzo de 2005.)

Esto significa definir el ADN en función de la innovación en sí misma. Estos líderes disfrutan la adrenalina de tener por ministerio continuas exégesis culturales. La visión resultante es la necesidad de ser innovadores constantemente. En la carrera por ser relevantes, es posible perderse de la esencia más profunda que Dios quiere alimentar. La ironía es que este remolino cultural es en realidad una adicción a los nuevos modos de pensar. Algunas ofertas de conferencias actuales con esta tentación que vienen a mi mente son la conferencia anual C3 sobre la creatividad de Fellowship Church y una nueva conferencia innovadora auspiciada por National Community Church. El comercial de esta conferencia pregunta: «¿Tu iglesia está a la altura de la innovación?» Creo que ser creativo es fundamental para la iglesia, y amo el desparpajo cultural de los «innovadores» como Ed Young Jr. de Fellowship Church y Craig Groeshel de Life Church.tv, pero estas conferencias pueden atraer a personas que son creativas por amor a la creatividad en sí misma y no por amor al llamado único de su congregación.

La segunda tentación es *la iglesia estancada*. Por cada líder que surfea las olas del cambio cultural hay cien estancados en el vórtice del remolino sintiendo que no pueden mantener sus cabezas en la superficie. Esta respuesta es un segundo tipo de agujero de pensamiento en el remolino cultural. Los cambios que los rodean superan su energía y disciplina para aprender cosas nuevas. En lugar de arremangarse la camisa para pensar acerca de su cultura, se vuelven demasiado cansados para la tarea. ¿Qué hacen para justificar su posición? Sencillamente definen su visión en términos de reconocer el éxito de su pasado y replicarlo. Hace algunos años participé como facilitador de una reunión de diáconos de una iglesia en Virginia. Era evidente que la iglesia necesitaba intercambiar los horarios de sus servicios tradicional y contemporáneo. Con miles de familias más jóvenes mudándose a la zona, nuestra investigación mostró que estas personas estarían más receptivas a un servicio contemporáneo a las 11 a.m. más que a uno a las 8:30 a.m. Bob, un hombre de unos setenta años, me miró con el ceño fruncido casi toda la reunión. Hacia el final de la noche decidí enfrentar su hostilidad no verbal. Él era un asistente al servicio tradicional, por lo que probé su resistencia al cambio. Le pregunté: «Bob, ¿no estás despierto a las 8:30 a.m. los domingos?» «Me despierto todos los días a las 6 a.m.», aseguró rápidamente. Luego de algunas preguntas más hice mi última súplica inquisitiva: «Bob, si una anciana ochentona que no conociera a Jesús, tu Salvador, escuchara el evangelio en el oficio de las 11 a.m. porque cambiamos el servicio tradicional de las 8:30 (¡para el cual ya estás despierto hace rato!), ¿estarías a favor del cambio?» «No», respondió. Un silencio mortal invadió la sala. Finalmente Bob lo irrumpió con el corazón triste de un hombre atascado en el pasado: «Vengo al servicio de las 11 a.m. desde que tengo ocho años.»

Sorprendentemente, esa noche los diáconos eligieron a la iglesia estancada, apoyando a Bob y no a la recomendación de su pastor principal de intercambiar los horarios de los servicios. Al igual que miles de otras iglesias, el cambio es resistido y los líderes son arrastrados bajo el remolino del cambio cultural.

EL LABERINTO DE CONFERENCIAS. En *el laberinto de conferencias* los líderes se apoyan únicamente en los eventos de entrenamiento para infundir dirección y visión a su congregación. Muchos pastores en las dos últimas décadas construyeron un modelo de ministerio prestado, y al hacerlo crearon una iglesia «dentro de un frasco de vidrio». Esto no sorprende si observas la oferta de conferencias y su sobreabundancia de visión fotocopiada pre-embalada y lista para importar. Al frente de este laberinto de vanguardia están Willow Creek Community Church y Saddleback Community Church, seguidos de docenas de otras modernas mega-iglesias que incluyen a North Point Church, Fellowship Church y Grainger Community Church. Quiero aclarar que soy un gran admirador de Bill Hybels y Rick Warren como líderes. Ellos aportaron un bien incalculable al Reino al ayudar a una generación de líderes a re-imaginar modos de cumplir con la gran comisión. Pero estar al acecho siguiendo los pasos de su ministerio de conferencias es el virus creciente del pecado no original. Ellos son los primeros en advertirte de no copiar sus modelos, pero venden su currículo saturado de su propio ADN a miles de iglesias. ¿Fuiste alguna vez a una de estas conferencias? Las salas de recursos parecen un hormiguero con cientos de líderes suplicando por libros y programas fácilmente aplicables. La dramática ironía es que lo que sucede en la conferencia es exactamente lo opuesto a lo que facilitó que la iglesia anfitriona fuera efectiva. Cada uno de estos líderes atravesó un proceso de auto-conocimiento y pensamiento particular que lo ayudó a expresar con claridad un modelo increíblemente único de ministerio. Pero luego de descubrir su Iglesia única, estos líderes no siempre enseñaron el mismo modo que aprendieron. En lugar de ayudar a las iglesias con el *proceso*, les venden el *producto*. ¿Por qué los expertos en conferencias no ofrecen otro tipo de experiencias de aprendizaje? Tal vez tenga que ver con que un proceso de semejantes características requiere más relaciones, creatividad y energía, mientras que el producto terminado sólo necesita una tarjeta de crédito.

¿Hacia dónde nos lleva el laberinto de conferencias? Hablando con el pastor de una iglesia bíblica de seiscientos miembros de la bahía de San

Francisco, me confesó que después de la última conferencia a la que asistieron, su equipo de liderazgo estaba más confundido que nunca. El laberinto de conferencias trajo solo confusión, no claridad. Cuando entro a una iglesia, en general me toma cinco minutos identificar cuál fue la última conferencia en la que participó su liderazgo. Hace poco visité una iglesia bautista de cuatro mil miembros y, al ver estandartes colgando en el vestíbulo, supe que habían estado en una conferencia de Saddleback. La semana pasada, en una de las iglesias luteranas más grandes del país, supe que habían asistido a una conferencia en North Point por los folletos que había en el hall de entrada.

El éxito de estos mega-modelos hace que para otros sea una gran tentación copiarlos. En ese momento, los líderes entran a un agujero de pensamiento. No estoy en contra de estudiar las prácticas exitosas, ¡sino de *no pensar* en el proceso! Desafortunadamente, la cantidad de conferencias ofertadas solo ha logrado incrementar la complejidad del laberinto (junto con la promesa de un mejor resultado si buscas tu camino a través de él).

Rutina denominacional. El agujero de pensamiento final es *la rutina denominacional*. En su amplia mayoría, las denominaciones continúan equipando a sus congregaciones con muy poca consideración de su singularidad local. Sus estructuras no se adaptaron a los remolinos culturales descriptos previamente. A pesar de su buena motivación, quedan estancados manteniendo las viejas estructuras, incapaces de re-equipar a las iglesias con lo que hoy es necesario. Por lo tanto, una congregación no puede buscar en su liderazgo denominacional ayuda para discernir lo que la hace única. Me parece muy triste que las denominaciones no hayan podido adaptarse. Si pudieran hacerlo, las instaría a acompañar a sus mejores congregaciones en el proceso de descubrir su propio ADN ligado a su herencia denominacional única.

Una observación poderosa de Lyle Schaller reafirma la idea de la frase de apertura de la introducción: «Las diferencias entre congregaciones se acrecientan con el paso del tiempo. Lo más seguro es asumir que no hay dos iguales. Cada congregación tiene su propia cultura *El marco de la comunidad local sobrepasó a la herencia denominacional como factor de creación de la cultura congregacional distintiva*»[8] (itálicas mías). Si los líderes denominacionales no comprenden estos «contornos de localidad», ¿qué ayuda pueden dar a su iglesia local?

Si tienes influencia en tu denominación, o eres un líder en ella, te insto a leer la cita de Lyle. Re-equiparse no es sencillo, y nuestra era necesita imperiosamente líderes denominacionales valientes que entren en acción.

¿Qué agujeros de pensamiento cubren el paisaje de tu congregación? ¿Qué dinámicas tienden a alejarte del descubrimiento de tu Iglesia única? Usa el gráfico de resumen en la tabla 1.1 para reverlos y discutirlos con tu equipo de líderes. Recuerda que el viaje de Dios para ti hoy refleja una asociación incomparable con Jesucristo que es completamente original.

Tabla 1.1. Resumen de «Agujeros de pensamiento»

Agujeros de pensamiento	Cómo descuidamos la originalidad	El problema de pensar	Prácticas de los agujeros de pensamiento
Rutinas ministeriales	Los negocios quitan tiempo para reflexionar	No hay tiempo para pensar	Agregar más programas
Trampa de competencia	Los supuestos disminuyen el apetito de aprendizaje	No hay necesidad de pensar	Trabajar más duro
Pendiente resbaladiza de basarse en las necesidades	El consumismo remueve la necesidad de discernimiento	Solo pensamos en las necesidades	Hacer felices a las personas
Remolino cultural: Iglesia innovadora	La innovación provoca un cortocircuito en el auto-conocimiento	Adicción a los nuevos pensamientos	Ser innovador
Remolino cultural: Iglesia estancada	El cambio sobrepasa la disciplina de aprendizaje	Demasiado cansado para pensar	Glorificar el pasado
Laberinto de conferencias	El éxito incrementa la tentación de copiar	Borremos sus pensamientos	Hacer un modelo de la mejor práctica
Rutina denominacional	Los recursos no consideran la singularidad local	Nadie nos ayuda a pensar	Proteger la teología

2

LA CAÍDA DE LA PLANIFICACIÓN ESTRATÉGICA:

OSCURECER LA ESENCIA

*Los cambios que parecen turbulentos para las organizaciones
basadas en la planificación suelen ser normales e incluso bien
recibidos para aquellas que prefieren un abordaje más visionario
o de aprendizaje. Para decirlo más claramente: si no tienes visión,
solo planes formales, cada cambio imprevisto en el entorno te
hace sentir que el cielo se te cae encima.*

—Henry Mintzberg

¿RECUERDAS EL VIEJO JUEGO DE MESA TOBOGANES Y ESCALERAS? Los jugadores compiten por llegar a la cumbre del tablero de juego. El camino está marcado con obstáculos (toboganes que te hacen deslizar hacia atrás) y ayudas (escaleras que te llevan hacia adelante). La estrategia sencilla es evitar los toboganes y tratar de caer en las escaleras. Una vez estaba jugando con algunos niños que no conocían el objetivo del juego. Debido a su fascinación por deslizarse en los toboganes de la plaza, ¡creyeron que era igualmente divertido deslizarse en estos toboganes como lo era ascender por las escaleras!

La imagen de deslizarse hacia atrás, sin percibir el retroceso, se asemeja a los líderes de la iglesia que siguen una planificación estratégica. Al intentar avanzar y llevar a la congregación a un nuevo nivel de efectividad, en realidad están retrocediendo y haciendo que ganar sea más difícil. El plan estratégico puede incluso oscurecer el concepto de Iglesia única y fallar en guiar a la iglesia a un futuro mejor.

Un pastor amigo me dijo una vez que el modo más rápido de salir de un hoyo es dejar de cavar. Irónicamente, vivimos tiempos en los cuales trabajamos con herramientas tan incompatibles con nuestros desafíos actuales que solo logramos exacerbar los problemas que intentamos solucionar.

En ese caso, debemos abandonar las herramientas inadecuadas y tomar las correctas. Para aquellos de ustedes que deciden descubrir su Iglesia única, este capítulo está escrito para advertirles que su planificación estratégica ya no es la herramienta más adecuada para guiar a la iglesia hacia el futuro. Para muchos pastores y líderes laicos bien intencionados, es tiempo de dejar la pala.

Deslizarse por el tobogán

La práctica de la planificación estratégica se desarrolló en la década de 1960 y fue utilizada ampliamente por líderes de organizaciones durante las siguientes dos décadas. La planificación estratégica es el proceso de determinar la dirección global de la organización, traducirla en objetivos operacionales que luego son divididos en pasos o metas más pequeñas y medibles. Si bien esta práctica ha continuado por más de veinte años, los resultados de este tipo de planificación han sido imprecisos.

La aplicación de la planificación estratégica, a pesar de sus limitaciones, sigue prevaleciendo en las prácticas de liderazgo de miles de iglesias a lo largo del país. Estas iglesias gastan mucho dinero y horas planificando, con resultados mínimos. A pesar de las muchas críticas de miembros cansados y liderazgo de la iglesia desilusionado, poco o nada que aborde el problema fue escrito para esta audiencia. Es más, hay muy poco apoyo para los pastores que combaten la insistencia de ancianos y diáconos bien intencionados (especialmente los gladiadores corporativos de las décadas del 60, 70 y 80) necesitados de un plan estratégico. Desafortunadamente, para una iglesia con unas pocas décadas de historia, una generación entera de personas de negocios desocupadas mantienen la aplicación de esta metodología de planificación vivita y coleando en el ranking de liderazgo de nuestras iglesias.

Caso de estudio A: «Perder terreno»

Para ilustrar el problema de la planificación estratégica usaré las palabras de un líder laico bien intencionado. Al final del proceso de una planificación estratégica de doce meses, este líder redactó el informe de «estado de la iglesia». Transcribo aquí el último párrafo del reporte:

> ¿Cuáles son las implicaciones de este estudio? En la superficie (la iglesia) aparenta ser vibrante, comprometida, generosa y con mentalidad de misión, en un campus excelente, bien mantenido y adecuado. El calendario y cronograma están llenos, hay un liderazgo excelente y muy trabajador sostenido por el equipo directivo y de

soporte. Hay variadas oportunidades educacionales, de alabanza y misionales, y el aporte a la iglesia permaneció elevado y consistente. Los números referidos a la asistencia y al crecimiento casi estático presentan, sin embargo, una pregunta no respondida. *¿Por qué, a pesar del excelente nivel de las personas, programas, ofrendas y oportunidades, la iglesia tiende a perder terreno en lugar de ganarlo? ¿Y qué puede y debe hacerse al respecto?* (itálicas mías)

¿Puedes percibir la frustración en el informe de este hombre? Todo parece estar en su lugar y todos están muy ocupados. A pesar de la gran inversión de tiempo y dinero, incluyendo el trabajo de un consultor externo, el proceso de planificación estratégica los hizo «perder terreno». Los líderes más pensantes aún están parados rascando sus cabezas.

Caso de estudio B: «¿Qué hacemos luego?»

Estuve conversando con hermanos de una iglesia muy fuerte y con muchos años de trayectoria acerca de una de las ciudades de la región evangélica de nuestro país. Esta congregación había finalizado un proceso de planeamiento estratégico de dieciocho meses y como resultado había creado un plan maestro de ministerio. ¿Por qué entonces estaban llamando a Auxano como grupo de navegadores de visión tras haber completado ese proceso? Sencillamente porque no sabían qué hacer. Es decir, no sabían cómo aplicar los contenidos del documento de planificación estratégica a la realidad existente de la vida de la iglesia. ¿Cómo es posible? La respuesta surge claramente cuando desentrañamos las falacias de la planificación estratégica. Pero antes de hacerlo veamos los contenidos de este plan maestro. Los contenidos del documento son:

o Una «declaración de propósito», «declaración de misión» y «declaración de visión», cada una de entre cuarenta y setenta palabras

o Una lista de «características ministeriales» de ocho puntos, cada uno con largas frases descriptivas

o Una lista de «valores centrales» de seis puntos, cada uno con una oración

o Una lista de «pasiones» de diez puntos, con párrafos de explicaciones y justificación bíblica

o Tres juegos de «objetivos estratégicos», incluyendo «objetivos globales», «objetivos focalizados» y «objetivos de apoyo» o Cinco objetivos globales conteniendo veinte pasos de acción

o Tres objetivos focalizados conteniendo trece pasos de acción

o Tres objetivos de apoyo conteniendo nueve pasos de acción

o Diez páginas con el contenido organizado mediante ochenta y cuatro capítulos

El informe es un testimonio certero de mucho tiempo empleado por muchas personas. ¿Pero qué hacemos con este documento tan complejo? ¿Por qué, con toda esa información, los líderes se preguntan qué deben hacer?

A pesar de todo el estudio y la reflexión volcados en este documento de planificación estratégica, el resultado obtenido no inspira a las personas a convertirse en una Iglesia única ni aporta una guía cotidiana práctica a los líderes. ¿Por qué? Comencemos examinando dos abordajes muy distintos para cualquier documento de visión o planificación.[1] Los abordajes pueden definirse por un cambio sutil en el énfasis: ¿Hablamos acerca de la organización a las personas, o hablamos a las personas acerca de la organización?

Primero, ¿hablamos acerca de la organización a las personas? El plan ministerial con diez páginas de ochenta y cuatro capítulos enfatiza la explicación y la justificación de toda actividad en la organización. El tamaño, complejidad y estructura del informe son abrumadores para la mayoría de los profesionales del ministerio, sin mencionar a los voluntarios. Para resumir la limitación del plan estratégico clásico en una oración diría que pierde de vista al elemento humano. ¿Recuerdas esos mapas de ruta enormes que se doblaban en varias partes? Viajo mucho y disfruto estar en congregaciones de todo el país. Pero si tuviera que sacar uno de esos mapas incómodos y antiguos cada vez que estoy en un auto alquilado, me volvería loco. ¿Hacia dónde está el norte? ¿Qué parte del mapa estoy mirando? ¿Qué salida debo tomar? Probablemente el mapa terminaría tirado en el asiento de atrás para no ser desplegado nunca más.

Un enfoque alternativo pregunta: *¿hablamos a las personas acerca de la organización?* Aquí la prioridad no es el plan en sí mismo, sino el líder de la iglesia, voluntario o asistente para el cual se hace el informe. En este caso el documento se basa en la sencillez para poder aportar claridad. Usando nuevamente la analogía del mapa, esto es como ser dirigido por Mapquest. Pongo mi punto de partida y de destino y obtengo la hoja de ruta paso a paso, resaltándome en un mapa el lugar exacto por el que debo ir. Simple, claro y fácil de entender. Sin lugar a dudas, ambos tipos de mapas pueden ser exactos, pero solo uno me brinda una guía clara y específica de cómo llegar a destino sin sobrecargarme de información.

Estos dos casos de estudio representan miles de historias de equipos de visión similares y comités de planeamiento a largo plazo en iglesias a lo largo de toda nuestra nación.

Tres falacias

Continuando con la definición de visión, quiero tomar un momento para desacreditar a la planificación estratégica. Hago esto solo con el fin de inspirar una mejor búsqueda de visión. Para ser claros, si bien planteo una fuerte crítica a la planificación estratégica, de ninguna manera quiero desalentar el proceso de «pensamiento a futuro» o de la planificación en general. Les estoy pidiendo a los líderes que reconsideren el modo en que expresan y ejecutan su trabajo de planificación. Para eso, exploraremos tres falacias de la planificación estratégica clásica. Ten en mente que la solución a esas falacias se da en las partes dos y tres de este libro.

Falacia uno: la trituradora de visión

¿Alguna vez pusiste el documento equivocado en la trituradora de papeles? No hay modo de recuperarlo. Sencillamente no puedes volver a unir las tiras, no hay tiempo ni pegamento que puedan solucionarlo. Lo mismo sucede con la visión cuando desarrollas un plan estratégico. El supuesto es que más información producirá una guía más clara, pero sucede que lo opuesto es lo verdadero. Denomino a eso la «falacia de la complejidad». Demasiada información rompe la imagen completa en muchos pedazos pequeños y por consiguiente, de manera muy desalentadora, se pierde la visión. Más información es igual a menos claridad.

Vivimos en una revolución de información. Esta revolución tiende a expandir los límites de nuestra humanidad al brindarnos diariamente un océano de información que nos produce una «fatiga de conocimiento». Imagina nuestro mundo: el conocimiento se duplica cada año, más de un millón de sitios web son creados cada día, y sesenta y cinco por ciento de los preescolares de hoy trabajarán en empleos que aún no existen. La conclusión es que las personas no necesitan más información, sino más sentido y significado de la información correcta. Los líderes de hoy deben aprender cómo entregar sentido destilando lo que dicen.

Para ilustrar este punto veamos el ejemplo de un evento histórico diseñado para homenajear a los soldados que perdieron sus vidas en la guerra de la revolución estadounidense. El año del homenaje fue 1863, y el organizador del evento incluyó la participación principal de uno de los oradores más grandes de esos tiempos. Su nombre era Edward Everett. Ese día Everett dio un discurso de 13.607 palabras que duró dos horas. El presidente, Abraham Lincoln también habló ese día. Subió y bajó de la plataforma tan rápidamente que el fotógrafo no hizo a tiempo de tomarle una fotografía. El discurso Gettysburg tenía una extensión de 286 palabras. Esta destilación y articulación perfecta dio justo en el centro del corazón de la nación. Aún hoy sus palabras hacen eco en las vidas de millones de estadounidenses. Menos palabras tuvieron mayor alcance.

NI IDEA SOBRE LA GRAN IDEA. Para enunciar la falacia de la complejidad de un modo más académico, diríamos que el análisis no lleva a la síntesis. En otras palabras, la capacidad de romper al todo en partes no nos ayuda intrínsecamente a tener al todo en la mente. Por ejemplo, un alcalde piensa y comunica su discurso de un modo sintético para motivar a los residentes de la ciudad y lograr recaudar dinero para la construcción de un puente nuevo. Pero un ingeniero piensa y comunica de un modo analítico para convertir el proyecto del puente en una realidad. Ambos tipos de pensamiento (análisis y síntesis) son esenciales, pero tienen funciones completamente diferentes. El análisis desglosa al todo en partes (¿cuántos pasos se requieren para construir un puente?). La síntesis construye un todo con las partes (en primer lugar, ¿por qué debería existir un puente?). La falacia de la complejidad asume erróneamente que el resultado de ocuparse de los detalles durante un tiempo prolongado es la obtención de la gran idea. Esto equivaldría al alcalde tratando de generar entusiasmo para la construcción del puente, mostrando fórmulas matemáticas para diseño de puentes. Inevitablemente el entusiasmo de los ciudadanos quedaría enterrado bajo la información aburrida e irrelevante. De igual modo, en muchas iglesias, establecer los detalles del plan estratégico eclipsa la gran idea o la visión global que las personas aún no captaron.

DE ZORRO A ERIZO. Alguien podría objetar que un buen plan estratégico sintetiza y esclarece la misión o visión de la organización como una idea singular. Si bien esto es teóricamente correcto, en la realidad nunca sucede. Dos cosas enturbian las aguas en casi todos los planes estratégicos. Primero, demasiada información oscurece la gran idea que puede estar muy cerca. Segundo, puede haber varias grandes ideas mutuamente excluyentes compitiendo. En cualquiera de los casos, el secreto está en aprender a decir más diciendo menos. Andy Stanley escribe: «De hecho, demasiada información puede tener un efecto de cancelación, es decir, ideas o conceptos múltiples pueden competir entre ellos por la atención y retención del oyente y con cada pensamiento adicional que introduces, disminuyes la efectividad de las ideas presentadas previamente».[2] De hecho, una investigación llevada a cabo por una firma de publicidad demostró que «si en un lapso publicitario de dos minutos y medio se muestran como mínimo cuatro comerciales diferentes de quince segundos de duración cada uno, la efectividad de cualquiera de esos anuncios desciende a casi cero».[3]

En nuestro caso de estudio B citado con anterioridad, efectivamente hay tres declaraciones compitiendo: la de misión, la de visión y la de propósito. Solo una de ellas es necesaria y si se expresa bien solo necesita entre quince y veinticinco palabras, y no entre cuarenta y setenta. Teniendo todas estas declaraciones largas y redundantes, disminuye terriblemente la posibilidad de que alguien incorpore y trasmita la visión de un modo contagioso.

Jim Collins, utilizando la fábula del antiguo poeta griego de «el zorro y el erizo», ilustra la falacia de la complejidad. El poeta Arquíloco escribió: «Muchas cosas sabe el zorro, pero el erizo solo sabe una grande». En *Good to Great*, Collins demuestra que las grandes organizaciones viven y respiran desde el concepto de erizo. Tienen una claridad brutal acerca de esa *única cosa* en la que pueden ser las mejores del mundo. Las organizaciones que actúan como zorros, persiguiendo demasiadas cosas durante demasiado tiempo, nunca logran un enfoque singular. Permanecen estancadas siendo «buenas».[4]

Falacia dos: el constructor de individualismo

Los líderes de iglesia saben a qué se asemeja una organización individualista. ¿Qué define el éxito para los miembros del personal? La respuesta es «¡Cantidad de personas sentadas en las reuniones de mi área ministerial!» Muchas iglesias usan las ofrendas y la asistencia como *únicas* medidas de éxito. La medida de asistencia al servicio de alabanza se traslada a todos los departamentos del ministerio. El resultado es una mentalidad de equipo de golf que mide el éxito del equipo por la suma de puntos logrados individualmente. Una competencia silenciosa está en ebullición debajo de la superficie calma de la mayoría de las reuniones de personal, con ministerios individuales tratando de superarse unos a otros.

Cuando un proceso de planificación estratégica se implementa en un ambiente en el cual el trabajo en equipo ya está desafiado, el plan en sí mismo se convierte en un constructor de individualismo que refuerza las paredes de concreto entre las áreas del ministerio. Esta es la segunda falacia de la planificación estratégica, la «falacia de responsabilidad». Como se desarrollan múltiples objetivos para cada área individual, la expectativa es que el personal y los voluntarios experimenten una mejor coordinación con responsabilidades más claras. El falso supuesto detrás de esta práctica es que más objetivos ayudan a las personas a trabajar mejor juntas. Lo verdadero es exactamente lo opuesto. Más objetivos crean un abordaje más fragmentado, mientras que cada líder se focaliza únicamente en sus responsabilidades y resultados. En el esfuerzo por avanzar en la *responsabilidad dentro de las áreas ministeriales*, la iglesia pierde la posibilidad de *sinergia entre todas las áreas del ministerio*.

Lo que la iglesia realmente necesita es una estrategia que ayude a los miembros a funcionar más como un equipo de fútbol americano que como uno de golf. El equipo de fútbol americano comparte el mismo puntaje, basado en la coordinación de funciones muy diversas; puede haber cuarenta y seis individuos con cuarenta y seis indicadores de desempeño, pero no hay cuarenta y seis objetivos. La única meta que tiene el equipo es lograr que el balón entre en la zona de anotación.

Un plan estratégico fácilmente puede dividir a un equipo al darle a cada jugador una meta de gol individual. ¿Cómo sucede esto exactamente? Volvamos al plan maestro de ministerio esbozado brevemente en este capítulo. Había tres tipos de objetivos, con un total de cuarenta y dos pasos o metas. Aquí expongo las razones por las cuales el plan inhibe la sinergia:

o *Demasiadas metas amenazan con no dejar clara ninguna meta.* ¿Preferiríamos tener cuarenta y dos objetivos que nadie recuerda o uno solo que sea como una brújula siempre presente en tu «tablero de ministerio»?

o *Demasiadas metas debilitan la conexión entre estas y la visión más amplia.* ¿Queremos a los obreros entusiasmados con el panorama completo mientras realizan sus pequeñas tareas cotidianas? Imagina a tus colaboradores como fabricantes de ladrillos. ¿Quieres que cada fabricante esté focalizado en la eficiencia por hora, o el nivel de producción, o la fuerza de compresión de los ladrillos, o la viscosidad del mortero, etc., a riesgo de que no visualice la hermosa catedral que está construyendo?

o *Demasiadas metas hacen que sea más difícil para las personas compartir metas comunes.* ¿Cómo pueden hacer nuestros líderes para señalar hacia la misma dirección en el mismo momento, mientras navegamos juntos las aguas el ministerio? ¿Cómo nuestros objetivos generan inadvertidamente competencia por los mismos recursos limitados?

o *Demasiadas metas impiden que la primera línea del ministerio tome buenas decisiones.* ¿Tenemos demasiadas metas porque estamos tratando de compensar la falta de confianza y comunicación? ¿Estamos poniendo personas competentes en la primera línea del ministerio, o tomamos decisiones desde la sala de reuniones?

Una y otra vez observo que más metas equivalen a más confusión. Pastores y organizadores bien intencionados piensan que están construyendo una escalera hacia mayores logros. Pero lo que realmente están construyendo son toboganes que descargan la sinergia por el desagüe.

Falacia tres: anteojeras de liderazgo

Se ha dicho que todos los líderes viven bajo el mismo cielo, pero no todos ven el mismo horizonte. Algunos líderes ven un horizonte más amplio y mantienen su mirada en la línea emergente del horizonte. El aprendizaje continuo contribuye a su sentido de aventura y su habilidad para dirigir su organización. Otros, sin embargo, usan anteojeras sin darse cuenta. El horizonte no presenta oportunidades nuevas porque son imprevistas y están fuera del alcance de la vista. La tercera limitación de la planificación estratégica es que le deja puestas las anteojeras al liderazgo. La llamo la «falacia de la previsibilidad». El supuesto es que el futuro cercano se asemejará al pasado reciente. Pero el cambio cultural vertiginoso se inmiscuyó con este supuesto. El cambio sucede ahora tan rápidamente que los procesos de planificación de antaño son obsoletos. Desafortunadamente, ni el futuro es lo que solía ser. El experto en innovación Jim Carroll pinta un cuadro apremiante:

Claramente necesitas habilidades diferentes para alcanzar un futuro que se está haciendo mucho más complejo, desafiante y diferente a cada minuto. ¿Cómo puedes seguir haciendo lo mismo, con la misma cultura, estructura, reglas y metodologías, cuando el índice de cambio que envuelve a tu organización es tan dramático y tan condenadamente veloz? Vivimos en una era de cambios implacables y sin precedentes. El surgimiento de China como súper-potencia; la híper-innovación y la agitación de los mercados de negocios; los constantes cambios en las profesiones y los rápidos avances científicos. La competencia cambia de la noche a la mañana y los ciclos de vida de los productos suelen durar unos pocos meces. Lo permanente se hizo polvo. Estamos en un tiempo que demanda una nueva agilidad y flexibilidad, y todos deben tener la habilidad y perspicacia de prepararse para un futuro que se precipita sobre ellos más rápido que nunca antes.[5]

A pesar de las realidades de cambios incesantes, el proceso de planificación estratégica en las iglesias continúa presentando planes de cinco, diez, e incluso veinte años. ¡Qué absurdo! Con lo permanente «hecho polvo» no podemos extrapolar la realidad presente como solíamos hacer. El plan de diez años se convierte en un ejercicio de fantasía, no de visión.

La planificación supone previsibilidad de un modo similar al que una persona que sale de excursión confía en la precisión del mapa de la zona que está recorriendo. Hay puntos fijos en el futuro que pueden anticiparse, porque los caminos y los puntos de referencia permanecen relativamente estables en el tiempo. Su presencia es previsible. Pero imagina el escenario de un navegante en el mar abierto. Hay pocos puntos de referencia geográficos y ninguna masa terrestre que provea un punto fijo siempre presente. De hecho, el desplazamiento de los vientos, las corrientes cambiantes y las olas impetuosas requieren un juego de habilidades y herramientas completamente nuevo. Navegar una superficie líquida necesita atención permanente y adaptación al entorno. ¿Cómo debemos comenzar a adaptar nuestra perspectiva de planificación en el entorno actual? Reggie McNeal ofrece una clara guía. Los líderes deben focalizarse más en la *preparación* que en la *planificación*. La planificación se basa en la previsibilidad. Pero la preparación ayuda a los líderes a continuar teniendo claridad en medio de la incertidumbre. La planificación supone continuidad, la preparación equipa al líder para tener la suficiente flexibilidad como para aprovechar las oportunidades.[6] Los obliga a orar, aprender, y discernir lo que está haciendo Dios, todos los aspectos que abarca entender la visión de Dios única para la iglesia. Después de todo, ¿no es Dios quién planifica (Jer 29.11)?

¿La relación de tu iglesia con el futuro es artrítica o adaptativa? Si estás en medio en un proceso de planificación estratégica, ten cuidado. Puede estar forzando a líderes a usar anteojeras en el mundo cambiante que los rodea. También puede estar fortaleciendo individualismos insalubres que le roban a la iglesia una preciosa energía para cada día. Tu visión puede estar pasando por la trituradora mental de papeles de alguien, sin que puedas recuperarla jamás. Considera revisar la tabla 2.1 con tu equipo. ¿Qué frutos te brindaron los procesos de planificación en el pasado? Basado en tu experiencia previa, ¿qué falacias te afectaron más?, ¿cuáles afectaron más a tu congregación?

Tabla 2.1. Resumen de falacias de la planificación estratégica

La falacia de:	El supuesto erróneo	El plan estratégico fracasa como:	La necesidad real:
Complejidad	Más información brindará una dirección más clara	Trituradora de visión	Claridad
Responsabilidad	Más metas nos ayudarán a trabajar mejor juntos	Constructor de individualismo	Sinergia
Previsibilidad	El futuro cercano se asemejará al presente	Anteojeras de liderazgo	Adaptabilidad

3

LA INIQUIDAD DEL
CRECIMIENTO DE LA IGLESIA:

ENJAULAR AL REINO

*Está claro que enfatizar el crecimiento de las iglesias crea bandos.
Es un tema que causa divisiones, lo cual es extraño porque todos
son presumiblemente discípulos del Señor.*

—Donald McGavran, carta a su esposa, 8 de septiembre, 1961

JOHANN FRIEDRICH BOTTGER FUE UN ALQUIMISTA ALEMÁN que vivió entre 1682 y 1719. Si bien Bottger hizo osadas afirmaciones, incluyendo su capacidad para fabricar oro, sus talentos son recordados en la historia por el descubrimiento del proceso de creación de porcelana. La primera instalación productora de este «oro blanco» fue establecida en Dresden en 1709. En poco tiempo la Fábrica de Porcelana Real ganó una reputación mundial, con su distintivo diseño de blanco puro y azul cobalto. Irónicamente los logros de Bottger tuvieron consecuencias inesperadas. Debido a sus alardes y éxito prematuro, Augusto el Fuerte puso a Bottger en prisión para proteger su maravilloso invento y trasladó la operación del alquimista a su castillo fortificado en Meissen. Allí Bottger estuvo prisionero para que su genialidad permaneciera bajo el control total del rey.

Hay dos cosas que vale la pena resaltar acerca de la vida de Bottger. Una es que no se puede negar su éxito a pesar de que algunas de sus afirmaciones fueron exageradas. Después de todo nunca pudo fabricar oro. La segunda, irónicamente, es que permaneció en cautiverio a causa de su más grande éxito.

Si prestamos atención a las dos pequeñas palabras «iglesia» y «crecimiento», encontramos dos realidades reflejadas en la historia de Bottger. La primera es la reacción encontrada de los líderes eclesiales respecto

del éxito del movimiento de crecimiento de la iglesia* a lo largo de las
últimas cuatro décadas. A pesar de sus logros, permanece la pregunta:
¿los mayores proveedores de crecimiento eclesial son genios o charlata-
nes? Se alzan voces de ambos lados. Como vimos antes, en 1961 el
fundador del movimiento, Donald McGavran, le escribió a su esposa:
«Está claro que enfatizar el crecimiento de las iglesias crea bandos». En
2005 Paul Engel y Gary McIntosh escribieron: «Durante casi medio
siglo, defensores y detractores del movimiento de crecimiento de la iglesia han presentado sus puntos de vista de diversas formas... Las investigaciones determinaron que hay cinco posiciones principales».[1] Si
simplificas las posiciones hay dos grupos que quedan al frente: los que
enfatizan los logros del movimiento de crecimiento de la iglesia y los
que hacen hincapié en lo que prometió de más.

Quiero hacer mi aporte a este diálogo teniendo en mente la importancia de un liderazgo visionario. Al redefinir visión en esta primera parte,
mi preocupación principal se fundamenta en el hecho de que los especialistas en crecimiento de la iglesia siempre han sido indiferentes a la palabra *visión*. Esto induce a la pregunta: ¿los críticos legítimos del
movimiento son también críticos válidos del ser visionario? Mi respuesta
es un vehemente no. Sin embargo me preocupa mucho que los líderes más
jóvenes que dejan atrás el paradigma de crecimiento de la iglesia, aban-
donen en sus mentes y corazones el desarrollo visionario de una construcción del reino.

Ante semejante polaridad de opinión acerca del crecimiento de la
iglesia, quiero explorar la conexión al liderazgo visionario de hoy pres-
tando atención a ambos lados de la ecuación. Por un lado el movimiento hizo una contribución incuestionable a la historia de la Iglesia.
En este sentido representó un trabajo visionario verdadero. Por otro
lado, al igual que con el legado de Bottger, parece que el mayor peligro
para los partidarios del crecimiento de la iglesia es quedar cautivos de
su propio éxito. Considero que no son los principios del crecimiento de
la iglesia los que merecen las críticas más agudas, sino los corazones de
los líderes encarcelados en una definición muy reducida de crecimiento
numérico. Los líderes visionarios de hoy deben ser cautelosos y no caer
en esa trampa. Al definir la principal limitación del crecimiento de la
iglesia separamos los problemas asociados con el movimiento, de la
necesidad de vivir como visionarios fuera del movimiento. Como primer

---

*N. del T.: El Movimiento de Crecimiento de la Iglesia es un movimiento cristiano evangé-
lico que enfatiza en primer lugar el trabajo misionero combinado con un conocimiento
sociológico de la población-objetivo. La etiqueta «sensible a buscadores» de este abordaje
cataloga a los posibles conversos como «buscadores».

paso alineemos nuestros pensamientos con una definición de crecimiento de la iglesia.

Observando más de cerca el «crecimiento de la iglesia»

Para comprender mejor el modo en que evolucionaron las enseñanzas acerca del crecimiento de la iglesia, demos un vistazo a las perspectivas populares de crecimiento de la iglesia y liderazgo durante la segunda mitad del siglo veinte. La figura 3.1 muestra cuatro componentes o etapas. En realidad estas etapas se superponen pero permíteme presentar un simple modelo mediante mis sencillas líneas. Confío en que a través de este diagrama podrás clasificar rápidamente cualquier libro sobre liderazgo que hayas leído. Repasemos cada etapa.

Figura 3.1. Perspectivas populares de la Iglesia, 1960–2010

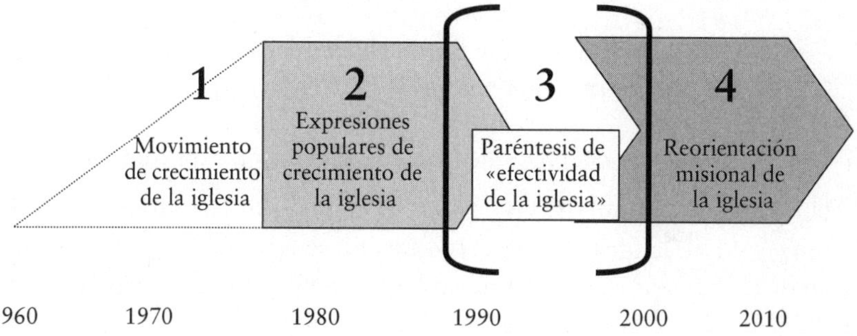

1	2	3	4
Movimiento de crecimiento de la iglesia	Expresiones populares de crecimiento de la iglesia	Paréntesis de «efectividad de la iglesia»	Reorientación misional de la iglesia

| 1960 | 1970 | 1980 | 1990 | 2000 | 2010 |

Etapa uno: el movimiento de crecimiento de la iglesia

El comienzo formal del movimiento se remonta a la vida de Donald McGavran, un misionero de tercera generación nacido en 1987. Luego de tres décadas de labor misionera, principalmente en India, McGavran publicó *Bridges of God* en 1955. (En 1956 fue el libro sobre teoría misional más leído.) Hay dos aspectos importantes sobre la vida de McGavran que vale la pena resaltar. Primero, él no era un pensador de fantasías, sino que sus conclusiones nacían de una profunda pasión y un trabajo arduo por la gran comisión. Segundo, era un aprendiz voraz. Por ejemplo llegó a descubrir la razón por la cual las iglesias de una villa habían crecido un docientos por ciento mientras que las iglesias ubicadas a una calle de distancia solo habían crecido un diez por ciento. Su pasión y aprendizajes eventualmente le abrieron las puertas para volver a enseñar en Estados Unidos, en los momentos de la vida en que la mayoría de los jugadores del Reino se retiran. En 1965 le propusieron ser el decano fundador de Fuller's School of World Vision. En 1970 publicó lo que consideró su obra maestra, *Understanding Church Growth*. Cabe destacar que hasta 1970 muchos de los trabajos y enseñanzas de McGavran se focalizaban en las misiones internacionales. Pero cada vez más pastores de Estados Unidos se interesaban en sus principios de crecimiento, por lo que en 1972 el seminario ofreció un curso para pastores co-enseñado por Peter Wagner, profesor y exmisionero. La década siguiente fue testigo de los días más gloriosos del movimiento, con organizaciones, publicaciones y líderes influyentes agitando sus banderas.

Las enseñanzas de McGavran se basaban en tratar de dar respuesta a cuatro preguntas básicas:[2]

¿Cuáles son las causas del crecimiento de la iglesia?

¿Cuáles son los obstáculos para éste?

¿Cuáles son los factores que pueden hacer de la fe cristiana un movimiento entre algunas poblaciones?

¿Qué principios del crecimiento de la iglesia son reproducibles?

Un principio popular expuesto por McGavran fue el principio de homogeneidad, la idea de que «el evangelio se esparce entre los pueblos de manera más natural mediante su lenguaje y las formas autóctonas de su cultura que a través de lenguas y formas culturales extranjeras». Otro ejemplo de su enseñanza muestra el énfasis en grupos sociales: la idea de que «el ministerio apostólico es más efectivo cuando se focaliza en grupos sociales que cuando lo hace en unidades políticas de determinadas áreas geográficas».[3] Principios como estos se convirtieron en la esencia del entrenamiento pastoral en nuestros seminarios por décadas.

El movimiento en sí mismo comenzó a perder fuerza en 1990 con la muerte de McGavran. A pesar de que las palabras «crecimiento de la iglesia» continuarían multiplicándose en el uso popular, la continuidad de la «voz del movimiento» declinó al finalizar el siglo.

Etapa dos: expresiones populares de crecimiento de la iglesia

El éxito del movimiento de crecimiento de la iglesia trajo aparejada una explosión de expresiones populares de crecimiento de la iglesia, incluyendo clases de seminarios, cursos, libros, periódicos, y abordajes consultivos. Seguramente conoces una o dos personas que hayan recibido su certificado de doctor en ministerios del seminario Fuller en la cumbre de esa era. La impresionante lista de alumnos incluye a Elmer Towns, Kent Hunter, John Vaughan, John Maxwell, Rick Warren, Bob Logan, Bill Sullivan, Leith Anderson, Paul Ford, y Eddie Gibbs. Hacia fines de 1970 el movimiento se había expandido a tal punto que todos hablaban acerca del crecimiento de la iglesia, ya sea exponiendo las enseñanzas específicas de McGavran o no. Aquí hay una lista de libros con las palabras *crecimiento* e *iglesia* en su título o subtítulo, entre 1978 y 2000:

Design for Church Growth, por Charles Chaney (1978)
Church Alive! A Fresh Look at Church Growth, por Francis Cotterell (1981)
Guiando su iglesia al crecimiento, por Peter Wagner (1997)
Balanced Church Growth, por Ebbie C. Smith (1984)
44 Ways to Increase Church Attendance, por Lyle E. Schaller (1988)
Beyond Church Growth, por Robert Logan (1989)
The Bonsai Theory of Church Growth, por Ken Hemphill (1991)
How to Break Growth Barriers, por Carl George (1993)
Principios del Reino para el crecimiento de la iglesia, por Gene Mims (1998)
Una iglesia con propósito, por Rick Warren (1995, 1999)
The Church Growth Handbook, por William Easum (1996)
Book of Church Growth, por Thom Rainer (1998)
The Every Church Guide to Growth, por Elmer Towns (1998)

No solo proliferaban los libros acerca del crecimiento de la iglesia, sino que otras disciplinas se asociaron a esta modalidad. Las más notables fueron las encuestadoras (George Gallup y George Barna), el mercadeo eclesial (una industria nueva que creó una docena de compañías con plataforma nacional), y la aplicación del gerenciamiento de negocios a la iglesia (planificación estratégica).

Al ampliarse esta modalidad también creció la crítica, que incluía la desmedida preocupación por los «números», la sobre utilización inapropiada dentro de la iglesia de «prácticas de negocios» sin crítica teológica, y la apreciación de que el crecimiento era principalmente un «crecimiento por traslado» desde iglesias vecinas y no un verdadero «crecimiento por conversión».

Pero era difícil discernir si la crítica era válida porque solía ser generalizada y no tenía un objetivo definido. El crecimiento de la iglesia se convirtió en un tema grande y difuso. Gary McIntosh escribe: «La amplificación conceptual del término *"crecimiento de la iglesia"* con el

fin de abarcar más sub-especializaciones de ministerio y más organizaciones, creó una extensa incomprensión y una crítica errónea del movimiento de crecimiento de la iglesia».[4] Ejemplos de sub-especialización
son la plantación de iglesias, los grupos pequeños, la guerra espiritual,
el gerenciamiento de conflictos, el gerenciamiento de cambios, el mercadeo, la planificación estratégica y la recaudación de fondos. A pesar de
todo el movimiento se multiplicó. Si bien los años setenta representaron
la década más fuerte del movimiento más puro (etapa uno del gráfico
3.1), la década de 1980 representó la cúspide de la expresión popular
del crecimiento de la iglesia (etapa dos).

Etapa tres: el paréntesis de «efectividad de la iglesia»

Cuando la influencia tanto del movimiento formal como de las expresiones populares del crecimiento de la iglesia alcanzaron un clímax, profesionales innovadores comenzaron a evitar el lenguaje de crecimiento de la
iglesia, dando comienzo a la tercera etapa. Ed Stetzer y David Putnam
hablan de la transición de alejamiento del crecimiento en esta declaración: «El movimiento estaba lleno de manías metodológicas. Cada libro
prometía que si hacías lo que decía, tu iglesia crecería. Desafortunadamente te decían que hagas diferentes cosas. Pronto los pastores se frustra-
ron. Se preguntaban a qué gurú deberían escuchar».[5] Pastores-líderes
perspicaces comenzaron a escribir acerca de «la salud de la iglesia», aportando el tono correctivo de *la calidad* al impulso existente hacia la cantidad. La solapa de la cubierta de *Una iglesia con propósito* de Rick
Warren dice: «El asunto es la salud de la iglesia, ¡no el crecimiento!»
Warren declara: «Si tu iglesia es saludable, crecerá de manera natural».[6]
El enfoque consultivo popular de Christian Schwartz, Desarrollo natural
de la iglesia, también enfatiza la salud por sobre el crecimiento. Stetzer y
Putnam incluso se refieren a un «movimiento de salud de la iglesia».[7]

Una simple búsqueda en Internet, sin embargo, revela más libros escritos sobre la efectividad del ministerio que sobre ningún otro tema,
incluido la salud de la iglesia. Como nunca hubo un movimiento organizado, considero que es mejor ver esta enseñanza sobre efectividad como
un paréntesis ya que no tuvo como fuente de inspiración un líder u organización centralizada, y su énfasis tuvo relativamente poco tiempo de
vida. Algunos libros que recalcan este enfoque son:

Maximice su efectividad, por Aubrey Malphurs (2008)

Effective Evangelistic Churches , por Thom Ranier (1996)

The Twelve Keys to an Effective Church, por Kennon Callahan (1997)

9 hábitos de las iglesias altamente efectivas, por George Barna (2007)

7 prácticas efectivas del liderazgo, por Andy Stanley, Reggie Joiner, y Lane Jones (2006)

Se estaba gestando un trasfondo masivo para este énfasis en la efectividad en la tercera etapa como resultado del cambio cultural a gran escala. Esto lo indica la brecha o ruptura entre el paréntesis en el gráfico 3.1.

Los cambios fueron descriptos como el fin de la modernidad y el inicio de la posmodernidad.* Dentro de este cambio experimentamos y estamos experimentando el fin de «la era de la cristiandad» y el surgimiento de una «era pos-cristiana». En la era de la cristiandad el crecimiento de la influencia de la iglesia en occidente dio un nivel de prominencia cultural a la cosmovisión judeo-cristiana.* En la era pos-cristiana no hay punto de partida ni influencia encarnada hacia los valores judeo-cristianos latentes en la cultura. Los profesionales en esta transición percibieron los problemas usuales de la iglesia de manera creciente (los indicadores principales fueron el continuo declive en la asistencia y la evidencia de que quienes profesaban el cristianismo mostraban poca diferencia en los factores de cambio de vida respecto de quienes negaban a Jesús[8]).

Nuevamente, asumo que el lector sabe a qué me refiero. Lee *The Missional Church* por Darrell Guder y Lois Barrett. Guder escribe en su introducción: «Durante 1983, en Gran Bretaña, por la publicación de la monografía breve *The Other Side of 1984: Questions for the Church*, del obispo Lesslie Newbigin, las preocupaciones volcadas por el obispo ciertamente no eran nuevas. Pero como estadista misionero y líder que había retornado para ministrar en Gran Bretaña después de décadas en la India, Newbigin analizó con una claridad penetrante el desafío presentado por el contexto cambiante de la sociedad occidental. En una palabra lo que había sido una vez una sociedad cristiana ahora era claramente una pos-cristiana, y en muchas maneras una anti-cristiana. Newbigin llevó a la discusión pública un consenso teológico que se había estado formando desde hacía tiempo entre misiólogos y teólogos. Luego focalizó ese consenso en la realidad concreta de la sociedad occidental con la forma que había tomado en ese siglo. Sus conclusiones movilizaron a los pensadores y líderes cristianos de ambos lados del Atlántico.» (p. 3).

---

*Puedo ilustrar este punto con una breve reseña de mi conversación en una cena con Judy, una mujer de largos setenta años. Durante la cena hablábamos acerca de la Reforma Protestante. Pensaba que ella era evangélica pero allí me di cuenta que no. Ella me expresó su desagrado por las enseñanzas de Jesús en lo referente a ser «el camino, la verdad y la vida», de Juan 15. La desalentaba la afirmación de ser «el único camino». Lo interesante es que ella comparte un profundo interés por las Escrituras y asistió a la iglesia con regularidad durante toda su vida. Mi punto es que si bien Judy no es una creyente, creció en el ambiente cultural del cristianismo. Jesús no es el Señor de su vida, pero ella estaría ofendida si no la consideraran cristiana. La relevancia de distinguir la era pos-cristiana es que, en su mayoría, las personas como Judy dejarán de existir. Sin duda alguna las personas que no siguen a Jesús tendrán muy poco interés en la iglesia.

Etapa cuatro: reorientación misional de la iglesia

Con el inicio de la era pos-cristiana, una nueva perspectiva, la etapa cuatro, se está desarrollando cada vez más rápido. La considero una reorientación porque apareció de las cenizas del cristianismo como un nuevo paradigma, y no como una simple mejora de lo que lo precedió. La idea de una iglesia misional capturó por sí sola la imaginación de líderes eclesiales de todos los trasfondos y denominaciones. Elige tú: desde los pastores jóvenes, pasando por los más adultos, a los predicadores punk y los intelectuales copetudos de «liturgia», todos quieren ser misionales. ¿Pero qué significa esto? En esencia es un modo de pensar que desafía a la iglesia a re-formar y re-forjar su auto-comprensión (teológica, espiritual y socialmente) de modo tal de poder re-aprender cómo vivir y proclamar el evangelio en el mundo. Tal vez la mejor consigna de reorientación es el imperativo de «ser la Iglesia». Iglesia no es algo que haces o un lugar al que concurres, sino *lo que eres*.

El concepto de iglesia misional se estaba gestando en los rangos académicos décadas antes de que llegara a las calles. El descorrimiento de esta cortina académica se dio finalmente en 1998 con la publicación de *The Missional Church*. Su autor, Darrell Guder, afirma: «La tesis básica de este libro es que la respuesta a la crisis en la iglesia de Estados Unidos no se encontrará en el nivel del método y la solución de problemas. Compartimos la convicción de un consenso creciente de cristianos en Estados Unidos que cree que el problema tiene una raíz mucho más profunda. Tiene que ver con nuestra identidad y sentido de existencia... Ya sea que estemos definidos por la misión o lo reduzcamos al ámbito del evangelio y el mandamiento de la iglesia. Por consiguiente, nuestro desafío hoy es movernos desde una iglesia con misión hacia una iglesia misional».[9] Desde que se escribieron estas palabras muchos se subieron al carro, y creo que con buenas razones.

DE HACER A SER. La reorientación misional representa un salto de enfoque importante de la metodología a la identidad. Dentro de las primeras tres etapas del gráfico 3.1, la mayoría de las preguntas de la iglesia giraban en torno a los modos prácticos del evangelismo. Asumiendo la influencia del cristianismo, las preguntas metodológicas indagan: «¿Qué podemos hacer para alcanzar a más personas?» En contraste, la pregunta por la identidad de la iglesia en la desorientación de la era pos-cristiana cuestiona: «Ahora que nuestra influencia se ha ido, ¿cómo remodelamos nuestra auto-comprensión para poder ser como Cristo en este mundo?» Lo repito, esto refleja un cambio de énfasis del hacer al ser. La base teológica de este énfasis en la identidad re-formada de la iglesia es la identidad de Dios mismo. Guder cita uno de los trabajos trascendentales de David Bosch: la iglesia misional «se encuentra en el contexto de la doctrina de la Trinidad, no de la eclesiología o soteriología. La doctrina clásica del *misio Dei* de Dios Padre enviando a su Hijo, y Dios Padre e Hijo enviando al Espíritu se expande para incluir aun otro "movimiento": Padre, Hijo y Espíritu Santo enviando a la iglesia al mundo».[10] Por lo tanto la nueva identidad de la iglesia es una re-clarificación de sus «envíos». Enviar no es algo que haces, sino que ser enviado es algo que eres.

ATRACCIONAL VERSUS ENCARNACIONAL. Hay múltiples implicaciones en esta cuarta etapa de re-orientación. Una de las más comunes es el cambio de una mentalidad «atraccional» a otra «encarnacional».[11] Atraccional significa que la estrategia básica de la iglesia para alcanzar a los perdidos gira en torno a introducir a los «buscadores» o «inconversos» al edificio de la iglesia. Una vez adentro, la oportunidad de presentar el evangelio define a la oportunidad principal para evangelizar. El paradigma refleja el supuesto común para las expresiones más populares de crecimiento de la iglesia. En contraste, el énfasis encarnacional en una mentalidad misional se centra en vivir y compartir el evangelio en los espacios en los que «transcurre la vida». (Al igual que Jesús, quien «caminó por la calle» entre el cielo y la tierra haciéndose «carne», es decir, encarnándose.) La importancia está puesta en la iglesia «desensamblándose» para el trabajo principal de evangelizar en las nimiedades de la vida cotidiana. En el modo atraccional los grandes edificios son importantes para las iglesias, y la reunión de la iglesia es la consumación del evangelismo. En el modo encarnacional lo importante son las comunidades de fe fluidas y flexibles, y la consumación del evangelismo es la dispersión de la iglesia. La crítica general hacia el modelo atraccional es que la iglesia debería medirse por su capacidad de enviar, y no por la capacidad de su edificio.

PERSONAS PERDIDAS: ¿PROSPECTOS O PERSONAS QUE JESÚS MÁS AÑORA? Para ilustrar mejor la distinción, el lenguaje de una iglesia acerca de las personas que quiere alcanzar expone rápidamente una mentalidad atraccional o encarnacional. Los bautistas del sur de Estados Unidos tradicionalmente se refieren a sus miembros como «prospectos». Este término de ventas no favorece al desarrollo de relaciones con los no creyentes fuera de los muros de la iglesia. Más bien define el éxito como «vender» a la iglesia y lograr que las personas se enlisten, esto es, meterlas dentro del edificio de la iglesia. Años atrás, Bill Hybels de Willow Creek Community Church articuló el valor fundamental de «Las personas perdidas le importan a Dios, por lo tanto, nos importan a nosotros». Siempre aprecié el fervor evangelístico de Hybels, pero esta articulación evidencia una mentalidad atraccional. El valor es una declaración de principios, no un gesto de afecto. Como dato concreto e impersonal enfatiza la estrategia principal de añadir gente en el servicio de «personas interesadas». Recientemente Willow Creek realizó una campaña financiera de más de cien millones de dólares para ampliar sus instalaciones con este fin. Pero el corazón de la iglesia misional encontró un lenguaje diferente para llevar una identidad renovada del ser enviado. Una iglesia en crecimiento de las afueras de Phoenix llama a los no creyentes «los preciosos». Este término atraviesa el corazón. Provoca en los creyentes un deseo de salir cada día para alcanzar y amar a personas preciosas. O considera el abordaje de Jim Henderson, pastor de evangelismo de una mega-iglesia que se cansó de los métodos típicos. Él sugiere que el énfasis en las parábolas de la moneda perdida y la oveja no está puesto en los sentimientos de la oveja y la moneda sino en los de Dios Padre. En lugar de referirse a los inconversos como personas perdidas, adaptó su lenguaje diciendo «personas que Jesús más añora».[12] El cambio en el lenguaje asume que los seguidores de Cristo también tendrán personas que echan de menos. La diferencia en la elección de palabras puede parecer sutil, pero cambia la idea de evangelismo de algo que hacemos (inspirada en la iglesia y orientada a proyectos) a algo que encarnamos (inspirada personalmente y orientada a la vida). Estos pequeños cambios de terminología representan enormes cambios en la identidad porque llevan a los seguidores de Cristo a ser la iglesia, y no solo ir a la iglesia.

Desenmarañar las críticas

Habiendo puesto al crecimiento de la iglesia en contexto, ¿cuáles son las iniquidades del movimiento de crecimiento de la iglesia que lo hacen inadecuado en la actualidad? Si escuchas a las críticas verás que la respuesta no yace en lo que el movimiento enseña per se, sino en las cuestiones que el movimiento intentó resolver. Da la impresión de que con el desarrollo de metodología de crecimiento eclesial, Donald McGavran y sus seguidores estaban haciendo un trabajo importante para el Reino, *dado su juego de problemas y presuposiciones*. Sus problemas comenzaron tratando de comprender las variaciones dramáticas en la efectividad del evangelismo en los campos misioneros de India y terminaron tratando de revertir el declive de la asistencia a la iglesia en Estados Unidos.

Sus supuestos estaban arraigados dentro del cristianismo; trabajaron cuando el cristianismo era una fuerza viable y latente en la cultura occidental. No se enfrentaban al cambio posmoderno que vivimos hoy. Más bien trataban de encontrar mejores *métodos* de evangelización dentro del paradigma de un cristianismo aceptado. Recuerda que los primeros pensamientos de McGavran, a los que me referí con anterioridad, estaban moldeados por su trabajo misionero en India allá en la década de 1920. Aproximadamente cincuenta años después de que comenzara la influencia de McGavran, se hizo claro que el cambio era inminente. Uno de los eventos más significativos para identificar este salto a una era pos-cristiana se dio en 1983, con la publicación de *The Other Side of 1984: Questions for the Church*, del obispo Newbigin.[13] Esta breve monografía reconocía los cambios que estaban ocurriendo e iniciaba la conversación acerca del futuro de la iglesia.

Ahora, si el conjunto de problemas y supuestos cambia (a los nuevos que estamos enfrentando), ¿eso hace que las conclusiones de la era del crecimiento de la iglesia sean equivocadas? No, sencillamente las hace menos aplicables. Por ejemplo, ¿me enojo con mi abuelo si no sabe cómo darle cuerda a su reloj de cuarzo? Por supuesto que no, en lugar de eso, le explico gentilmente que los relojes ya no necesitan que se les dé cuerda.

Las personas suelen hacer listas de aportes positivos y negativos del movimiento de crecimiento de la iglesia, pero yo propongo una crítica que espero sea tanto útil como simple. Primero, homenajeemos a Donald McGavran como un hombre que trabajó por el evangelio antes del comienzo de la era pos-cristiana. Me atrevo a decir que este misionero hizo unas cuantas observaciones brillantes. Segundo, identifiquemos el problema real más claramente.

Crecimiento de la iglesia versus idolatría al crecimiento

Muchas de las críticas al crecimiento de la iglesia se dirigen a la preocupación desmesurada acerca de los números. La idea es que centrarse demasiado en la cantidad (meter a las personas por las puertas de la iglesia) diluye el énfasis en la calidad (como sea que la iglesia elija definirla, por ejemplo como crecimiento espiritual o profundidad teológica). Pero, ¿un énfasis excesivo en la asistencia a la iglesia proviene de los principios de crecimiento en sí mismos o de algo más profundo en el corazón del líder? ¿Es posible que el verdadero culpable no sea el movimiento per se, sino una «idolatría al crecimiento» latente en la vida del líder? Idolatría del crecimiento es una creencia inconsciente, *a nivel del alma*, de que las cosas no están bien conmigo si *mi* iglesia no está creciendo. He luchado contra este pecado y sé que muchos otros líderes también lo han hecho.

Un ídolo es cualquier cosa que le agreguemos a Jesús para lograr que la vida funcione. La ironía es que ante el llamado a predicar el evangelio muchos ministros fallan en aplicar el evangelio personalmente en modos que liberen sus corazones de una trampa de desempeño. Este desempeño se mide más fácilmente, por supuesto, por la asistencia a las reuniones, por lo que la tentación de comparar está siempre cerca de nuestros corazones. Para algunos la competencia alimentada por el fanatismo deportivo o los indicadores de mercado magnifican la intensidad de tener que crecer. Cuando llega el día de participar en un encuentro de pastores, tenemos profundas emociones que se relacionan con el modo en que está funcionando la iglesia. Si está creciendo, no podemos esperar para encontrar la manera sutil de comentárselo a nuestros colegas ministeriales. Si la iglesia no esta funcionando, esperamos que nadie nos pregunte nada (o simplemente no asistimos al encuentro). Uno de mis amigos más cercanos en el ministerio me confesó que el peor año de su vida fue el primer año en que su iglesia no creció. Adicto a mantener un récord de crecimiento en la asistencia del quince por ciento a lo largo de los años, sintió que el primer año de estancamiento en el crecimiento lo golpeó como la peste negra.

¡Muéstrame la caja más grande!

El resultado de idolatrar el crecimiento es la visión predeterminada de la iglesia de «la caja más grande». La visión siempre presente de expandir el campus y ampliar los edificios es el paradigma del modelo atraccional. ¿Hay otras maneras de expandir el Reino? Sí, pero la idolatría del crecimiento nos persuade fuertemente de que el crecimiento del Reino debe implicar el crecimiento numérico de nuestra iglesia local. Por lo tanto pregunto, ¿quién es en realidad el que quiere la caja más grande? ¿el principio de crecimiento de la iglesia?, ¿las personas de la iglesia?, ¿el pastor? Como siempre dice Larry Osborne de North Coast Church: «A las personas les gusta lo pequeño, pero a los líderes les gusta lo grande». De este modo regresamos al dilema irónico de Bottger de ser prisionero del propio éxito. El problema de aplicar al crecimiento algunos métodos buenos es que funcionan. Cuando lo hacen abrimos una puerta a la posibilidad de hacernos esclavos del crecimiento de la asistencia en nuestra iglesia. Howard Hendricks comprendió esto cuando nos exhortó como pastores jóvenes: «No tengo temor de sus fracasos, sino de sus éxitos».

Veo reflejada esta idolatría del crecimiento más frecuentemente en tres escenarios. El primero es cuando las iglesias muestran poca generosidad financiera fuera de su ministerio local. Un pastor que conozco tiene la visión de plantar miles de iglesias a lo largo de su vida. Pero con cada año de éxito y más recursos para invertir en la plantación de iglesias, la iglesia madre se hace cada vez más tacaña. El segundo escenario es cuando las iglesias consiguen tener un edificio más grande, pero no saben qué hacer después. Hace unos años participé de un funeral en St. Louis junto con otro pastor. Cuando ya nos íbamos del cementerio me confesó que después de mudarse al nuevo edificio que había costado unos diez millones de dólares, estaba completamente desorientado respecto de la visión de la iglesia. En lugar de descubrir su Iglesia única y clarificar una nueva visión, la idolatría al crecimiento había ganado. El tercer escenario es la rápida expansión del movimiento multi-sede. A pesar de que esto es una opción estratégica para muchos, puede contribuir a la idolatría del crecimiento de quienes más bien podrían estar plantando iglesias en lugar de promocionando a un maestro para otra sede local.

Gordon MacDonald hizo una declaración aguda acerca de la idolatría del crecimiento. Hace años él planteó el tema en la cumbre de Willow Creek de esta manera: «Me estuve preguntando si nuestro fervor evangélico por cambiar al mundo no está conducido en cierta manera por nuestra propia incapacidad de cambiar.» Direccionando el impulso de mayor impacto hacia un quebrantamiento interior, ese día Dios usó su pregunta para ayudarme a ver mi propia idolatría. Reggie McNeal ofrece otra reflexión sobre el mismo problema: «Desafortunadamente [el movimiento de crecimiento de la iglesia] fue víctima de una idolatría tan antigua como la torre de Babel, la creencia de que somos arquitectos del trabajo de Dios. Como resultado tenemos las mejores iglesias que el hombre puede construir, pero seguimos esperando a la iglesia por la que solo Dios puede tener crédito».[14]

El liderazgo visionario trasciende el movimiento de crecimiento de la iglesia

El último punto de este capítulo surge de la pregunta formulada previamente: la importancia por desarrollar un liderazgo visionario ¿está necesariamente vinculada al auge del crecimiento de la iglesia? Los profesionales populares del crecimiento de la iglesia maltratan la palabra visión todo el tiempo. Pero el arte de la visión no se originó en su interior y de ningún modo está limitado a él. Por lo tanto, espero que puedas separar cualquier crítica al crecimiento de la iglesia de la práctica de ser visionario. En síntesis, sugiero:

o El movimiento de crecimiento de la iglesia fue un movimiento visionario que ofreció principios útiles dentro del contexto de la era del
  cristianismo.

o Es difícil criticar al movimiento porque demasiadas metodologías
  populares eventualmente usaron el lenguaje de crecimiento de la iglesia de modo que su definición se hizo significativamente imprecisa.

o El principal culpable de la metodología popular de crecimiento de la
  iglesia (la iniquidad del crecimiento de la iglesia) no es la enseñanza
  en sí misma, sino la tendencia a alimentar la idolatría de crecimiento
  en el corazón del pastor.

o Debe separarse la necesidad de un liderazgo visionario tanto de
  las críticas matizadas al movimiento de crecimiento de la iglesia
  en general, como de los problemas de base de la idolatría al crecimiento.

Las próximas dos partes de este libro continúan ubicando la práctica
del liderazgo visionario en una esfera que trasciende la enseñanza sobre
el crecimiento de la iglesia de los últimos cincuenta años. A esta altura
basta con reconocer a Jesús como el mayor visionario que jamás existió.
¿Los pasos de quién mostraron con más claridad un sentido de origen,
misión y destino? Si aspiramos a seguirlo, no fallemos en nuestro trabajo
visionario por una pequeña etapa de la historia de la iglesia marcada por
la idolatría al crecimiento.

Le agradecemos al Señor por *su* promesa de construir *su* Iglesia. El
Señor es el constructor, no nosotros. El Señor es el dueño, no nosotros. El
poder del Hades no prevalecerá contra Jesús, nuestro Salvador y nuestro
Visionario.

4

CONGREGACIONES PERDIDAS:

CÓMO SE ADAPTAN LAS IGLESIAS AL VACÍO DE VISIÓN

Donde no hay visión, el pueblo se extravía; ¡dichosos los que son obedientes a la ley!
—Proverbios 29.18

EN LOS SUBURBIOS DE SAN JOSÉ, California, se encuentra una interesante atracción turística: una hacienda construida por la heredera de la fortuna del fusil Winchester. En 1884 una viuda acaudalada llamada Sarah L. Winchester comenzó un proyecto de construcción que duró treinta y ocho años, guiada por un temor supersticioso. Evidentemente la señora Winchester fue convencida por un medium de que la construcción continua apaciguaría a los espíritus malignos de aquellos que murieron por el famoso «arma que conquistó el Oeste» y la ayudaría a alcanzar la vida eterna. Así que Sarah mantuvo a los martillos de los carpinteros golpeando veinticuatro horas al día. La mansión victoriana terminó llena de tantas excentricidades inexplicables que actualmente se la conoce como la misteriosa casa Winchester. A pesar de tener ciento sesenta habitaciones, tres ascensores, cuarenta escaleras y cuarenta y siete chimeneas, su tamaño por sí solo no da cuenta de la maravilla arquitectónica, lo que sí lo hace es el diseño sin propósito tan bizarro. ¡Escaleras llevan al cielo raso, ventanas decoran los pisos y puertas se abren hacia paredes lisas! Características fortuitas reflejan una creatividad, energía y costos excesivos, desde pisos de parqué exquisitamente taraceados a mano hasta ventanas con diseños Tiffany. Lo que definió su éxito fue el exceso de ocupación, no los planos.

La misteriosa casa Winchester es una imagen acertada de cómo luce una iglesia cuando carece de visión; hay muchísimas actividades con poco progreso de propósito. Programas interesantes y sermones exquisitos no necesariamente llevan a un todo lleno de sentido. La estructura existe *para la estructura en sí misma*, no para la *vida*. Pero burlarse de la estruc- tura de la iglesia es demasiado sencillo. Así que abordemos un tema más profundo: la vida del feligrés.

El corazón del problema

Cuando Nehemías contempló los muros destruidos de Jerusalén, no solo la devastación física rompió su corazón. Los escombros de piedras signi- ficaban que el pueblo de Dios no estaba protegido y liberado para llevar a cabo la misión de Dios en el mundo. En la iglesia misteriosa el resultado es el mismo. El costo de sobre-construir (en lugar de muros destruidos) nos deja con ministerios, estructuras y filosofías torpes. ¿Pero qué es lo que está en juego realmente? Los corazones de las personas y la misión de Cristo penden de un hilo. Donde no hay visión, el pueblo se extravía (Prov. 29.18).

Hagamos un análisis más detallado. ¿Qué sucede en realidad en el alma de una congregación cuando se la deja en un vacío de visión de la iglesia demasiado tiempo?

Pensemos:

o ¿Qué queda para entusiasmar los corazones de nuestros feligreses?

o ¿Qué alimenta los sueños de nuestro pueblo?

o ¿Qué nutre la identidad de aquellos que consideran nuestra iglesia su casa?

La respuesta simple es *algo lo hace*, incluso cuando la visión está ausente. Las personas necesitan visión y necesitan esperanza. Sus propias almas buscan algún canal de sentido. Por lo tanto, si los líderes visiona- rios no lo proveen y alimentan, ¿dónde encuentran sentido las personas?

Comida rápida para el alma

He observado cuatro sustitutos para una dieta balanceada de visión, a los que denomino «comida rápida para el alma». Recargan el combustible de nuestro pueblo más fiel; es el modo en que encuentran esperanza para un futuro mejor. Desafortunadamente también son cuatro fuentes de desnu- trición de la identidad de la membresía. Recuerda que estas son las per- sonas con las que contamos cada semana para hacer que la iglesia funcione. Al igual que los niños con padres demasiado ocupados para cocinar comidas saludables, los miembros de nuestra congregación eligen esta comida rápida en la vida de la iglesia.

«Lugares» fritos

Los lugares para nuestros momentos con Dios son importantes. Pero el espacio en sí mismo tiene características adictivas al igual que los negocios de tu fritura favorita. Estos son sitios en los que encontramos a Dios, ya sean los escalones alfombrados cerca del altar, o el modernísimo café en el que nos alimentamos con música en vivo, o los hermosos vitrales del santuario. Repito, estos lugares son importantes y deben existir. Pero en ausencia de una visión que trascienda nuestros rincones favoritos el lugar en sí se convierte en un suplemento de la visión. El uso principal del término *iglesia* para denotar lugar agrava el asunto. ¿No me crees? Nombra la palabra *mudanza* en la próxima reunión de trabajo de la iglesia.

Consideremos el ejemplo de Teresa. El año pasado realicé una ceremonia de casamiento para un amigo y Teresa era la coordinadora del evento. Al conocerla me enteré que había dejado de concurrir a la iglesia a la cual asistió por años. Su congregación (Abundant Life Methodist) atravesó dos transiciones en el período de un año: una mudanza y el cambio de nombre a Gateway Community Church. Como sugiere el nuevo nombre las características de las nuevas instalaciones reflejaban más un centro comunitario que una iglesia. Cuando le pregunté por qué dejó de asistir, sus ojos se llenaron de lágrimas. Durante quince minutos expresó sus sentimientos acerca de los momentos sagrados en los banquillos de oración del altar en el viejo edificio. Incluso mencionó cómo apoyaba su nariz «en la madera» de la barra del banquillo domingo tras domingo. La conclusión de Teresa era simple: «¿Cómo pudo la iglesia cambiar sus instalaciones y no proveer banquillos de oración?» Cambiar los muebles de la iglesia literalmente descarriló su viaje.

Tiempo fuera. Sé que algunos de ustedes están pensando: ¿Esos momentos en los banquillos de oración no son preciosos y la esencia misma del ministerio? Sí lo son, absolutamente. El sentido de pertenencia al lugar refleja el diseño de Dios, comenzando por el Edén y terminando con la Nueva Jerusalén. Pero el espacio es esencial, no central, en la economía de la visión. En otras palabras, el espacio no debería definir nuestra conexión más profunda *a* y la asociación *con* la iglesia. Jesús le recalcó esto a la mujer en el pozo: «los verdaderos adoradores rendirán culto al Padre en espíritu y en verdad» en contraste con la ubicación, «ni en este monte ni en Jerusalén» (Juan 4:21–23).

EL PODER DEL LUGAR. Es importante no subestimar la fuerza de gravedad de la iglesia de ladrillo y cemento en los corazones de nuestro pueblo *y en nosotros* como líderes espirituales. Los edificios de las iglesias y los lugares sagrados pueden crear un aura de prestigio y derecho que remueve a los líderes espirituales de la misión. ¿Sabías que las ventas de indulgencias se fundaron en la era de Martín Lutero? Ellas costeaban los proyectos constructivos de la iglesia católica. La basílica de San Pedro fue pensada para ser el edificio eclesial más grande de la cristiandad. Cubre un área de más de 23.067 metros cuadrados y tiene capacidad para más de sesenta mil personas. El emperador Constantino la construyó inicialmente sobre el lugar donde estaba enterrado el apóstol Pedro. A mediados del siglo XV el papa Nicolás V comenzó un proyecto de reconstrucción. Un emprendimiento formidable que llevó 120 años, la sucesión de varios papas y los servicios de muchos artistas y arquitectos famosos (Miguel Ángel y Rafael, por ejemplo), antes de ser finalmente completada. En 1514, el papa León X autorizó una indulgencia para financiar el proyecto de construcción. Fue la indulgencia que llevó a la protesta de Martín Lutero.

GRAZNIDOS DE VISIÓN. Una expresión de la preocupación por el lugar es el surgimiento (ahora ya instalado) de la industria consultiva, desarrolladora de campañas para obtención de capitales. El negocio de las campañas para obtención de capitales, o consultoras de administración levantó vuelo hacia fines de la década de 1960. El objetivo de la campaña es guiar al liderazgo de la iglesia por una temporada en la que se pueda obtener mayores dádivas de los miembros de la congregación a los fines de un proyecto especial, generalmente relacionado con las instalaciones de la iglesia. Hoy, entre otros tipos de consultoras eclesiales, estos «muchachos del dinero» son los líderes de la cuadra.

¿Qué mensaje traen estos «expertos»? «Pastor, sabemos que necesita ayuda en la recaudación de fondos para el edificio que necesita construir. Estamos aquí para ayudarlo a concretarlo». Con promesas audaces, la industria explotó el temor a la pérdida y la promesa de ganancia en la mente del pastor que nunca pudo asistir a una clase de recaudación de fondos en el seminario. Uno de los motivos por los cuales esta industria creció es la cantidad de feligreses dedicados a las ventas, entrenados con el principio de gastar dinero para hacer dinero.

Los pastores que atraviesan este proceso brindan opiniones diversas acerca de los resultados. Algunos están agradecidos, otros frustrados, pero la mayoría siente que la relación dejó algo que desear. ¿Por qué? Hay muchas razones. Considero que la más significativa tiene que ver con un abordaje que eclipsa la visión misional e ignora tu Iglesia única. Al finalizar la campaña, o luego de la construcción de un gran edificio nuevo, es absolutamente probable que el edificio en sí se convierta en un sustituto barato de la visión real. La ironía dramática es que la industria gasta muchísimo tiempo hablando de la visión. Pero en tanto modelos animados de edificios en 3D e innumerables folletos anuncian la promesa de un nuevo edificio para la iglesia, a las personas les roban una articulación más sustancial con el futuro de la iglesia. El resultado es una visión anoréxica.

Cabe aclarar que cada una de las categorías de comida chatarra de este capítulo no es mala en sí misma. Todas alimentan mal porque se las usa como sustituto de manera inapropiada. Esta aclaración es importante porque la siguiente fuente de desnutrición eres *tú*.

«Personalidades» Big Mac

Los líderes espirituales son importantes para nuestra gente. Supongo que tienes cientos de personas que piensas que tú sostienes la luna, debido a tu andar con Jesús. Pero el noventa por ciento de los pastores que conozco nunca querrían que *su* personalidad fuera el cordón umbilical que conectara la identidad de sus miembros con la iglesia. El carisma no es visión. Es un vehículo para repartir la visión. El rabadán no es un sustituto del Buen Pastor.

Sin embargo, año tras año la transición pastoral termina en disminución de asistencia. Los números suben y bajan en torno a quién está en el púlpito. Para muchos feligreses la conexión con su iglesia es la conexión con el pastor. Tenemos una pregunta común en las encuestas que diseñamos: «¿Con quién te sientes más conectado en la iglesia?» Las opciones van desde «la familia y los amigos que me trajeron», a «miembros de mi grupo pequeño», a «los pastores y/o personal». Con regularidad vemos los números elevarse entre un quince y un treinta y cinco por ciento de personas que se sienten más conectadas con el personal pago. Lo que realmente me asombra, reforzando este punto, son aquellas situaciones de mal personal. Aun cuando un ministro claramente improductivo o inmoral deja la iglesia, cantidad de personas lo siguen. Ante la ausencia de visión, las personas de nuestras iglesias se aferrarán a *algo*, incluido nuestro personal menos capaz.

Los líderes que comprenden este principio me alientan. Estos últimos años trabajé con hombres como Max Lucado y Chuck Swindoll. Su fama genera una corriente embravecida de personas que definen su identidad en torno de un maestro talentoso. Sin embargo, estos dos hombres no solo han trabajado duro para mantener a su visión como algo central, también sacrificaron una asistencia fácil removiendo sus rostros del logo de la iglesia. Ambos están tratando de construir saludables organizaciones creadoras de discípulos, no enormes cadenas de evangelio para llevar.

«Programas» tamaño gigante

Los programas son importantes, y las buenas metodologías para el ministerio deberían ir y venir. Pero la mayoría de ellas llegan para quedarse; al igual que la leche cortada, las metodologías continúan siendo usadas aun pasada su fecha de vencimiento. Por años los líderes de iglesia lucharon con el modo de desmontar un caballo muerto. ¿Por qué? Cuando el programa existe en un vacío de visión, la manera de hacer el programa desplaza al porqué, en lo profundo del *corazón de los líderes del programa.* Esto es, dominar el cómo es lo que hace que los voluntarios se *sientan* importantes. ¿Recuerdas la enseñanza de Joel Barker sobre paradigmas décadas atrás? Un erudito y futurista que popularizó el concepto de cambios de paradigma y la importancia de la visión para conducir el cambio en una organización. Una de sus perlas útiles es que cuando el paradigma cambia, el valor de pensar en el viejo paradigma cae a cero.[1] Esto es exactamente lo que sucede cuando los miembros de la iglesia se resisten al cambio en un programa. Sencillamente no quieren que su *valor personal* caiga a cero (¿y quién no?). Por lo tanto es el programa mismo el que nutre sus identidades.

Un ejemplo clásico es la resistencia natural de las personas que crecieron en la escuela dominical al movimiento de grupos pequeños. Un líder de escuela dominical que resiste este cambio en realidad está padeciendo la pérdida de validez y credibilidad recibida a lo largo del tiempo como persona de influencia en el modo de hacer las cosas de la escuela dominical. La implementación de un nuevo modo, como más discusiones, menos sermón, y una atmósfera diferente, amenaza la importancia de la persona. Cambia las reglas de juego una vez que él o ella ya dominaba las viejas reglas.

Hoy la mayoría de los pastores puede identificar un programa o ministerio que necesita eliminarse, pero están renuentes a conversarlo. Elige cualquier tipo de programa entre la A y la Z. (Ni lo digas, no quisiera mencionar un programa que *nunca* eliminaríamos, como Awana, BSF, Beth Moore Bible Study, Adult Handbells, Financial Peace University, Monday Night Visitation, Men's Fraternity, Stephen's Ministry, Griefshare, FAITH, Class 401, MOPS, EE, o el sermón de escuela dominical de Mr. Smith.) Es un asunto tan delicado que hasta es difícil escribir al respecto. Los pastores me miran con ojitos suplicantes casi rogándome por un escrito acerca de cómo hablar con líderes reticentes. El problema no es el voluntario sino la visión. Para empezar necesitamos que la visión eleve nuestra mirada para ver el motivo detrás del programa. Si no vemos el motivo más imperioso, solo creamos personas que dominan el cómo. Sus corazones encuentran más sentido en trabajar eficazmente en los métodos de ayer que en trabajar con eficiencia en pos del futuro. Por lo tanto, al lugar y la personalidad, agregamos los programas como tercera fuente de malnutrición de la identidad de los miembros.

«Personas» tarta de manzanas

Por supuesto que la iglesia tiene que ver con personas. Entonces ¿por qué hago una conexión entre las personas y la pésima alimentación tipo comida rápida de la iglesia estadounidense? Tal vez el mayor sustituto de una identidad de membresía saludable sean las personas de la iglesia (sean diez o cien) que «saben mi nombre». A riesgo de atacar a la comunidad bíblica, por favor escúchame. No estoy arremetiendo contra la comunidad en sí. Estoy identificando a la «comunidad sin causa» tanto como no-bíblica y como fuente común de identidad para el feligrés. Esta realidad se demuestra fácilmente en dos escenarios. Primero, tan solo recomienda un cambio en los horarios de servicios. Las personas se quejan porque estás barajando de nuevo las cartas de la baraja relacional. Segundo, tan solo pide a una comunidad bíblica adulta o a un grupo pequeño que se multiplique. Se desata un infierno porque la gente no quiere que te entrometas en sus relaciones. Estos amigos familiares, si bien esenciales para la vida de la iglesia, se hicieron *centrales* para la identidad de las personas. Ahora, admito que camino sobre hielo muy delgado, por lo que no me escucharás diciendo que las relaciones no son importantes. Sencillamente estoy reconociendo que es muy frecuente que la mentalidad «nosotros cuatro y nadie más» atrape los corazones de nuestro pueblo.

Grabado sobre granito versus escrito en la arena

El verdadero alimento para tu gente debería provenir de tu visión de tu Iglesia única. Así el propósito duradero de tu iglesia reflejado localmente puede reemplazar los sustitutos de lugar, personalidad, programas y personas. ¿Suena demasiado bueno como para ser real? No debería.

Jim Collins usó un símbolo yin-yang en su clásico libro *Built to Last* para ilustrar un punto importante y relacionado. Él menciona que las organizaciones que perduran tienen dos características dominantes que son opuestos complementarios. La primera es una fuerte convicción acerca de los ideales nucleares que nunca cambian; estos son el propósito y los valores. La segunda característica es un claro entendimiento de que todos lo demás *debe* cambiar para poder preservar el núcleo. Collins describe esto como «un paseo incesante para estimular el progreso».[2] Si consideras un marco de cien años, por ejemplo, las organizaciones no existirían si no hubieran estimulado el progreso mediante el cambio de métodos, procesos, estructuras, liderazgo y tecnología. La observación fascinante es que discerniendo la ideología nuclear y distinguiendo lo que no es central, un líder puede liberar a las personas para acoger el cambio al conectar su identidad con la ideología nuclear. Esto permite que las personas se sientan importantes a pesar del hecho de que los métodos, o la tecnología, o la estructura puedan cambiar. En otras palabras, si las personas se nutren de una visión invariable están más predispuestos cuando las reglas cambian con tácticas. Collins sostiene que comprender qué cosas en la organización pertenecen a cada categoría requiere claridad y disciplina.

Por ejemplo, si un relojero tiene el ideal nuclear «manteniendo el tiempo preciso», seguramente estará en la búsqueda de nuevos modos de mejorar esa precisión. Esto sucedió cuando la tecnología de cuarzo reemplazó a los resortes y engranajes de los relojes con piezas mecánicas. Sin embargo, décadas atrás los relojeros suizos se perdieron la oportunidad, perdiendo así su posición dominante en el mercado mundial. ¿Cómo sucedió esto? Perdieron de vista la distinción entre núcleo invariable (tiempo preciso) y métodos que deben cambiar (cuarzo por resortes y engranajes). Al negarse a implementar nuevas tecnologías se comportaron como si resortes y engranajes fueran su propósito nuclear en lugar de la precisión del tiempo. Henry Ford dijo que si le daba a las personas lo que pedían, hubiese sido un caballo más veloz. Un siglo después, disfrutamos del ideal nuclear de «transporte más veloz», a 110 km/h gracias a los nuevos inventos que reforzaron el valor invariable de «más veloz».

Volviendo a nuestro ejemplo de escuela dominical, probablemente identifiquemos relaciones auténticas y crecientes como un valor nuclear, y la escuela dominical (reunirse durante sesenta minutos en el campus con un formato de sermón principal) como método no central. En la década de 1950 la escuela dominical seguramente fue un método efectivo de vivenciar el valor de relaciones auténticas y crecientes. Pero como el tejido de la vida comunitaria cambia, la escuela dominical tal vez ya no proteja y preserve este valor. De ser así, entonces es hora de cambiar el método de preservar el valor nuclear. Entonces, ¿qué sucede cuando introducimos un cambio de método como los grupos pequeños de hogar? Depende. Si las personas están apegadas emocionalmente al método, se resistirán al cambio. Si están conectadas emocionalmente al valor nuclear, no sólo aceptarán el cambio, sino que hasta quizás en el futuro insistan con mantenerlo.

El yin-yang de «nunca cambiar» y «debe cambiar» se convierte en un marco útil para evaluar los corazones de nuestros feligreses. Antes de avanzar intercambiemos metáforas por una más amigable con Jesús: granito y arena. Cada líder necesita grabar algunas cosas en granito (el núcleo invariable) y escribir otras sobre la arena (métodos que deben cambiar). El problema es que cuando fallamos en *clarificar* y *alimentar* las cosas escritas sobre el granito, nuestro pueblo se apega demasiado a las cosas escritas en la arena. Así es como nuestros cuatro sustitutos (lugares, personalidades, programas y personas) encuentran cabida. Son arena, no granito. Como componente fluido y flexible del Reino, no solo *podrían* cambiar, sino que *deben* cambiar. Entonces ¿por qué es tan difícil manejar el cambio en la iglesia? Porque no vemos el componente de arena bajo la luz del componente de granito. Ante la ausencia de visión, el componente arena se convierte en la visión. Ante la ausencia de granito, arena es todo lo que podemos asir.

¿Qué sucedería si nuestra gente estuviera tan cautivada por el granito grabado que nos dejara libres para jugar con los dibujos de arena? Este es el punto que no quiero que te pierdas al cerrar esta primera parte. El rol del líder no es solo comunicarse en arena y granito, sino mostrar cómo trabajan juntos los dos componentes. El líder debe ayudar a las personas a aceptar el cambio, alimentando una conexión emocional a la invariable visión nuclear. El líder debe preservar y abogar por la visión nuclear mostrándole a su pueblo cómo adaptarse constantemente. ¿No es esto lo que todos anhelamos? ¿La transición pastoral debería detener la misión en curso? ¿O la iglesia debería buscar un nuevo visionario sobre la base de un movimiento único que ya se está dando? ¿Podemos cambiar un programa como Awana los miércoles por la noche sin dejar dos docenas de voluntarios con sus corazones rotos sin esperanza? ¿O podemos experimentar con una nueva idea de ministerio de niños con entusiasmo y emoción a causa de una visión compartida más profunda?

No te equivoques: nuestros problemas para implementar cambios son en primer lugar problemas de visión y recién en segundo lugar problemas de personas. Muchos líderes quieren que su pueblo corra un maratón misional, pero sin saberlo los alimentan con comida chatarra dejándolos desnutridos y sin preparación para el futuro.

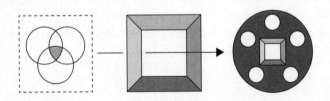

Segunda parte

ESCLARECER LA VISIÓN

Un HOMBRE SALIÓ A CAMINAR un caluroso día de verano y pasó delante de tres obreros que estaban haciendo ladrillos. «¿Qué hacen?», les preguntó. El primer obrero levantó la vista y resoplando, dijo: «¿Qué le parece? ¡Estoy haciendo ladrillos!» El segundo obrero se dio vuelta y afirmó: «Estamos construyendo una pared muy alta». El tercero exclamó muy entusiasmado: «¡Estoy construyendo una catedral, y será una de las más hermosas de todos los tiempos!»

La segunda parte explora la razón por la cual estos obreros responden de manera diferente a la misma pregunta. ¿Por qué bajo las condiciones extenuantes de trabajo manual un obrero permanece emocionalmente conectado a la imagen completa? ¿Por qué la visión vive en su mente y corazón y no en la de los otros?

La primera parte lidió con las prácticas de liderazgo y la visión constrictiva, y preparó el escenario de nuestra necesidad de «esclarecerla». Si la catedral de la historia de los tres obreros fuera una réplica de otra de la ciudad, estarían mucho menos inspirados a construirla (capítulo 1). Si los tres hombres llevaran sus cuadernillos de planificación estratégica al trabajo, se desalentarían con los detalles de eficiencia de «ladrillos por hora» y la viscosidad del mortero (capítulo 2). Finalmente, un supervisor llevado a edificar su propio ego seguramente marchite toda motivación interna, incluso del tercer obrero (capítulo 3).

La segunda parte muestra un mejor camino. ¿Cómo determinas lo que Dios quiere que hagas y encuentras verdadera claridad? Una vez que tienes tu visión única, ¿cuál es la mejor manera de comunicarla? ¿Cómo armonizas los corazones en una visión común e impulsas a las personas a vivir extravagantemente por Jesucristo?

Deseo que puedas ver el deleite en los rostros de los líderes y escuchar sus ¡ajá! cuando el equipo haya cristalizado su Iglesia única con asombrosa claridad. No creo que haya un momento más estimulante para el liderazgo.

5

LAS BUENAS NUEVAS DE LA CLARIDAD:

¿POR QUÉ CREER HOY EN LA VISIÓN?

La claridad es la preocupación del líder efectivo. Si no haces nada más como líder, sé claro.

—Marcus Buckingham

ME SOBRECOGIÓ UN MOMENTO DE CLARIDAD gracias a la insistencia de un vendedor de la tienda de artículos electrónicos Best Buy. Soy adicto a jugar Halo (uno de los videos más jugados de todos los tiempos) con mis tres hijos: Jacob (luchador de la cruz), Joel (francotirador de oración) y Abby (ángel sónico). Hace años ahorré el dinero necesario para actualizar la Xbox 360, incluyendo cincuenta dólares por control inalámbrico para cada hijo. Un empleado de la tienda con remera azul me preguntó qué tipo de cables usaba para conectar la consola de juegos a mi HDTV. Acto seguido comenzó a presionarme para comprar unos cables marca Monster de setenta y cinco dólares. Un poco escéptico, decidí no realizar la compra. Tres meses más tarde, con la promesa de mayor claridad persiguiéndome, compré los cables más costosos que jamás había visto, lo suficientemente gruesos como para remolcar un camión Mac. Seguro de que había sido engañado, fruncí el ceño al insertar el último conector dorado en mi televisión.

Lo que sucedió después fue increíble. ¡Cuando la Xbox se inició, fue como experimentar Halo por primera vez! Para mi sorpresa el juego ahora mostraba paisajes de Relic Island y Beaver Creek con más alto grado de detalle, precisión y realidad. Ver algo conocido con más claridad es una experiencia sorprendente. Las mismas epifanías ocurren cientos de veces todos los días en tiendas como Best Buy. Los consumidores se quedan mirando las góndolas, asombrados ante la evolución de la alta definición.

Para mí, los cables actualizados liberaron una comprensión más clara de lo que ya estaba allí. El diseñador del video juego ya había creado los detalles. Yo simplemente no podía verlos. El rol de los líderes de hoy es el mismo: esclarecer lo que ya se encuentra allí y ayudar a las personas a percibir lo que no se notaba.

Liderazgo de alta definición

Observemos más detalladamente el concepto de claridad antes de aplicarlo al liderazgo. Nuestra lengua vernácula usa la palabra «claridad» de mil formas. Hablamos de aclarar nuestro cabello, el campo de fútbol y el aire. Deseamos que nuestras situaciones legales y económicas sean claras, como también nuestras relaciones y modos de comunicarnos. Ansiamos días claros, colores más claros en nuestra computadora portátil, y sonidos más claros con auriculares que filtran ruidos. ¿De qué se trata en realidad la claridad? Una síntesis de definiciones asocia claridad con su concepto: significa ser liberado de cualquier cosa que oscurece, bloquea, contamina o ennegrece. Ser un líder claro significa ser simple, comprensible y justo. El líder ayuda a los demás a ver y comprender mejor la realidad. Los líderes traen constantemente a la luz las cosas más importantes: realidades actuales y posibilidades futuras, lo que Dios dice de ellas y nuestra respuesta al respecto.

La claridad es una buena noticia porque desempaña un mal uso de la visión. Al discutir acerca del movimiento de crecimiento de la iglesia, reconocí que para algunos el concepto de visión se contaminó. También insté a mantener separado el problema de la idolatría al crecimiento y el mal uso de las prácticas de gerenciamiento en la iglesia, de la pureza y la necesidad de liderar con visión bíblica. Un modo de hacerlo es enfocarse en la prioridad de claridad para los líderes. ¿Somos claros (simples, comprensibles y justo) acerca de la misión de Jesús en el mundo? A algunos lectores tal vez les ayude reemplazar la palabra *claridad* por *visión*.

Déjame reafirmar que los líderes misionales no pueden permitir que el arrogante uso previo de visión entorpezca el desarrollo de habilidades requeridas para esclarecer. Sí, tener visión fue utilizado para reforzar egos, justificar arrogancias y conducir proyectos ministeriales de modos no saludables. Pero la visión que nace de la claridad puede ser el antídoto para tal arrogancia, tanto como tener una estima clara de uno es el fundamento de la humildad. De aquí en más, cuando leas «esclarecer la visión», quisiera que tengas en mente las ideas implícitas de que:

o Esclarecer la visión implica mirar tanto al pasado como al futuro.

o Esclarecer la visión requiere la consideración cuidadosa de fortalezas y limitaciones.

o Esclarecer la visión tiene que ver tanto con la identidad como con la metodología.

o Esclarecer la visión siempre tiene que ver con lo que Dios ya está haciendo.

Visión clara es visión anclada. Cuando un líder misional habla acerca del futuro, se basa en la claridad de que él mismo depende del *pasado, presente, Palabra y Espíritu.*

Catalizando el movimiento, primero con claridad

Esclarecer es una buena noticia porque es muy catalítico. Un catalizador químico por naturaleza acelera la reacción entre compuestos de manera tal que preserva la dinámica natural de una reacción. En otras palabras, un catalizador nunca fuerza algo antinaturalmente. Más bien, libera el movimiento orgánico. La claridad actúa de igual manera, siendo crítica para darle forma a la cultura. No fuerza ideas, valores, actitudes, y acciones en las personas, sino que les permite ser naturalmente capturadas. Acelera el proceso de enculturación. Las personas pertenecen y participan más rápidamente. Las barreras y la «energía de inicio» son removidas, liberando a las personas para convertirse en componentes esenciales de la comunidad de Jesús basada en una causa. Consideremos las dinámicas catalizadoras que ocurren cuando un líder se toma el tiempo de comenzar con claridad.

La claridad hace que la singularidad sea innegable

El rol del líder requiere administrar lo que Dios le dio de manera única, y estar en sintonía con lo que Dios está haciendo particularmente. El primer paso para el líder es llamar la atención sobre esta singularidad, hacerla obvia, atractiva, y mostrar lo extraordinaria que es. Solo después el líder puede hacer uso de esta singularidad y jugar con la fuerza colectiva de su iglesia. No hay forma de apreciar la singularidad sin tener claridad primero.

La claridad hace que la dirección sea incuestionable

Los seguidores no pueden viajar por un sendero que no está marcado. La brújula del líder no puede romperse, el toque de trompeta no puede ser incierto. ¿Tu iglesia tiene muchas misiones o solo una? ¿Tu equipo ministerial existe con un propósito o no? Si puedes declararlo, no me digas simplemente cuál es; sé tan claro que la simple articulación genere fuerza de gravedad. Para poder hacer el camino obvio y definible primero debes tener claridad.

La claridad hace que el entusiasmo sea transferible

Cuando un líder lidera, siempre contagia entusiasmo. Muchas veces esto se da como consecuencia de la claridad, del momento en que un seguidor «lo capta». La experiencia misma de captar una idea o misión clara hace que las personas quieran compartirla. Pero el ansia de compartirla es directamente proporcional al grado de claridad. Cuando se casan la pasión y una idea clara, la pasión puede esparcirse más claramente. El contagio de efecto cascada requiere claridad en primer lugar.

La claridad hace que el trabajo esté lleno de sentido

El trabajo puede convertirse fácilmente en rutina: aburrido, vacío y carente de sentido. El rol del líder es asegurarse de que los feligreses hacedores de ladrillos tengan siempre la visión de la gran catedral que sus ladrillos están construyendo finalmente. La claridad puede elevar los ojos de la mente a una realidad mayor. No puede cultivarse el sentido si antes no hay claridad.

La claridad hace que la sinergia sea posible

En la iglesia local la colaboración se pierde en energía lateral cada día. ¿Por qué? Las tres causas que veo más a menudo son pérdida de confianza, ego personal y falta de claridad estratégica. He observado que la más frecuente de las tres es la carencia de claridad estratégica. Pocas veces los líderes esclarecen el aspecto real del trabajo en conjunto. Romper los individualismos ministeriales requiere primero claridad.

La claridad hace que el éxito sea definible

Todos quieren ser ganadores. Pero en demasiadas iglesias las personas no saben cómo ganar. ¿Cómo sería anotar juntos un gol? ¿Cuál es la carta que me va a permitir saber si voy a ganar el juego? Pintar el cuadro de victoria y dar rienda suelta al motor de logros de las personas requiere claridad primero.

La claridad hace que el enfoque sea sustentable

Henry Ford dijo que la gran debilidad de todos los seres humanos es tratar de hacer demasiadas cosas a la vez. ¿Cómo aprende un líder u organización a decir no a las cosas buenas que son enemigas de las mejores? ¿Cuáles serán las mejores respuestas misionales cuando los recursos son limitados? Las respuestas deben tener una convicción forjada por la claridad acerca de lo más importante. Si el secreto de la concentración es la eliminación, no puedes hacerlo si antes no tienes claridad.

La claridad hace que el liderazgo sea creíble

El síndrome de la «gran solución» dejó impotentes a muchos líderes. Lanzar una idea desconectada tras otra, año tras año, deja a los miembros de la iglesia cautelosos, en el mejor de los casos, y desilusionados en el peor de ellos. El liderazgo realmente visionario no se trata simplemente de tener un puñado de ideas creativas, sino de tener creatividad dentro de una claridad que gana fuerza con el tiempo. La coherencia y pasión de un líder desde esta claridad es más creíble porque los seguidores pueden asimilar qué es lo que más importa en la iglesia. Los líderes ganan más confianza si primero tienen claridad.

La claridad hace que lo incierto sea alcanzable

Tener temor al futuro es ser humano. Puede paralizar a las personas e impedirles vivir con valentía e invirtiendo en iniciativas del Reino. Aunque el líder bíblico pueda hablar acerca de certezas finales, no puede hablar acerca de certezas intermedias. Preguntas tales como «¿Qué pasará con mis hijos?», o «¿A cuántas personas alcanzará el anexo de la iglesia el año entrante?» permanecen inciertas. El líder puede combatir la incertidumbre con una claridad que inspira esperanza y expectativa. Marcus Buckingham comenta: «No hay duda de que la manera más eficaz de convertir el miedo en confianza es la claridad, es decir, la definición vívida del futuro a través de las actuaciones, las palabras, las imágenes, los héroes y los indicadores, de modo tal que todos podamos ver hacia dónde te diriges tú, y por lo tanto también nosotros».[1] Liderar a personas a un futuro mejor, no obstante desconocido, requiere tener claridad primero.

Nuevos niveles traen nuevos demonios

Si la claridad es tan beneficiosa, ¿por qué la mayoría de los líderes no la tienen? Todo líder debe contender con las brechas de claridad y los factores de complejidad. Las brechas de claridad son las áreas lógicas en las que la oscuridad y la confusión entran al mundo comunicacional del líder. Los factores de complejidad literalmente le hacen guerra a las prácticas de claridad del líder impidiéndole mantenerse enfocado. Cuando se trata de claridad, nuevos niveles traen nuevos demonios. Cuanto más alto va el líder, más arduamente debe trabajar para mantener la claridad.

Brechas de claridad

Hay cuatro brechas que pueden oscurecer la visión y crear confusión en el líder:

La primera brecha se da entre la percepción del líder y la realidad. Esta brecha es causada por una percepción nublada. Para decirlo de un modo simple, los líderes deben ser perspicaces respecto de su entorno, tanto del ambiente como de las personas. ¿Puedes describir con exactitud los matices culturales de tu ciudad o comunidad? ¿Cómo los perciben las personas que pasan en coche por tu iglesia? ¿Conoces la moral de tu congregación? ¿Sabes cómo se siente hoy tu equipo de liderazgo? Construir un puente sobre esta brecha requiere conectividad relacional y las virtudes de saber observar y escuchar.

La segunda brecha se da entre lo que el líder piensa y lo que dice. La brecha es causada por la ambigüedad mental. Algunos líderes son gigantes intelectuales que no pueden expresarse con claridad. Otros líderes mantienen cautiva a una audiencia sin ordenar sus pensamientos. ¿Puedes condensar y simplificar tus pensamientos más importantes? ¿Reflexionaste profundamente acerca del lugar específico que Dios te llamó a alcanzar? ¿Consideraste cuidadosamente las palabras y metáforas que reflejan tus ideas del modo más vistoso? ¿Cuánto permitiste a las Escrituras y el Espíritu Santo que moldearan tus pensamientos año tras año? ¿Cuál es la cosa realmente más importante que necesitas decirle a tu pueblo? ¿Hay alguna variación entre lo que dices y lo que piensas? Construir un puente sobre esta brecha requiere un proceso de pensamiento altamente cultivado y mucha reflexión espiritual. Un diario personal u otro tipo de escritura formal suele ayudar al líder a procesar mejor sus pensamientos.

La tercera brecha de claridad se da entre las palabras del líder y el modo en que los seguidores reciben esas palabras. Al igual que una llamada a teléfono móvil caída, esto es causado por varias fuentes de desconexión y estática entre las personas, aun cuando el líder se comunica claramente. ¿Qué piensan tus seguidores antes de que hables? ¿Cuáles son sus preocupaciones, temores, esperanzas y aspiraciones más profundas? ¿Cómo recibirán a tus palabras y metáforas en sus corazones? ¿Con qué frecuencia necesitas estar con ellos? ¿Con qué frecuencia necesitas hablar con ellos? ¿Cómo se sienten respecto de ti hoy? ¿De cuántas maneras necesitarán escuchar tus ideas?

La cuarta brecha de claridad se da entre la comprensión de los seguidores y las palabras que utilizan para comunicar su comprensión. Ten en cuenta de que esta brecha no es función del líder propiamente. Desafortunadamente nuestros seguidores no están motivados a chequear constantemente la alineación entre lo que piensan y qué tan bien lo comunican. Por lo tanto el líder debe iniciar la construcción de puentes sobre esta brecha. ¿Qué obstruye la oportunidad de tus seguidores de decirte lo que piensan? ¿Tienen siempre la libertad de compartir cómo se sienten? ¿Hay confianza suficiente para comunicarse con vulnerabilidad? ¿Quién puede ayudarte a interpretar lo que tus seguidores dicen? ¿Qué seguidores tienen más capacidad para expresar con claridad lo que piensan y por lo tanto, sintetizar lo que los demás piensan? Cerrar la tercera y cuarta brechas demanda una paciencia fenomenal acompañada de búsqueda de retroalimentación. Requiere una creatividad constante, comprendiendo el modo en que las personas aprenden, y sabiendo cuando es necesario replantear ideas para que las comprendan y cuando repetirlas para que las memoricen. Requiere humildad.

Mi propósito al rever estas brechas no es empantanarse en teorías de la comunicación, sino llamar la atención respecto de lo rápido que puede evaporarse la claridad dentro de la constelación de relaciones del líder. Al igual que las líneas que indican la fuerza de la señal de un teléfono celular, cada líder tiene niveles de fuerza de señal que distinguen la percepción, el pensamiento y la comunicación con otros. El líder efectivo debe pasar tiempo extra estrechando estas brechas mediante la práctica de la claridad.

Factores de complejidad

La complejidad es la gemela malvada de la simplicidad. Como si las brechas que enfrentamos no fueran lo suficientemente malas, cada líder también debe luchar con factores de complejidad. Hay tres grandotes que enfrenta toda iglesia.

Tabla 5.1. Construir puentes sobre las brechas de claridad

Brechas de claridad	Conductas – Puente
Percepción del líder versus realidad	Conexión relacional, virtud de observar, virtud de escuchar

Pensamiento del líder versus lo que el líder dice	Proceso cultivado de pensamiento y reflexión espiritual
Palabras del líder versus el modo en que los seguidores reciben las palabras	Paciencia con búsqueda de retroalimentación, creatividad, comprensión del modo en que el pueblo aprende, humildad
Comprensión de los seguidores versus el modo en que los seguidores comunican su comprensión	Paciencia con búsqueda de retroalimentación, creatividad, comprensión del modo en que el pueblo aprende, humildad

LA NATURALEZA NEBULOSA DE LAS COSAS ESPIRITUALES. Los líderes espirituales transitan un mundo invisible. Los asuntos de Dios son conceptualmente vastos y las cuestiones del Espíritu incluyen frutos que no puedes tomar de un árbol. Imagina la diferencia que existe en explicar los juegos de damas o ajedrez. El ajedrez es más complejo, al igual que el trabajo en la iglesia. Después de todo, la Biblia es una revelación compleja de la historia redentora. Incluso una iglesia de noventa personas representa un organismo con patrones de comunicación exponencialmente extensivos. Así como requiere de más palabras explicar el juego de béisbol que el de golf, lleva más palabras explicar el propósito de una iglesia que el de otros negocios. Esta es la razón por la cual Andy Stanley defiende a capa y espada el «clarificar la victoria» cuando resalta la importancia de tener claridad en cada nivel, es decir, para cada ministerio y equipo en la iglesia.[2]

LA INUNDACIÓN CRECIENTE DE SOBRE-INFORMACIÓN. Maremotos de información arremeten cada día contra nuestro cerebro ahogándonos en conocimientos que, en su mayoría, son trivialidades sin importancia. Como la mayoría de las personas con las cuales nos comunicamos también están tratando de mantener sus cabezas a flote en la era de la información, debemos estar atentos al modo de comunicar con una ventaja competitiva. ¿A quién le importa en realidad lo que tienes para decir? ¿Por qué querría escucharte cuando con unos pocos clics en Google puedo acceder a casi todo lo que vas a decirme? Un par de muchachos de Harvard escribió el libro *La economía de la atención*, convencidos de que la sobre-información es hoy el problema determinante. La idea central del libro es que los ganadores de hoy son los que primero captan la atención, los mejores en romper los umbrales de percepción de las personas. Para mí, es suficientemente convincente respaldar la secuencia familiar de

Romanos 10: «¿Cómo oirán si no captamos su atención primero?» En el capítulo quince sugiero pasos prácticos para captar la atención. Pero por ahora, tienes que saber que el paisaje es hostil a la posibilidad de mantener la claridad.

LA MULTIPLICIDAD DE OPORTUNIDADES DEL ÉXITO. Muchas iglesias forcejean con la claridad porque su efectividad brinda más frutos. En otras palabras, con el éxito vienen más opciones. Irónicamente estas opciones nuevas pueden esfumar el mismo éxito que las genera. La clave entonces es descubrir qué oportunidades son en realidad distracciones disfrazadas de modo que podamos evitarlas o derribarlas. La ironía aquí es que enfocarse más trae un éxito mayor, haciendo nuevamente más difícil mantener un enfoque claro. Solo aquellos que sostienen una determinación decidida pueden continuar para cosechar cien veces más fruto. La realidad es que *enfocarse expande*. El enfoque que trajo un éxito temprano es el mismo que traerá un éxito exponencial. Reflexiona sobre este breve segmento de Rob Bell de una redifusión de Catalyst del año 2006 (episodio 6) cuando él contesta la pregunta sobre el enfoque: «¿Cómo le dices que no a grandes oportunidades?»

> Considero que un pastor debe estar protegido de las oportunidades porque son infinitas. No importa qué tan grande sea tu iglesia, tienes infinitas oportunidades. Si tu vida y energía se gastan viviendo en respuesta a las oportunidades que cruzan tu camino, entonces alguien más dictaminó tu misión; esencialmente dependes del capricho de cualquier invitación que llegue a tu escritorio. Primero y principal busca profundamente y pasa mucho tiempo preguntando: «Dios, ¿qué nos has dado para hacer esta temporada?» Y eso conduce todo. Entonces quedamos a la espera de que emerja una visión clara y luego vamos tras ella y decimos «no» a todo lo demás Todo sirve a las muy, muy pocas, simples e intencionales cosas focalizadas que son lo mejor de lo mejor de lo mejor que Dios puso en nuestros corazones para hacer; y las hacemos bien. Digo no al noventa y nueve coma nueve por ciento de todo lo que se cruza en mi camino. Lo bueno es enemigo de lo mejor; no, mejor diré que lo *grandioso* es enemigo de lo mejor. Especialmente para todos ustedes que tienen dones y talentos increíbles, y terminan haciendo cinco, seis, veintidós o mil cuatro cosas realmente buenas. Sin embargo hay una o dos cosas grandiosas, que no se hacen o se hacen con la mitad de la energía. Eso no es bueno, eso no es vida.

Los líderes deben luchar constantemente la buena batalla de la claridad para derrotar a la complejidad. Cuando Dios bendice el ministerio la disciplina para decir no determina si la batalla se gana o se pierde. Esto es cierto tanto para la iglesia como un todo, como para el líder como individuo.

Howard Hendricks ilustró esta dinámica «menos-es-más» con un simple diagrama de embudo (ver figura 5.1). Con el tiempo acumulas más educación, más experiencias, más relaciones y más recursos, todos los cuales multiplican tus oportunidades. El número creciente de posibilidades marcan el máximo del embudo de tu vida como la miríada de cosas que *puedes hacer*. La clave, sin embargo, es disminuir el embudo al borde inferior «x»: las cosas que *debes hacer* para Dios.

Figura 5.1. El embudo de la claridad

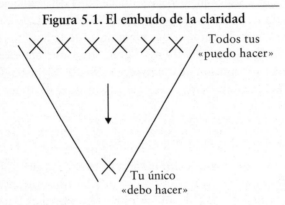

Por supuesto, la dificultad es decir no a las oportunidades para poder reducir el embudo. Hendricks culminaría su momento de enseñanza con las palabras: «El secreto para la concentración es la eliminación». Tu iglesia también tiene un embudo y se aplica el mismo principio. Un ejemplo ilustra este punto.

Dos iglesias se iniciaron en el mismo suburbio de Houston a comienzos de la década de 1990. Un gran lago divide las áreas a las cuales sirven las iglesias, por lo que están en comunidades diferentes, aunque distanciadas solo por cuatro millas. La iglesia ubicada al norte alcanzó hace años una meseta de mil doscientos asistentes, en tanto que la del sur continuó creciendo alcanzando actualmente más de tres mil seiscientos asistentes. ¿Por qué una iglesia alcanzó tres veces más personas siendo tan similares en su historia y cultura local? Enfoque. La iglesia del lado sur combatió la complejidad del éxito ofreciendo dos escenarios principales: un servicio de domingo y grupos de formación espiritual. A lo largo del tiempo eligieron *no empezar*, o *eliminar* docenas de tipos de ministerios programáticos. La iglesia del norte tiene más oferta de programas, como ministerios de mujeres y de personas solteras, que reflejan la complejidad de cubrir demasiadas necesidades en ausencia de una visión clara y focalizada. La ironía es que con menos recursos y menos personal que la iglesia del sur, tratan de servir a un tercio de las personas con el triple de programas. Esta iglesia está estancada haciendo todas las cosas que puede hacer para Dios en lugar de hacer la única cosa que debe hacer.

Mi vida testifica acerca de lo que denomino «trabajar el embudo». Muchas personas preguntan cómo me volví consultor. La parte más difícil fue renunciar a oportunidades realmente buenas a lo largo del camino. Cada paso parecía implicar un riesgo enorme. Para mí esto incluyó dejar una carrera incipiente como ingeniero químico, luego salir de mi experiencia ejecutiva en una firma de mercadeo y publicidad, y finalmente correrme de una muy buena oportunidad como pastor. Mi viaje por el embudo de claridad me llevó a darme cuenta de que lo que más quería hacer (prédica expositora) no era mi don. Un mentor finalmente me dijo que yo era mejor líder que maestro, y la trayectoria de mi llamado comenzó a cambiar. Me llevó al menos tres años lidiar con la muerte de mi visión para aferrarme a la de Dios. Hoy veo que mi «debo hacer para Dios» es traer claridad a los líderes que sirvo.

Habiendo discutido los beneficios y obstáculos de la claridad, ahora dirijo la atención al modo en que se logra la claridad. Para el líder de alta definición, el proceso es más difícil que comprar cables marca Monster en Best Buy. El primer paso hacia encontrar claridad es el tema de nuestro próximo capítulo. Es hora de descubrir lo que tu iglesia debe hacer.

6

CLARIDAD PRE-EVANGELISMO:

ABLANDA TU CORAZÓN PARA LOGRAR CLARIDAD

Fuimos hechos para vivir por mucho más. . . Quizás hemos
estado viviendo con nuestros ojos medio cerrados.

— Switchfoot, «Meant to Live»

MIS COMIENZOS EN EL EVANGELISMO fueron a través del ministerio Campus Crusade for Christ estando en la Universidad Nacional de Pensilvania. El ministerio me entrenó bien y en el transcurso de tres años compartí mi fe semanalmente tanto con mis contactos cercanos como lejanos. En mi celo por ganar personas para Cristo pulí mis habilidades cuidadosamente anticipando cada respuesta y revés posibles al evangelio. Armado con folletos y municiones de versículos memorizados, transitaba los pasillos de los dormitorios estudiantiles como un soldado romano pronto a rescatar del reino de las tinieblas a mis compañeros estudiantes. No me llevó mucho tiempo darme cuenta de que las personas no se pueden meter dentro del Reino de la luz con argumentos. Al principio me encontraba un poco desorientado, no comprendiendo cómo una lógica tan sana y un razonamiento coherente no hacían atravesar la línea de la fe a más personas. Con el correr del tiempo conocí el concepto de pre-evangelismo y modos de compartir mi fe a través del estilo de vida. Fue hermoso descubrir lo que ahora parece tan obvio. En la batalla por las almas, el intelecto llega solo hasta un punto; es el corazón lo que debe ser cautivado por un amor que trasciende la razón. De igual modo, es sencillo para los líderes reconocer los beneficios de tener claridad en la mente, no así en el corazón. Muchos quieren claridad pero pocos la encuentran. Escucha nuevamente dos citas del capítulo previo. Marcus Buckingham denominó a la claridad como la «preocupación» de los líderes efectivos. Rob Bell dijo: «Primero y principal busco profundamente y paso mucho tiempo preguntando» y esperando. ¿De dónde viene esta determinación? Creo que, en la vida del líder, incorporar el principio de «claridad primero» viene de una experiencia similar a la de conversión. La mayoría de los líderes se pasan la vida guiando decisiones, dirigiendo recursos, y acompañando el desarrollo de personas que no tienen la ventaja de una claridad sustancial.

El arrepentimiento, porque cercano está a la claridad

¿Qué le impide a la conversión aceptar primero la claridad? El proceso de encontrar claridad desafía el corazón del líder. Existen cuatro imperativos que muestran la necesidad de «arrepentimiento del liderazgo». Si bien esta metáfora de redención resulta divertida, no pierdas de vista que estoy hablando de bloqueos emocionales reales que la mayoría de nosotros tenemos. Antes de adentrarnos en estos imperativos, quiero explicarte por qué es importante que tu corazón cambie.

Navegando el túnel del caos

Encontrar claridad implica tener que navegar el túnel del caos. Primero se experimenta la confusión más profunda para que pueda luego emerger la claridad. El túnel puede llevarnos horas, días o meses, y puede implicar mucho tiempo de oración, conversación, cuestionamiento, reflexión, confesión y desafío, todo con un espíritu de transparencia implacable. Mi padre, quien voló jets supersónicos, una vez me dijo que para ganar altitud a veces debes descender primero. De igual modo, para ganar alturas de claridad primero debes descender a una nubosidad mayor. El corazón debe estar preparado para este viaje, porque causará sangre, sudor y lágrimas a quien se embarque en él. El camino requiere escuchar cuando uno preferiría hablar. Implica recalibrar percepciones que consideramos correctas. Puede requerir morir al hecho de que no poseemos el virtuosismo que tratamos de proyectar.

Simplicidad del otro lado: cuatro imperativos

La determinación requerida para navegar el túnel no puede subestimarse. Una introspectiva útil es brindada por Oliver Wendell Holmes. Considera sus palabras cuidadosamente: «No daría nada por la simplicidad de este lado de la complejidad, pero daría mi vida por la simplicidad del otro lado de la complejidad». Él asegura que hay dos tipos de simplicidad o claridad. La primera es una simplicidad sin sentido. Sin enfrentar los factores de la complejidad y caminar por el túnel del caos, el líder marcha hacia una simplicidad que es, sencillamente, simplista.

Es trivial y sin valor. Es por eso que muchos líderes se rinden a las visiones fotocopiadas ¡es tan sencillo! Al igual que una estatua sin valor, sencillamente permanece ahí, palabras bonitas en papel que nunca nacieron de la pasión por lo que nunca pueden dar a luz.

El segundo tipo de simplicidad merece que des tu vida por él. Hay magia en llegar al otro lado de la complejidad. Solo allí hay vida redefinida y re-liberada. El otro lado es una utopía que los líderes raramente encuentran. Leonardo da Vinci dijo: «La simplicidad es la mayor sofisticación». James Michener describe el hermoso lugar en el cual la búsqueda de la excelencia y la claridad en la vida están tan focalizadas que deja a los demás preguntándose si estamos trabajando o jugando. Pero muchos líderes quedan atascados en el medio. En algún lugar entre las respuestas simplistas y la mayor libertad, se empantanan en la complejidad. Hay dos razones. La primera es que no conocen nada mejor. Estos líderes no se sienten estancados, porque viven un ministerio *bueno*. El buen ministerio es el enemigo del *mejor* de lo que la iglesia puede llegar a ser. Sujetándose de lo bueno, no pueden alcanzar lo mejor porque no pueden verlo. La segunda razón es que el túnel del caos es demasiado insoportable. Tomando prestada una frase de San Juan de la Cruz, los líderes deben experimentar una «nube de desconocimiento» que genera sentimientos de incompetencia. Si algún proceso nos hace pensar dos veces el modo en que operamos, es emocionalmente desafiante y la mayoría de los líderes prefieren no ir allí. Ese es el propósito de este capítulo sobre claridad pre-evangelismo: presionarte a entrar al túnel. Está diseñado para desafiar a tu corazón y prepararte para la claridad. ¿Qué se requiere para avanzar a descubrir una Iglesia única? Los cuatro imperativos que siguen señalan el camino. Cada uno muestra cómo debería «arrepentirse» el líder para transitar con éxito la complejidad y hallar claridad.

IMPERATIVO UNO: ENMÁRCALO PRIMERO. *Declara tu marco de visión antes de enmarcar tu declaración de visión.*

Los líderes primero necesitan *arrepentirse de «predecir el futuro»*. Cada líder que conozco tiene su propio léxico para describir lo que está haciendo. La mayor parte del tiempo, sin embargo, no es un marco completo del modo de pensar. En otras palabras, el lenguaje de visión no responde al mínimo irreducible de preguntas de liderazgo. Por ejemplo, necesitas más que una declaración de misión y más que una declaración de valores (y más que ambas). El marco de cinco partes que presento luego, el marco de visión, te permite comprender los componentes necesarios.

Hay dos razones profundas por las cuales esto es difícil. La primera es que el líder tal vez se vea a sí mismo como el experto, sin percibir la necesidad de construir un marco real. El problema es que hay suficientes libros sobre visión como para hacer que el pastor se sienta como un experto. Desafortunadamente la mayoría recibió una inoculación que impide que se contagien de lo real, el virus de una visión lograda personalmente.

La segunda razón es que el líder no tiene la paciencia para permitir que *el equipo* comprenda el marco antes de expresar con claridad la visión. Piensa en él como el andamiaje que se arma antes de construir un edificio. A pesar de ser temporario, el andamiaje es esencial para la construcción si planeas edificar más de una planta. Suelo visitar al personal de una iglesia entre seis y nueve veces al año. En cada ocasión hago que las personas realicen el ejercicio de practicar el marco de modo tal que el equipo desarrolle y profundice su comprensión del sendero de visión.

IMPERATIVO DOS: ESCUCHA CON ATENCIÓN. *Discierne el futuro viendo más claramente lo que ya tienes.*

Los líderes deben *arrepentirse de descuidar lo obvio*. Luego tienen que poner su atención en ejercitar la definición de genialidad como la habilidad de *escudriñar lo obvio*.[1] Trabajé con un joven pastor que tomó las riendas de una iglesia imponente e histórica. En el proceso de desarrollo de la visión, tomé fotos de algunas de las placas históricas que se encontraban en el piso. Cuando se las mostré al equipo, el pastor se inclinó y me susurró al oído: «¡Guau, nunca había leído esas placas!». Hacía tres años que él pastoreaba esa congregación. Escuchar no es negociable a ningún nivel: desde escuchar a las personas tanto dentro como fuera de la iglesia, hasta discernir la voz del Espíritu. Cuando se trata de un paseo visionario con Dios, escuchar debe convertirse en un estilo de vida.

IMPERATIVO TRES: AGRUPA LA TROPA. *Llega más lejos trabajando en equipo.*

Los líderes deben *arrepentirse de hacerlo solos*. La iglesia sufrió durante demasiado tiempo de dictadores benevolentes que transmitían la visión de manera verticalista. Es notable que en los escritos del apóstol Pablo las personas son llamadas «compañeras de trabajo» (la palabra griega usada es *synergos*)[2] no menos de trece veces. El legado de Jesús se refleja en su inversión en los doce.

La belleza de la claridad está en el modo en que se la descubre juntos. El crisol de la comunidad no es sencillo, pero con colaboración la cosecha de frutos es diez veces mayor y diez veces más dulce. Quienes tienen el don de la creatividad y la visión también son buenos en integrar perspectivas complementarias. Un ejemplo de esto es un equipo de comunicadores creativos en Carolina del Sur llamado Wayfarer. El motor detrás de su productividad es el principio: «Nosotros antes que yo». Siempre un grupo de doce a quince personas participando del proceso de desarrollo de la visión produjo algo mucho mejor que lo que cualquier persona sola pudo. Si de claridad hablamos, Ken Blanchard lo resumió perfectamente en esta corta frase: «Ninguno de nosotros es más inteligente que todos nosotros».[3]

Colaboración 101: al trabajar en equipos, hacemos tres cosas para elevar la colaboración. La primera es dar libertad a los participantes para usar sombreros diferentes en un diálogo transparente. Los cuatro sombreros o roles que deben usar los miembros del equipo son el iniciador, el desafiante (llamado clásicamente el abogado del diablo), el procesador y el alentador. A pesar de que cada persona tiende naturalmente a uno de los modos operacionales, alentamos a todos a experimentar y sentirse libre con todos los roles. Una herramienta útil para ayudar a mantener esta dinámica frente a tu equipo es el cubo de colaboración (www. collaborationcube.com).

El segundo aspecto de la colaboración es desarrollar un sano respeto por las personalidades y temperamentos diferentes a los nuestros. Muchos en el ministerio experimentaron evaluaciones de personalidad breves y divertidas (por ejemplo: perfil DiSC, una herramienta popular de evaluación de la personalidad; o los cuatro animales: león, castor, nutria o golden retriever). En la mayoría de los grupos generalmente no se desarrolló una apreciación profunda de estas diferencias. Recomendamos seleccionar una herramienta respetada de evaluación de personalidad y temperamento, y alentamos a los equipos a reconsiderar los resultados mensual o trimestralmente.* Para lograr el crecimiento personal y una formación real de equipo, los miembros del grupo deben poder aprender mediante interacciones cotidianas e informales. Para concluir, al comienzo definimos el éxito en términos de un resultado colaborativo; lo llamamos la regla del 100/80. El nivel de compromiso con una decisión *no* es que el ochenta por ciento del equipo se sienta cien por ciento bien con la idea propuesta. Esto suele dejar a algunos del grupo sintiéndose privados de derechos. En lugar de eso, definimos el éxito en alcanzar una decisión consensuada si cien por ciento del grupo se siente ochenta por ciento bien. Esto significa que cada individuo puede llegar a experimentar un veinte por ciento de pérdida por decisión propia. La clave está en que el equipo acuerde desde el comienzo

---

*Nosotros usamos el perfil Insights Discovery, con resultados que nuestros clientes encuentran muy valiosos. Para más información escriba a insights@visiontogrow.com.

que si todos se sienten ochenta por ciento bien, el resultado es mejor sin lugar a dudas. Una nota de aclaración: estas reglas de base para la colaboración funcionan mejor con grupos pequeños, idealmente de no más de doce o quince personas como mucho.

IMPERATIVO CUATRO: TRABAJA DE AFUERA HACIA ADENTRO. *Descubre un ángel al invitar a un extraño.*

W. Edwards Deming es considerado uno de los padres del gerenciamiento moderno. Él enseñó que «el conocimiento profundo proviene del exterior».[4] La mayor parte de nuestra vida la pasamos con un grupo relativamente pequeño de personas (familia, amigos y colegas) que constituyen nuestras redes primarias. Después de un tiempo estas redes cerradas ya no aportan información o perspectivas nuevas a nuestras vidas. Pero alguien de afuera sí puede. Un salto significativo puede provenir de una fuente poco común.

Aquí los líderes deben arrepentirse del *mito de objetividad*. Esto es, la creencia de que el líder puede observar una situación u organización con imparcialidad y sin filtros predeterminados. Sencillamente eso no puede pasar. Si un líder permaneció al menos unos treinta días, ya no puede argumentar neutralidad. Está atrapado entre los árboles sin importar lo mucho que quiera ver el bosque. Para procesar el cuadro total con la claridad del cristal, el «foráneo estratégico» es un elemento crítico.

En Éxodo 18 vemos a esta dinámica trabajando. Jetro, el suegro de Moisés lo observa durante un típico día de trabajo. Él nota un serio problema que Moisés no puede ver. Como resultado le recomienda una reconstrucción radical de la organización de Israel, un cambio que traerá más *shalom* (paz y completitud para el pueblo de Dios). Moisés, sabiamente, escucha e implementa su consejo.

Los mejores representantes de cualquier área lo son porque demandan entrenamiento. ¿Tiger Woods es el mejor porque no necesita entrenamiento o porque tiene más entrenadores? Cuando tenía cuatro años sus padres convencieron a un jugador profesional de golf local para que lo entrene. Años más tarde ¿qué crees que estaba haciendo la noche previa a ganar su primer Torneo de Maestros en 1997? Adivinaste: hablando con su entrenador. ¿Qué auto requiere más trabajo en el motor: la Chevy cotidiana o un auto de carrera de NASCAR?

Me asombro constantemente de lo útil que puede ser el foráneo estratégico a la iglesia local. Te dejo dos frases de pastores que usaron un navegador de visión. En una charla a un grupo de pastores, Chuck Swindoll describió nuestro proceso diciendo: «Nos ayudaron a ver quiénes éramos realmente, no quienes creíamos que éramos, porque trajeron una perspectiva externa». Willy Rice, quien pastorea Calvary Baptist Church en Clearwater, Florida, escribe que su navegador fue «un instrumento de Dios para dar forma a nuestra visión, moldear nuestra estrategia y traer claridad a la misión que Dios ya nos había dado». Te insto a buscar esta perspectiva externa objetiva, ya sea de un amigo de confianza (fuera del ámbito de tu actividad cotidiana) o de un consultor entrenado.

La claridad requiere humildad

Me gustaría hacer una pausa y pedirte que reflexiones en tu corazón. Hay un hilo común que une a los cuatro imperativos: la humildad. Repasa nuevamente cada uno de ellos en la tabla 6.1.

«Enmárcalo primero» requiere humildad porque lleva al líder a aprender más acerca de lo que debe ser un buen proceso de desarrollo de la visión, en lugar de asumir que ya lo sabe. «Escucha con atención» requiere humildad porque fuerza al líder a tomar con una paciencia que pospone la preferencia por actuar, por marcharse. «Agrupa la tropa» requiere humildad porque al trabajar con otros el proceso se hace invariablemente más lento y desordenado; esto puede tentar al líder a tomar las riendas demasiado pronto. «Trabaja de adentro hacia afuera» requiere humildad porque a los líderes los amenaza la idea de que la ayuda externa es signo de debilidad. Piensan: «Para esto me pagan». Su propia competencia obstaculiza el conducto de objetividad y perspectivas frescas que con frecuencia pueden brindar una epifanía de claridad.

En varios pasajes de las Escrituras vemos cómo Jesús inculcó esta virtud central de la humildad en la vida de sus discípulos. Nos deja con la imagen de que el egoísmo y la arrogancia son manchas en la cara de un líder del Reino. Las palabras de un antiguo filósofo chino captan esta humildad con mucho acierto:

> Un líder es mejor cuando la gente apenas sabe que existe, no tan bueno cuando la gente alaba su gobierno, menos bueno cuando la gente tiene temor y peor cuando la gente es despectiva. Si fallas en honrar a las personas, ellas fallarán en honrarte. Pero de un buen líder que habla poco, cuando su objetivo esté cumplido y su trabajo realizado, la gente dirá: «¡Lo hicimos nosotros mismos!»

Al repasar los cuatro imperativos, ¿cuál tendiste a pasar por alto? Comparte la lista con tu grupo y discútela con ellos. ¿Cuál es la más importante para aplicar en los próximos tres meses?

Tabla 6.1.: Cuatro imperativos para prepararse para la claridad

Imperativo:	Principio:	Arrepiéntete de
Enmárcalo primero	Declara tu marco de visión antes de enmarcar tu declaración de visión	predecir el futuro
Escucha con atención	Discierne el futuro viendo más claramente lo que ya tienes	descuidar lo obvio
Agrupa la tropa	Llega más lejos trabajando juntos	hacerlo tú mismo
Trabaja de afuera hacia adentro	Descubre un ángel al invitar a un extraño	pensar que eres objetivo

EL ALFA Y LA OMEGA DE LA CLARIDAD:

LA FUENTE FUNDAMENTAL DE VISIÓN

Yo soy el Alfa y la Omega, el Primero y el Último, el Principio y el Fin.

— Jesucristo al final de los tiempos, Apocalipsis 22.13

EN 1993 SE IMPLEMENTÓ LA TECNOLOGÍA QUE CONOCEMOS HOY COMO GPS (por las siglas en inglés de sistema de posicionamiento global). Al gobierno estadounidense le costó 12 billones de dólares y varias décadas diseñar y lanzar una red de veinticuatro satélites operados por la fuerza aérea, desde cinco estaciones terrestres alrededor del mundo. Hoy el GPS es parte de nuestra vida cotidiana a través de la navegación integrada en automóviles y barcos.

Ya sea que estés buscando un restaurante durante tus vacaciones familiares, cazando en el medio de la nada, o simplemente te fascine ver tu locación mientras estás viajando en avión, un GPS del tamaño de una mano puede especificar tu longitud y altitud en cualquier lugar del mundo. Con cada centímetro cuadrado de la superficie terrestre mapeado, el GPS es la última herramienta de claridad para la navegación.

La claridad que proviene de este dispositivo portátil no tiene su fuente en el interior del mismo. El receptor depende de una red grande y sofisticada de satélites que orbitan la Tierra. De hecho, el GPS debe recibir simultáneamente al menos cuatro señales de cuatro satélites distintos para determinar un punto de referencia «trascendente».

Al igual que el sistema GPS el rol del líder al orientar la navegación debe depender de una fuente que trascienda su punto de vista. Para un líder del Reino la fuente fundamental de claridad es la perspectiva de Dios revelada en las Escrituras. Solo desde la Palabra de Dios podemos entender con exactitud nuestro origen, misión y destino. No estamos buscando una perspectiva a mil o diez mil metros de altura, sino un punto de vista privilegiado infinito fuera del tiempo y el espacio: el sistema de posicionamiento de Dios. Para poner en perspectiva nuestra búsqueda de visión inmediata es imperativo que presionemos el botón de pausa y echemos un vistazo renovado a la visión panorámica de la historia redentora.

Entre los sujeta-libros de la utopía

El contexto fundamental de los 66 libros de las Escrituras se puede simplificar en cuatro capítulos. Los primeros dos capítulos de Génesis (Gn 1 y 2) y los últimos dos de Apocalipsis (Ap 21 y 22) le dan sentido a todo lo que se encuentra entre medio. Vemos algo único en estos capítulos al permitirse un atisbo de utopía. Solo aquí vemos al mundo como Dios lo pretendió, inmaculado, incontaminado de pecado. La imagen de la vida en estos capítulos representa al origen y destino perfectos de la historia redentora. Comienza en el jardín del Edén y termina en la ciudad de la Nueva Jerusalén (figura 7.1), lugares que actúan como sujeta-libros utópicos de la existencia. No es de sorprender que la utopía sea el tema sobre el cual más se escribió a lo largo de toda la historia del hombre. La visión original del Creador la encerró dentro de nuestras almas.

¿Qué es lo significativo en estos lugares de belleza impecable? Dos características que sobresalen son la capacidad de *relacionarse* y de *gobernar* de la raza humana como aspectos del *imago Dei* (creación del hombre a imagen de Dios). Del Pentateuco al Apocalipsis vemos el deseo de Dios de relacionarse expresado en el tener «un pueblo para su propia posesión».*

A través de la creación Él forma un lugar perfecto en el cual el hombre puede relacionarse y gobernar con Él en perfecta armonía. Viviendo en perfecta armonía con Dios, el hombre tiene la responsabilidad de «someter y tener dominio» sobre la creación. Con esto Adán ejercita una autoridad otorgada por Dios de administrar con responsabilidad el mundo que fue puesto bajo su cuidado, un tema que también se abre camino desde el jardín perfecto hasta la eternidad celestial.

---

* Esa terminología es un concepto y estudio de palabra maravilloso. Los sujeta-libros a considerar son Deuteronomio 7.6: «Porque para el Señor tu Dios tú eres un pueblo santo; él te eligió para que fueras su posesión exclusiva entre todos los pueblos de la tierra» y Apocalipsis 21.3: «Oí una potente voz que provenía del trono y decía: «¡Aquí, entre los seres humanos, está la morada de Dios! Él acampará en medio de ellos, y ellos serán su pueblo; Dios mismo estará con ellos y será su Dios».

Figura 7.1. Del jardín del Edén a la Nueva Jerusalén

Edén: jardín de la utopía la raza humana se relaciona y gobierna	«Venga su Reino» Dios muestra a los líderes futuros intermedios mejores —————————→ La raza humana *rescata* con Dios mientras se relaciona y gobierna	Nueva Jerusalén: ciudad de la utopía la raza humana se relaciona y gobierna

Los rescatistas

Después de la caída, a la raza humana se le confía una nueva responsabilidad que refleja su capacidad a semejanza de Dios. Además de relacionarse y gobernar, la humanidad es invitada a unirse al trabajo de Dios de *rescatar*. El aquí y ahora es un lugar de quiebre entre los sujeta-libros de la utopía, por lo que Dios interviene *a través de personas* para traer una actividad restauradora real que dé un indicio del gran final que viene. ¿Por qué Dios nos deja a nosotros, su pueblo, en este mundo nada glorioso cuando estamos destinados a la gloria? La respuesta es que Él quiere que experimentemos su misión redentora. Nos ofrece la oportunidad de ensuciarnos las manos en el increíble proyecto de reconstrucción universal. La misión se convierte en el nexo (la invitación) entre un origen perfecto y un destino perfecto. Por lo tanto, por todo este planeta terriblemente imperfecto vemos a esta misión estallando como un Reino (el gobierno de Dios en la tierra, mediante sus seguidores). O como lo dijo Robert Coleman: «Su método son los hombres».[1]

El primer lugar en el que observamos esta dinámica es sutil, en la narrativa hebrea del capítulo 3 de Génesis. A pesar de que Adán y Eva se rebelaron, Dios promete que la simiente de Eva un día «aplastará la cabeza de la serpiente», primera referencia de la obra de Cristo en la cruz. Adán responde a esta promesa con un acto heroico y fiel. El primer acto de fe es la inducción de la raza humana al rol de rescatista. Por primera vez Adán nombra a su compañera femenina como *Eva*. «Eva» en hebreo suena como «dador de vida». Al llamar a Eva «la madre de los vivientes», Adán expresa fe en la promesa de Dios de que serán el tronco de un árbol familiar exitoso. Más importante aún, reconoce que el certero curso de la muerte, si bien real, no define su realidad última en la inexistencia o la eternidad sin esperanza. Más bien señala una nueva misión en medio de la muerte: ser un agente redentor en la obra de Dios de revertir la muerte para restaurar su Reino.

Desde el Edén el remanente de rescatistas de Dios ha estado trabajando. Este remanente fue tan minúsculo como Noé y tan frágil como Abraham partiendo hacia una tierra desconocida. El remanente mantuvo una identidad nacional a través de Israel, cuyo estandarte de rescate fue «bendecido para ser de bendición». Luego se intensifica bajo el diseño soberano de Dios para convertirse en la iglesia, trascendiendo fronteras étnicas y geográficas como nunca antes. En la era de la iglesia, Pablo pronuncia este rol rescatista de modo más explícito cuando escribe: «Por lo tanto, si alguno está en Cristo, es una nueva creación. ¡Lo viejo ha pasado, ha llegado ya lo nuevo! Todo esto proviene de Dios, quien por medio de Cristo nos reconcilió consigo mismo y nos dio el ministerio de la reconciliación» (2 Co 5.17–18). Por lo tanto, con el Cristo resucitado dando poder a su cuerpo (la iglesia de hoy) Jesús juega una posición estratégica en el Reino, una fuerza santa avanzando hacia el final perfecto con el llamado a hacer discípulos y a buscar y salvar a los perdidos.

Futuros intermedios mejores

Aquí estamos, tú y yo viviendo entre utopías. Para algunos de nosotros (generalmente conocidos como líderes), hay una comprensión clara de que las cosas no están como deberían. Marcados por un descontento santo, los líderes se alzan para entrar en acción. Movilizados para hacer una diferencia, los líderes ven una posibilidad mejor, la visión de un futuro preferido. En tanto cada líder se relaciona, gobierna y rescata junto con Dios en este mundo desordenado, Dios le revela un *futuro intermedio mejor* al cual buscar. Esto es, Dios siembra en su corazón nuevas ideas, aspiraciones y nuevas imágenes mentales de lo que podría ser. Puede ser la visión de comenzar un refugio para mujeres maltratadas, establecer una iglesia en el centro de la ciudad, alcanzar a niños con el evangelio mediante el deporte, misionar a grupos étnicos no evangelizados, o abrir un orfanato en Kenia. Sea cual fuere, la visión de un futuro mejor en realidad es un futuro *intermedio*, porque es una expresión de visión entre muchas a lo largo de la historia (como una ficha de dominó en el medio de la sucesión, cayendo sobre la siguiente de la línea). Juega un papel pequeño pero importante en avanzar hacia la utopía futura de Dios. Por lo tanto, a la luz de la gran visión de Dios ya registrada en la Biblia, cualquier visión más pequeña de un futuro intermedio mejor no es para nada nueva. En cierto sentido, ya es Suya. Entonces nuestras visiones de un futuro mejor provienen de Él, como un sendero de piedras dispuesto para que lleguemos a su visión final.

El libro de Nehemías brinda un ejemplo poderoso de esta dinámica. El libro comienza con una escena dramática: Nehemías escucha el informe de la devastación de Jerusalén: las murallas de la ciudad fueron derribadas (1.1–3). La necesidad es clara y la noticia de una ciudad devastada destroza el corazón de Nehemías, quien ruega al Dios de los cielos por misericordia, y luego le pide éxito personal: primer indicador explícito de su llamado a atender esta necesidad urgente en Jerusalén (1.5–12). Dios responde a su oración concediéndole el favor del rey Artajerjes. El rey ofrece asistencia benévola a la cual Nehemías responde de manera inmediata. Su pronta respuesta demuestra su visión. Nehemías consideró cuidadosamente el proyecto de reconstrucción, incluyendo el tiempo requerido, las repercusiones políticas y las estrategias de recursos (2.5–8). Durante la fuerte oposición que Nehemías recibe a medida que avanza, vemos atisbos de su convicción (2.9–10), su accionar personal (2.12–16), y movilización efectiva (2.17–18). Su liderazgo demuestra un éxito deslumbrante al reconstruir la ciudad en cincuenta y dos días.

En menos de dos meses vemos realizada la visión de Nehemías. Sin embargo en el registro total de la historia redentora es sólo un paso hacia un futuro *intermedio* mejor. Inmediatamente después del trabajo de Nehemías surgieron otros líderes, entre ellos agentes del orden público (guardianes de las puertas), líderes de alabanza, líderes religiosos (levitas), y oficiales de la ciudad. La fase de movilización de cincuenta y dos días establece un contexto para que surjan líderes con visiones propias, quienes luego crean subsecuentes futuros *intermedios* mejores. Por ejemplo, el liderazgo de Esdras emerge en el capítulo 8. Esdras ya era un escriba pero no caben dudas de que el liderazgo de Nehemías fue un trampolín para la efectividad de Esdras en liderar al pueblo a un reavivamiento, mediante la enseñanza focalizada de la Ley. Como mencionamos previamente, la visión de Nehemías es solo una ficha de dominó en una secuencia muchísimo más grande de rescatistas visionarios. Cuando la ficha de Nehemías cayó, influenció a muchos otros, incluyendo a Esdras.

Puesto en la perspectiva ulterior, el proyecto de construcción de Nehemías es un eco débil de la Nueva Jerusalén que vendrá. La Jerusalén de Nehemías fue construida con piedras desde el suelo. La Nueva Jerusalén descenderá del cielo y brillará como «una piedra preciosa, semejante a una piedra de jaspe transparente» (Ap 21.11). En el análisis final la visión de Nehemías deriva del visionario eterno.

¿La visión de Dios o la nuestra? *Ambas*

Lo que hace especial a la visión de Dios es el modo en que se hace nuestra y vive como si lo fuera. Nunca podemos olvidar a Dios como la fuente de la visión; pero tampoco podemos despojarla de la realidad personal, visceral y concreta de la vida del líder. Vivimos en sitios reales que matizan de modo intrínseco la historia de la restauración (el bien y el mal), porque lo infinitamente hermoso se refleja con distorsiones infinitamente horríficas. Vivimos en él. Expresiones únicas de pecado, dolor y quebrantamiento se propagan por nuestras historias y escenarios específicos. En cierto punto, se da un momento definitorio, un llamado particular de Dios colisiona con una necesidad concreta en nuestro pequeño rincón del mundo. El resultado es la liberación de una energía atómica llenando el corazón del líder con compasión y su conciencia con convicción. Se forja una nueva visión. Frederick Buechner lo describe como «el lugar donde se encuentran tu profundo gozo y el hambre más profunda del mundo». En esta intersección la visión es tanto de Dios como nuestra, porque el trabajo del Espíritu nos conmueve tan completamente que la distinción de propiedad se desdibuja en nuestra intimidad con Jesús. Emocionalmente nuestra visión puede y debe sentirse como lo más grande del mundo; pero desde una perspectiva eterna es bastante pequeña. Sin embargo destella con sentido porque ayuda a formar el mosaico de la historia redentora. Es una conexión de importancia crítica en una larga cadena de legados que forman el «felices para siempre» de Dios.

Al ubicar nuestra búsqueda de visión en el contexto de las Escrituras, surge una aplicación singular. Cuando trabajas para descubrir tu Iglesia única y expresar con claridad una visión misional, la búsqueda de Dios debe presidir todo lo demás. Jesús, el Alfa y la Omega, es la fuente de claridad fundamental. Considera como describe Dwight Smith a las personas con visión: «Hay un anhelo animando sus vidas, acerca de algo que debe hacerse. ¡No pueden dejarlo ir! Es importante enfatizar que una visión así no viene por el deseo de querer tenerla. En todas estas personas ¡sencillamente viene! Dios se revela de tal manera que llena todo el ser con la imagen de algo que debe ser hecho».[2] De modo similar Oswald Chambers describe la visión como «la gran imperiosidad de Dios». El énfasis en estas declaraciones es vital, una relación activa con Dios y una mente saturada con su Palabra. Debemos vivir en sintonía con Él para poder descubrir qué quiere que hagamos. El propósito de este libro no es instruirte en las distintas disciplinas espirituales relacionadas con este tipo de relación,* sino enfatizar que no puede subestimarse la necesidad de buscar al Dios que nos convierte en visionarios.

---

*Dos libros en esta serie Leadership Network Jossey-Bass que dan un trato excelente a este lado personal del desarrollo de liderazgo son *Prácticas para la grandeza*, de Reggie McNeal; y *Off-Road Disciplines*, de Earl G. Creps.

8

ESCUCHA LA NUBE DE TESTIGOS:

APRENDE DE LOS LEGADOS DE VISIÓN

Me gustaría que den un paso al frente. Examinen minuciosamente algunos rostros del pasado. Pasaron delante de ellos muchas veces pero no creo que los hayan mirado en realidad. No son tan distintos a ustedes ¿verdad? Mismos cortes de cabello. Llenos de hormonas, exactamente como ustedes. Tienen el mundo a sus pies. Creen que están destinados a grandes cosas, al igual que muchos de ustedes. Sus ojos están llenos de esperanza, al igual que ustedes. ¿Esperaron hasta que fue demasiado tarde para hacer de sus vidas aunque sea un ápice de lo que eran capaces? Porque, vean caballeros, estos muchachos ahora están fertilizando narcisos. Pero si escuchan bien de cerca, pueden oírlos susurrándoles su legado para ustedes. Adelante, acérquense. Escuchen, ¿lo oyen? «Carpe.», ¿Lo oyen? «Carpe, carpe diem, aprovechen el día muchachos, hagan que sus vidas sean extraordinarias.»

— John Keating, personaje principal de la película *La sociedad de los poetas muertos*

Estaba escribiendo en un lugar retirado de Santa Fe, cuando recibí una llamada de una de las pocas personas que permito que interrumpan mi soledad. Mis hijos llaman cariñosamente a su abuela materna «Mama Lava». Cuando Mama Lava me llamó, estaba eufórica. Como gran amante de la genealogía, es genial condimentando cualquier conversación con chismes de nuestra historia familiar. Siempre lista para hacer el siguiente descubrimiento en el árbol familiar. En el cuadringentésimo aniversario de la fundación de Jamestown, un amigo le envió un depósito de nueva información histórica. Al revisarlo ella encontró el nombre «Firth» (mi segundo nombre y el apellido de soltera de mi madre). Podía sentir la aceleración del latido de su corazón a través de la señal del teléfono móvil, mientras me informaba que el Firth original fue un verdadero caballero del primer asentamiento estadounidense y copropietario junto con quienes fundaron la travesía misma.

Mientras más viejo me pongo, más aprecio la disciplina y el entusiasmo que pone Mama Lava al «descubrimiento de raíces». Al conectar puntos con el pasado le damos nuevo sentido al presente y caminamos hacia el futuro con un sentido de identidad más fuerte.

Los líderes misionales tienen algo que aprender de Mama Lava porque el liderazgo visionario es el arte de proteger el pasado mientras abogamos por el futuro. Las aspiraciones audaces deben estar enraizadas en los valores y visiones que las precedieron. Tu visión en su mejor expresión, siempre es tanto una derivación como una ficha de dominó dependiente. En el último capítulo hablamos de la visión como una derivación, con su fuente en la imaginación infinita de Dios como proto-visionario y fuerza motriz. En este capítulo expandimos el concepto de que la visión es una ficha de dominó dependiente porque tu visión no nace sin que la visión de alguien más haya recaído sobre la tuya. Para que estés vivo y en contacto con el trabajo de Dios en el mundo, necesariamente fuiste tocado por la visión de otros que te precedieron. Subsecuentemente al avanzar tu visión seguramente toca muchas otras, y nuevas fichas de dominó caen.

Este capítulo trata acerca de escuchar con más atención a quienes han ido delante de nosotros. ¿Qué podemos aprender de su visión? ¿La manera en que se intersecta su visión con lo de Dios nos está movilizando a *nosotros*? A primera vista esto parece contradecir la osadía y la determinación hacia adelante del líder visionario. Te aseguro que no lo hace. Al valorar la visión que nos antecedió tensamos la honda de la nuestra. Muchos líderes emergentes practicaron esto en los encuadres de alabanza con la experiencia de la recuperación de un «futuro antiguo». Pero esto fue relegado fuertemente a la práctica de la alabanza y todavía está floreciendo en el arte del liderazgo.

«Aprovechando» visionarios previos a nosotros y alrededor nuestro

La revisión de la historia redentora en el capítulo anterior estimula el aprecio por la visión de otros que nos precedieron y que tocaron nuestras vidas. Para parafrasear al autor del capítulo 12 de Hebreos esto implica captar «la nube de testigos» que nos rodea como si fuésemos corredores en un estadio olímpico. Aquí estamos, exhortados a correr la carrera con resistencia, enfoque y libertad. Con medallistas de oro de la fe observando, la presencia de nuestros predecesores puede provocar una profunda determinación y traer una inspiración fresca. Si nos acercamos los podemos escuchar susurrándonos. ¿Pero qué están diciendo y cómo pueden ayudarnos?

Legados susurrantes

Predecesores, mentores, colegas y colaboradores alrededor del mundo trabajan en respuesta a la misma Escritura revelada para abrir paso a un futuro intermedio mejor en su propio rincón del mundo. Esta realidad provoca la pregunta: «¿Cómo se conecta la visión pasada y presente con lo que Dios nos llama a hacer?». Hay tres dinámicas dignas de resaltar como legados susurrantes que simultáneamente nos motivan, nos sostienen y nos afilan. Aquí hay algunos chismes de mi propio viaje.

UN LEGADO SUSURRANTE NOS MOTIVA. Hace años descubrí el placer de leer biografías. Todavía recuerdo una de las primeras: Hudson Taylor. Viviendo en el campus de la universidad estatal de Pensilvania, recuerdo cómo me emocioné al adentrarme en su viaje como misionero pionero en China. De algún modo me volví más audaz y pensativo al ver cómo el acercamiento de Taylor (poco convencional para su época) modeló en él un latido encarnacional que lo adaptó a la cultura china.

También recuerdo, por esos mismos años, caminar hacia el comedor estudiantil con Ric, un estudiante de último año y mi mentor espiritual. Después de desahogarme por un terrible día en el campus, finalmente le pregunté: «¿Cómo estuvo tu día?». Lo que Ric respondió me tomó desprevenido. Dijo despreocupadamente: «Tú sabes, solo estuve tratando de descubrir cómo puedo cambiar hoy el mundo, desde este pequeño rincón de la universidad». Aquel día, después de recibir ese dulce regaño, mi visión del mundo se expandió; y nunca volví a recuperarme del todo.

Del pasado o del presente, los líderes visionarios que nos rodean pueden generar una motivación asombrosa a la que debemos sumarnos.

UN LEGADO SUSURRANTE NOS HACE HUMILDES. Ver nuestro rol en la imagen completa, no solo nos energiza, también nos sostiene. Es desde este panorama privilegiado que soñamos audazmente, aunque sin tomarnos muy en serio. Para muchos líderes hay una línea delgada entre la valentía y la arrogancia. De aquí en más quiero alentarte a que trabajes duro en la visión única que Dios le dio a tu iglesia. Este acto es inherentemente osado, y no debes retroceder. Veo a líderes jóvenes echarse atrás todo el tiempo en una falsa humildad. Para muchos los modelos quebrados de liderazgo y las demostraciones de egoísmo demuestran que las

cosas están cambiando hacia una dirección no agresiva. Su latido apostólico es reprimido.

Entonces ¿cómo estimulas el tomar riesgos santos sin correr el riesgo
de confiarte demasiado? Conociendo en profundidad (y aun digerir) la
visión de otros.

La humildad crece porque ver el obrar de Dios a través de otros visionarios, nos recuerda de modo muy sencillo el rol central de Dios y nuestro rol instrumental. Suena la campana de que si no queremos participar
de la actividad rescatista de Dios, Él encontrará a otros que sí lo harán.

La experiencia de Nehemías relatada antes, para mí es una visión basal
en este camino. Dios imprimió en mi vida un llamado a ayudar a la iglesia más amplia, que fácilmente puede hacerme sentir orgulloso. Pero
cuando veo un líder como Nehemías ayudando al pueblo de Dios hace
dos mil quinientos años de manera tan significativa y catalítica, veo mi
parte como una simple molécula de agua en la catarata de la historia
redentora. Él fue fiel en administrar sus dones para una época. Yo debo
serlo también en mi corto tiempo de batalla. Nehemías me permite soñar
en grande sin enorgullecerme.

UN LEGADO SUSURRANTE NOS AFILA. Este proceso de ser afilado es de
crucial importancia en el descubrimiento de nuestra visión única. Al igual
que un artista que busca el color apropiado en su paleta, un líder puede
entender mejor las tonalidades de su visión al mirar a la «paleta de visiones» que lo rodean.

Un modo de vincularme con esto es recordar las experiencias que tuve en
la clase de sermoneo en el seminario. Tuve tres clases en el curso de dos años
durante las cuales luché por encontrar mi propia personalidad en el evento
de sermoneo. Escuché cintas de Hadden Robinson, el expositor clásico, y
Rick Warren, el entrenador de vida actual, y me maravillé con el contraste.
Presté muchísima atención a mis profesores, admirando a Reg Grant por su
habilidad de sostener una metáfora dominante durante un mensaje entero,
y a Ramesh Richard por su creatividad espontánea con aliteración y poesía.
Como un chef emergente en busca de la creación de una receta propia,
probé y rumié cada plato que encontré. Unos tres años más tarde comencé
a sentirme cómodo con mi plato original: mi propia voz.

Lo mismo aplica a la comprensión de la visión de Dios para tu iglesia.
Si bien la visión no proviene directamente de observar la visión de otros,
el proceso de discernimiento se acentúa significativamente cuando lo
hacemos. Siendo yo mismo entrenador de visión busco por todos lados
oportunidades para refinar mi propia visión. El verano pasado me tomé
una semana para leer tanto Lyle Schaller de corrido como pude. Tomé un

avión hacia un lugar solitario, llevando una valija con más de veinte de sus libros, una muestra de cada década de las últimas cinco en las que escribió. No quería adquirir solo conocimiento; quería llegar a conocer a un hombre que caminó antes que yo con un llamado y una visión similares. Quería ver el modo en que sus perspectivas, convicciones y entendimiento emergieron durante décadas como consultor de iglesias.

Hace poco tomé un avión para disfrutar de un almuerzo de dos horas con Howard Hendricks, otro legado viviente de cuya fuente bebo continuamente. Di las gracias al «profe» haciendo una lista de las cinco cosas más importantes que aprendí de él y respondió con gracia a todas las preguntas de seguimiento que le hice respecto de ellas. A pesar de que su visión sobre la educación cristiana dejó una impresión en miles de estudiantes a distancia, aprecio la sensación que me dejó desde cerca. Both Schaller y Hendricks afilaron mi visión de maneras muy profundas, como resultado de la visión que encarnan.

Liderando con un detector de visión

Cuando era un niño mis padres compraron una casa en una propiedad cercana a la línea de batalla en la histórica Brandywine Battlefield, en el sudeste de Pensilvania. Tengo el recuerdo de personas extrañas registrando la superficie de nuestro patio trasero con sofisticados detectores de metales, buscando mosquetes, monedas, u otras parafernalias de la Guerra de la Revolución.

De igual modo los líderes deberían ir por la vida con detectores de visión. Esto es, deberían estar atentos a encontrar diariamente artefactos de visión dentro de sus contextos ministeriales específicos. El propósito de este capítulo es enfatizar la importancia de esta práctica: el descubrimiento actual de desenterrar y apreciar las contribuciones visionarias del pasado y el presente. Al hacerlo nos preparamos para que nuestra propia visión única tome forma. En algunos casos tu visión única está atada de modo intrínseco a la historia de tu iglesia. En otros casos la visión es una pizarra en blanco, senderos nuevos por los que nadie ha viajado antes. En ambos escenarios querrás estar siempre atento a encontrar artefactos de visión. Aquí hay unos pocos de los que busco constantemente cuando trabajo con líderes en iglesias a lo largo del país.

ARTEFACTO NÚMERO UNO: DESENTIERRA LA HISTORIA DE LA CREACIÓN. Toda visión tiene una historia creacional: los eventos y la pasión que dieron nacimiento a la idea de un futuro mejor. Todos los visionarios tienen algún punto de origen. Si estás buscando esto, te asombrará descubrir la cantidad de sentido que puedes exprimir de él. El problema es que la mayoría de las historias de creación permanecen en un estado rústico, semi enterradas en la conciencia de la organización con pocas personas que pueden recordar el «big bang» singular que dio inicio a las cosas. En este caso los líderes deben desenterrar con mucho cuidado cada historia creacional en el linaje de las personas que están influenciando. Aquí te paso el chisme de dos historias creacionales.

Cuando conocí a Lee McFarland, pastor principal de Radiant Church, en las afueras de Phoenix, me contó su historia para dejar su cargo ejecutivo en Microsoft como director de operaciones internacionales. «Tenía 16.000 participaciones de acciones de Microsoft que todavía no habían sido transferidas. Si me iba para comenzar la iglesia perdería esas acciones. Al principio me enojé un poco con Dios porque sabía que me estaba llamando para comenzar Radiant. Finalmente decidí simplemente orar, y oré para que Dios diera a nuestra iglesia un alma por cada participación de acción que estaba dejando.» La iglesia comenzó con 147 asistentes en Septiembre de 1997. Apenas ocho años después estaba catalogada como una de las iglesias con mayor crecimiento del país.

Caz McCaslin es el fundador de Upward, un ministerio global dedicado a «presentar a Jesucristo a los niños mediante la creación de oportunidades de servir por medio del deporte». Año tras año Caz agrandaba su liga de básquet local con base en la iglesia, hasta que finalmente no tuvo más espacio. Pero los niños no dejaban de aparecer. Llegó un día en que tenía veintisiete niños en lista de espera, por lo que se sintió muy orgulloso. Pero días después lo golpeó una urgencia santa: «¿Y qué si esos veintisiete niños nunca tuviesen la posibilidad de escuchar el evangelio?» Caz pensó que la respuesta sería construir un gimnasio más grande. Pero un buen amigo desafió su pensamiento: «No necesitas un gimnasio más grande, Caz, necesitas *mil* gimnasios». Así que plasmó esta propuesta en un libro, desafiando a las iglesias a «ganar la carrera al corazón de un niño», y construyó una organización de primer nivel. Diez años más tarde el ministerio sirve a medio millón de niños y continúa expandiéndose rápidamente.

El líder debe dominar los detalles de la historia creacional, aquellos que son específicamente suyos y aquellos que son parte de la organización que lidera. La historia de la creación debe pulirse para poder relatarse en un viaje de treinta segundos en ascensor o en una presentación de treinta minutos (y cualquier lapso entre medio). Caz ahora viaja por todo el país para compartir la historia creacional de Upward y motivar a grupos de líderes que están comenzando programas nuevos.

ARTEFACTO NÚMERO DOS: COLECCIONA LAS PERLAS DE VISIÓN ESCONDI-
DAS. En la articulación de la visión del pasado hay términos claves y frases
que aportan sentido. Los denomino las «palabras dentro de las paredes» y
el líder puede captarlas intencionalmente. Piensa en estas ideas como perlas
que necesitamos encontrar y coleccionar para ponerlas en un alhajero de
modo que otros puedan verlas y disfrutarlas. Muy a menudo estas piezas
de visión permanecen sin ser descubiertas en el peor de los casos, o sin pulir
en el mejor de ellos. En consecuencia, *no se los percibe ni se los aprecia*.

Cuando Rich Kannwischer tomó las riendas de First Presbyterian
Church, en San Antonio, siguió a un respetado pastor de visión, de larga
trayectoria tanto dentro como fuera de la iglesia, Louis Abendon. Después de un año de aclamación Rich comenzó a expresar con claridad una
visión nueva. En el proceso de discernir el vocabulario de visión oculto,
la primera frase que reflotó fue el versículo Isaías 40.8. Louis lo citaba a
menudo en alabanza y luego de cada lectura de las Escrituras: «La hierba
se seca y la flor se marchita, pero la palabra de nuestro Dios permanece
para siempre». Cuando llegó el momento de refinar el mandato misional
de la iglesia, decidieron capturar el eco de estas palabras dentro de las
paredes con el mandato misional de «invitarnos mutuamente a una vida
juntos que permanece para siempre». Otra frase que el equipo de liderazgo desenterró fue «Todos aman a los cardenales, ¿pero quién alimen-
tará a los gorriones?». Esta afirmación se repetía una y otra vez para
transmitir el clamor de la iglesia por justicia social en la ciudad. Se convirtió en un valor central expresado como «compasión espontánea». Al
mirar primero atrás y pulir estas perlas de visión, Rich tiene la posibilidad
de valorar el pasado mientras aboga por un nuevo futuro.

ARTEFACTO NÚMERO TRES: ENCUENTRA LOS OBJETOS DE INTERÉS HISTÓ-
RICO DEL «SALÓN DE LA FAMA». El padre de un amigo, que ahora tiene
unos setenta años, vendió su casa y la mayoría de sus pertenencias, y se
mudó a un apartamento de un ambiente en un complejo asistencial. Si
conversas con él acerca de su vida sacará una caja plástica de zapatos llena
de los recuerdos que representan lo mejor de su vida. Tu primera reacción
es: «¡Qué triste! su vida entera está en una caja de zapatos». Pero si escuchas cuando él te cuenta con emoción la historia detrás de cada foto, de
cada recorte de periódico, de cada carta raída, de cada medalla naval, del
vial de mercurio, de los papeles de patentes relacionados a su carrera, y de
la copia de la Constitución Nacional, comprenderás mucho más acerca de
ese hombre de lo que entenderías simplemente entrando a su casa.

Detrás de las imágenes en la pared, los vitrales, y el sistema de sonido
de tu iglesia están las historias de «caja de zapatos» de las personas que

forjaron el carácter de tu iglesia. ¿Cuáles son los objetos de valor histórico del salón de la fama de tu iglesia? Desde ellos, ¿qué historias hablan a la singularidad de tu iglesia?

En Oak Hills Church en San Antonio, donde Max Lucado ministra, viven intensamente su eslogan «un hogar para cada corazón». Cuando comparten historias que ejemplifican lo mejor de Oak Hills, el tema de la *gracia* está intrínsecamente entretejido. Cada historia matiza una dinámica indiscriminada en la que el amor y el apoyo colisionan para generar una transformación personal. Tomarse el tiempo para compartir las historias hizo al liderazgo de la iglesia plenamente consciente de que la *gracia redentora* es un valor profundo y una parte manifiesta de su personalidad.

Te dejo un desafío: en los próximos treinta días lleva contigo a todos lados un detector de visión. No indagues solamente a las personas de tu iglesia, pregunta a líderes de cualquier esfera de influencia. Aquí hay algunas preguntas que puedes formular:

o Historia creacional: ¿Qué circunstancias te llevaron a comenzar la compañía? ¿Cuándo supiste que Dios te estaba llamando a ser un líder? ¿Qué dio nacimiento al ministerio en primer lugar?

o Vocabulario de visión: Cuando hablas acerca de la identidad de tu organización, ¿qué ideas son las que más se comparten? ¿Qué palabras ustedes repiten que moldean la dirección y el futuro de su ministerio? ¿Qué palabras de liderazgos anteriores resuenan aún en las paredes de esta iglesia?

o Salón de la fama: Si tuvieras que elegir las historias que pertenecen al salón de la fama de tu iglesia, ¿cuáles serían las tres más importantes? Si tu ministerio tuviera una caja de zapatos con recuerdos, ¿qué objetos habría en ella? ¿Cuáles fueron los dos momentos más decisivos de la historia del ministerio? ¿Qué sucedió, y cómo moldeó ese suceso el carácter de la organización?

En esta sección, discutimos la naturaleza de la claridad, sus beneficios, y sus prerrequisitos, incluyendo la necesidad de estar en sintonía con Dios y la oportunidad de aprender de otros visionarios. Hasta este punto, la segunda parte fue preparatoria. A continuación, exploramos cómo puedes descubrir tu Iglesia única.

9

DESCUBRE TU CONCEPTO DEL REINO:

CÓMO DETERMINAR LA VISIÓN

La mayoría de los artistas buscan algo original para pintar;
francamente eso me resulta bastante aburrido. Para mí es mucho
más emocionante encontrar un sentido original en algo familiar.
— Andrew Wyeth

CUANDO ERA UN NIÑO MI LUGAR DE JUEGO PREFERIDO ERA el serpenteante río Brandywine, en el sudeste de Pensilvania. Lleno de frescura y sorpresas, raramente pasaba un día de verano sin una cámara de neumático o el equipo de pesca en la mano. No tenía idea de que mis lugares cotidianos favoritos en esa campiña pintoresca se estaban haciendo famosos en el mundo por el trabajo de un artista local, Andrew Wyeth. Él es considerado uno de los artistas más importantes de Estados Unidos, un genio sin igual del realismo. Este famoso pintor puede captar el momento eterno de un paisaje bajo la luz de la luna con un nivel de detalle exquisito, o el momento efímero de un torrente caudaloso con misteriosa belleza. Lo interesante acerca de Wyeth es que en más de cincuenta años como pintor nunca retratató un paisaje fuera de los alrededores inmediatos de su hogar en Chadds Ford, Pensilvania, y de su casa familiar de veraneo en Maine. Considera este sorprendente hecho por un momento. ¡Este hombre conmovió al mundo con un talento que nunca ejerció fuera de su propio patio trasero! Wyeth ama lo local. Su mente creativa y don brillante, liberados durante diez horas diarias durante años, pueden estar eternamente satisfechos con una radical atención total a lo familiar.

El enfoque local de Wyeth revigorizó mi interés por aprender más acerca de su vida y obra. Me pareció que él hacía algo inherentemente visionario, y de una importancia crítica para los líderes ministeriales. Su capacidad de observar sus entornos inmediatos le permite descubrir y expresar sentido en la vida que otros pasan por alto. Es como si pudiera adentrarse más profundamente a lo que ya posee. Luego recrea magistralmente y re-dibuja con paciencia la escena hasta que se vuelve más poderosa que la realidad misma.

Estas habilidades también son necesarias en quienes lideran una Iglesia única. ¿Cómo observas el todo familiarizado con el que convives, para poder descubrir sentido nuevo y discernir la actividad de Dios que otros no ven? ¿Qué buscas? El propósito de este capítulo es subrayar las prácticas específicas para este fin, lo que denomino: determinar la visión.

El trabajo de determinar tiene implicaciones en el presente. Esto es, ¿cómo exploramos, inspeccionamos, descubrimos y definimos simultáneamente lo que Dios está planeando y a dónde quiere que vayamos? Esto se alza en contraste con el capítulo previo, acerca de aprender de legados visionarios del pasado. Como ya mencionamos, observar el trabajo visionario de otros no nos otorga el nuestro de manera directa pero establece la base para nuestro propio viaje.

Tu concepto del Reino

El primer paso para determinar una visión original es descubrir tu concepto del Reino. El concepto del Reino es la «gran idea» simple y clara que define el modo en que tu iglesia glorificará a Dios y hará discípulos. Por favor, presta atención al punto importante de la última oración: tu concepto del Reino no es «glorificar a Dios» o «hacer discípulos» en sí mismo. Estas ideas reflejan el mandato bíblico para todas las iglesias.* Más bien, tu concepto del Reino es lo que te diferencia de todas las demás iglesias en el *modo* en que desarrollas seguidores de Cristo para el honor máximo de Dios. El concepto del Reino responde preguntas importantes como «¿Cuál es nuestra mayor oportunidad para tener un impacto en el Reino?» y «¿Qué podemos hacer mejor que otras diez mil iglesias?» Piensa en él como tu mejor anuncio organizacional. Es el lugar en el cual las experiencias únicas de tu iglesia fluyen como cuerpo de Cristo. Gracias a una comprensión clara de un concepto del Reino, tu liderazgo puede captar y liberar una energía increíble hacia un futuro mejor.

---

*Mi propósito no es desarrollar esta afirmación porque ya se ha escrito mucho sobre el tema en las dos últimas décadas. Si una iglesia no ve el glorificar a Dios como su propósito final y hacer discípulos como su misión en la Tierra, entonces, por definición bíblica, no es una iglesia.

Figura 9.1. Tu concepto del Reino

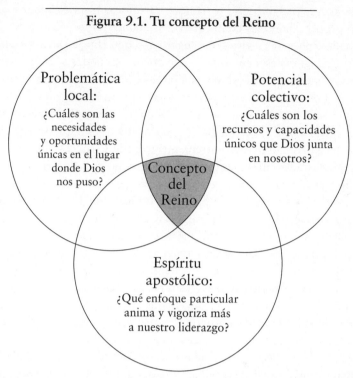

Problemática local:
¿Cuáles son las necesidades y oportunidades únicas en el lugar donde Dios nos puso?

Potencial colectivo:
¿Cuáles son los recursos y capacidades únicos que Dios junta en nosotros?

Concepto del Reino

Espíritu apostólico:
¿Qué enfoque particular anima y vigoriza más a nuestro liderazgo?

En la segunda mitad del siglo veinte se produjo un giro hacia reenfocarse en la gran comisión. Dentro de este contexto piensa en tu concepto del Reino como tu «gran permiso», *siendo libre de vivir como Dios te creó y llamó a hacer en tu configuración única*. (Por supuesto, tu gran permiso siempre es subordinado al mandato de Dios en la gran comisión.) El libro de Hechos nos recuerda que David encontró su permiso y llamado específico: «Ciertamente David, después de servir a su propia generación conforme al propósito de Dios, murió, fue sepultado con sus antepasados, y su cuerpo sufrió la corrupción» (Hechos 13.36). El mejor modo de hallar tu concepto del Reino es observar la intersección de los tres círculos que representan aspectos de la originalidad dada por Dios a tu iglesia (ver figura 9.1).

Primer círculo: Problemática local

Tu comunidad tiene todo tipo de desafíos específicos. ¿Sabes cuáles son? Definir tu problemática local responde a la pregunta: ¿cuáles son las necesidades y oportunidades únicas en el lugar donde Dios nos puso? Comprender tu problemática *local* significa tener una comprensión íntima del suelo al que Dios te llamó a trabajar. Se trata de andar y cono-cer de primera mano los contornos de localidad.

¿Puede separarse tu visión del lugar en el que Dios en su soberanía te ubicó? Una iglesia está enfrente de una escuela secundaria, y otra frente a un centro médico. Otra iglesia está en un suburbio creciente, y en con-traste con otra que está en una transitada área urbana. Trabajé con una iglesia en una ciudad con un sesenta y cinco por ciento de población cató-lica, y luego vuelé al otro lado del país a una iglesia que se encuentra frente al centro mundial de entrenamiento de la Ciencia Cristiana. Estas ubicaciones hablan muy fuerte acerca de su concepto del Reino.

John Hus fue un sacerdote y mártir a comienzos del siglo XV y un juga-dor clave en el anticipo de la Reforma Protestante. En la capilla Belén donde predicó, en la ciudad de Praga, hay una figura extraña en la esquina sudoriental del santuario: un enorme pozo. La leyenda reza que las prosti-tutas y los timadores del pueblo habían arruinado la fuente local de agua. Además de su propia presencia intimidante en torno del pozo, algunos eran conocidos por haber arrojado allí a sus bebés no deseados. La escena espe-luznante originó dos cargas: la tragedia de las vidas perdidas y la pérdida de agua potable. Forzada a proveer una fuente de aguar potable, la capilla cavó el pozo apenas a unas yardas del púlpito. Se ubicó una puerta nueva al costado de la iglesia, para que las personas pudieran sacar agua de la fuente protegida dentro de la iglesia, aun durante las misas. Incluso demos-traron su interés y compasión por los bebés inocentes que fueron asesina-dos en las obras de arte colgadas en los muros de la capilla. En resumen, las personas de la capilla Belén respondieron a su problemática local.

¿Qué pasa con el lugar del planeta Tierra en el que estás? Aquí hay algunas preguntas que pueden ayudar a tu equipo de liderazgo y a ti a explorar tu problemática local:

o ¿Cuáles son las necesidades específicas del lugar en el que Dios nos puso? ¿En nuestra ciudad? ¿En nuestro barrio?

o ¿Cómo se reflejan social, económica, étnica, ambiental, política y religiosamente estas necesidades?

o ¿Qué ámbito de nuestra comunidad está más lejos de la utopía que Dios quiere restaurar?

o ¿Qué oportunidades especiales encontramos dentro de nuestra esfera de influencia inmediata?

o ¿Qué temas candentes están en el ojo público y llamando la atención de los medios de comunicación?

o ¿Qué necesidades y oportunidades específicas crea la industria en nuestra área?

o ¿Cuál es el cambio más significativo de la última década en nuestra comunidad y que necesidad crea?

o ¿Cuáles son los mayores eventos comunitarios y qué necesidades u oportunidades generan?

o Debido a nuestra ubicación específica, ¿qué soluciones podríamos aportar que otras iglesias no?

o ¿Cómo podríamos describir la «atmósfera de perdición» en nuestra comunidad?

o ¿Cuál es la historia creacional de nuestra comunidad particular y qué perspicacia implica?

o La historia de nuestra comunidad ¿trae a luz alguna fortaleza espiritual?

o ¿Qué cambio positivo en nuestra comunidad tendría el efecto más dramático en la vida de nuestra gente?

Contestar estas preguntas obviamente requiere de mucha oración, reflexión, diálogo e investigación. Puede implicar algo de investigación y una inversión financiera para obtener buena información demográfica y psicográfica. Si eres serio el mejor acercamiento es hacer tu propia investigación primaria, descubrirás un cofre del tesoro lleno de información.

CONOCIENDO LA CULTURA LOCAL EN LA IGLESIA PRIMITIVA. Los líderes de la iglesia primitiva eran muy bien versados en la cultura, algo que es (irónicamente) fácil de pasar por alto. Nosotros estamos tan apartados culturalmente del contexto de los escritores mismos que en nuestra inclinación a adquirir enseñanza práctica es muy fácil perder de vista su atención habitual a lo local. Vemos esto más claramente en la vida de Pablo, en su trabajo evangelístico y de establecimiento de iglesias. Dos imágenes muestran el modo en que Pablo mantenía el ritmo local.

Cuando Pablo va a Atenas (Hechos 17), demuestra una habilidad especial para adaptar su comunicación del evangelio. Al ser invitado a hablar en el areópago (v. 19), usa su «estatua al Dios desconocido» como una fisura religiosa por la cual encarar su fervor espiritual. No discute primero desde las Escrituras, sino desde la cultura, citando a dos filósofos en el versículo 28, probablemente a Epiménides de Creta y al poema de Arato, «Fenómenos». ¿Cómo hizo Pablo para adaptar su comunicación

tan rápidamente a este contexto nuevo? En el versículo 22 Pablo dice que
«observó» sus modos, y en el versículo 16 lo vemos «dolido» en el alma
por lo que vio. Estas dos palabras ofrecen una introspectiva de la habilidad de Pablo para leer la cultura. Ojos que observan y un corazón que se
duele definen su avance en dos pasos como exégeta cultural.

La capacidad de Pablo de adaptarse a la cultura también se puede ver
en su trabajo fundando iglesias en la isla de Creta. Inicia su carta a Tito,
su hombre clave para el proyecto, describiendo a Dios como el «Dios que
nunca miente» (1.2). Eso es gracioso, Pablo nunca usó un lenguaje así en
las aperturas de otras epístolas. ¿Esta referencia era un pensamiento azaroso del día en su tiempo de calma? No lo creo. Casi cada oración de esta
breve carta contiene matices de la cultura local de la isla de Creta. Hace
referencia al carácter de veracidad de Dios precisamente porque la tendencia a mentir es una problemática local (1.12–13). Cuando le escribe a
Timoteo acerca de establecer una comunidad de liderazgo en la isla,
adapta sus requerimientos para los ancianos según los patrones de
pecado de este contexto cultural particular. Su énfasis está puesto en la
sana doctrina y no solo en la capacidad de enseñarla, sino en el carácter
para «mantenerse firme» y el talento de refutar a mentirosos que lo con-
tradigan (1.9). Estos son dos pequeños ejemplos de los matices culturales
que encontramos en la Biblia.

Conociendo la cultura local hoy. ¿Cómo algunas iglesias definieron
su problemática local con éxito?

o Bandera Road Community Church, de San Antonio, identificó el
embarazo precoz como problemática social a abordar, como respuesta al hecho de que San Antonio tiene una de las tazas de embarazo adolescente más altas del país.

o Life Church, de Portland, Oregon, identificó su problemática cultural general como «autosuficiencia» y específica como instalaciones
educacionales infradotadas.

o First Presbyterian de Midland, Texas, comprendió introspectiva-
mente que como «pueblo petrolero» todo lo valioso de la comunidad yace literalmente bajo la superficie. Ven su problemática local
como la exposición de la misma dinámica desde una perspectiva del
reino espiritual: la necesidad de explorar y entrar en las realidades
más profundas de Cristo.

o Hope Baptist Church en Las Vegas, identificó múltiples asuntos,
pero al que le están dando atención actualmente es a los niños en

situación de calle, cuyo número continúa aumentando en el área.

o Una iglesia en Aspen, Colorado, reconoció la oportunidad de conmover al mundo desde su patio trasero, porque una parte significativa de su fluctuante comunidad local tiene entre dieciocho y veinticuatro años, gente joven proveniente de la clase alta de todo el mundo. Cuando me registré en el hotel la mujer noruega de veinticuatro años nunca había escuchado el evangelio.

Segundo círculo: potencial colectivo

El segundo círculo pone su mirada en la colección de individuos en tu iglesia y contesta la pregunta: ¿cuáles son los recursos y capacidades únicos que Dios junta en nosotros? Los recursos que reflejan el potencial cooperativo son multifacéticos: dones espirituales, entrenamiento y educación, experiencias compartidas, capacidades financieras, habilidades motivadas, posesiones comunes, un ungimiento particular del Espíritu Santo, y otros tantos. La mayoría de las iglesias no buscan patrones comunes de capacidades colectivas, pero tal vez te sorprenda lo que encuentres cuando los buscas.

Una dificultad inmediata al identificar el potencial cooperativo es nuestra tendencia como occidentales a enfocarnos en el individuo y no la comunidad. Cuando leemos versículos como 1 Co 6.19 («¿Acaso no saben que su cuerpo es templo del Espíritu Santo, quien está en ustedes?»), saltamos a la conclusión de que *ustedes* se refiere a cada individuo en particular, cuando en realidad se refiere al plural. Pablo le está diciendo a la iglesia que su cuerpo *corporativo* es el templo, no sus cuerpos individuales. El versículo es comúnmente mal interpretado al referirlo al cuerpo físico del creyente en referencia a los abusos de la sexualidad, el alcohol, el cigarrillo e incluso los tatuajes.

Chuck Colson escribe: «Los cristianos modernos, especialmente los evangélicos, ven a la fe cristiana en primer lugar (si no exclusivamente) como el evangelio de "Jesús y yo". El cristianismo es simplemente una relación personal con Jesús. Acepta a Cristo en tu vida personal y serás salvo. Si bien esto es cierto, desafortunadamente se queda corto. A pesar de que somos justificados por medio de nuestra fe, el cristianismo es mucho más que una transacción privada con Jesús De acuerdo a las Escrituras, el cristianismo es corporativo».[1]

JESÚS Y NOSOTROS VERSUS JESÚS Y YO. Cuando se identifican y liberan dones espirituales, los líderes suelen tender a enfatizar el potencial del

individuo en detrimento del todo. En el énfasis positivo sobre «el ministerio de cada miembro», una iglesia puede crear de modo subconsciente
una relación de uno-a-uno entre un don espiritual y una iniciativa ministerial. Así, cuando Sally descubre su don, una mezcla de fe y misericordia,
la bendecimos al comenzar un ministerio de visitación de hospitales.
Ahora, escúchame claramente, por favor: no estoy sugiriendo que mini-
micemos el don de Sally. Estoy enfatizando la importancia de ver a los
dones de Sally a la luz del todo, o a la luz del concepto del Reino. Si no lo
hacemos la iglesia puede convertirse en un desorden caótico de personas
esperando para hacer su propia obra. ¿Preferirías concentrar a cien personas en una iniciativa efectiva, o tener a cien personas yendo en cien
direcciones distintas? Sin darse cuenta la mayoría de las iglesias tienden a
esto último. Cuando lo hacen, suelen sacrificar el potencial cooperativo
por los caprichos bien intencionados de los individuos.

Un versículo importante en Romanos 1:11 refuerza nuevamente las
capacidades del grupo comparadas con la sola unidad. Pablo expresa su
deseo de visitar a la iglesia romana para «impartirles [plural] algún don
espiritual». Nuevamente esta referencia no es singular sino plural, indi-
cando la posibilidad de que Pablo está hablando acerca de «dones colec-
tivos» o «gracia corporativa». Esta idea es tan distinta al modo común en
que pensamos los dones espirituales que es difícil imaginar qué quería
decir Pablo. ¿Puede pasar que una congregación entera se encasille en una
fortaleza, motivación o don espiritual singular? Yo creo que sí.

Gracia grupal. Las Escrituras enseñan que la gracia nos faculta para
servir al Señor, no solo como individuos sino también como grupo. David
Cannistraci cita varios pasajes bíblicos como ejemplo de lo que denomina
«Gracia grupal»: Hechos 4.33 y 11.23; 1 Corintios 1.4; 2 Corintios 8.1,
6, 7, y 9.14; Efesios 3.2; Filipenses 1.7; y 1 Pedro 3.7. [2] En cada uno de
estos versículos, la gracia (*charis*) es corporativa (compartida por dos o
más personas). Ejemplos de gracia grupal en la historia bíblica:

o Los setenta ancianos bajo Moisés (Nm 11.17, 25)

o Los ejércitos de Israel (como en Éx 17.11–12)

o Sacerdotes en la dedicación del templo (2 Cr 5.11–14)

o Saúl y los profetas (1 S 10.4–6, 10)

o Los discípulos en Pentecostés (Hechos 2.1–4, 38)

o Apóstoles como testigos (Hechos 4.33)

o La casa de Cornelio (Hechos 10.44)

Otro ejemplo bíblico de identidad corporativa son las doce tribus de Israel. Antes de su muerte Jacob bendice a cada uno de sus hijos, quienes se convierten en las tribus o comunidades de Israel. En Génesis 49.28 dice que él «A cada uno lo bendijo con la bendición que le correspondía» (Biblia de las Américas). En otras palabras, cada hijo tenía singularidad, y esa particularidad llegaría a reflejar la fuerza o personalidad corporativa de la tribu. Por ejemplo, Jacob compara varias tribus con animales:

o Judá es un león.

o Isacar es un asno fuerte.

o Neftalí es una gacela.

o Benjamín es un lobo rapaz.

A lo largo de la historia de Israel vemos decisiones y héroes tribales reflejando la gracia grupal de su tribu. Por ejemplo, referencias a la tribu de Dan reflejan su habilidad para juzgar y pelear. Sansón, un danita, fue un famoso juez de Israel conocido por su agresividad y fuerza sobrenatural.

Las mismas habilidades colectivas se ven en la iglesia. Específicamente en el capítulo 2 de Apocalipsis, vemos un diálogo entre Jesús y las siete iglesias. En reiteradas ocasiones Él las elogia en su carácter corporativo:

o Éfeso: paciencia y discernimiento.

o Esmirna: fidelidad en la persecución.

o Tiatira: productividad creciente del servicio y el amor.

De hecho, la mayor parte del Nuevo Testamento está escrita a la iglesia como comunidad y no a individuos. Por lo tanto, las recomendaciones y advertencias en todas sus epístolas, exceptuando las de Timoteo y Tito, reflejan los éxitos y fracasos del potencial colectivo de la comunidad.

¿Qué sucede con tu iglesia? Suele suceder que esto es más difícil de discernir que la problemática local. La mayoría de las iglesias son como un animal del zoológico que siempre mira el mismo espejo. Se les hace muy difícil ver su potencial único porque tienen muy poca experiencia comparando y contrastando con otros animales. Esta es la razón por la cual alguien externo puede ser muy útil, especialmente uno que haya visto muchas iglesias. Los foráneos pueden aportar la perspectiva del guardián del zoológico que aprecia la belleza y originalidad de cada creación. Aquí hay algunas preguntas para considerar, para ayudarte a descubrir tu potencial colectivo (esto también te ayudará a discernir la percepción de las personas externas):

o Si un invitado visita nuestra iglesia varias veces y responde a la pregunta: «¿Qué es lo que más te gustó de esta iglesia?», ¿qué cosas diría?

o Si trajeras a un amigo a nuestra iglesia por primera vez, ¿qué promesa singular (es decir, qué recibirá o experimentará al venir) estarías más dispuesto a hacer?

o Si detuviéramos a personas que pasan regularmente frente a la iglesia y les preguntásemos cómo se sienten respecto de la iglesia, ¿qué dirían?

o Si nuestra iglesia fuese quitada abruptamente de la comunidad, ¿qué falta sentirían las personas de la comunidad?

o ¿Cómo describiría la fortaleza de nuestra iglesia un grupo local de pastores o comunidad denominacional?

o ¿Cuál es el mayor impacto que hizo nuestra iglesia en la comunidad?

o ¿Qué es lo más significativo que nuestra iglesia puede hacer en la comunidad?, ¿en el mundo?

o ¿Quiénes vienen a nuestra iglesia? ¿Cómo define nuestra apariencia congregacional la etnicidad, la edad, el género, los estadios de la vida y la madurez espiritual de nuestra gente?

o ¿Qué capacidades tienden a agruparse en nuestra iglesia? ¿Cuáles son los aspectos comunes de entrenamiento, educación o historia ocupacional?

o ¿Qué dones espirituales sobresalen en nuestra iglesia?

o ¿Qué motivaciones compartidas, marcas de crecimiento espiritual o perspectivas de santificación caracterizan a las personas de nuestra iglesia?

o ¿Cuál es el ministerio más significativo hacia dentro de la iglesia?, ¿y hacia fuera?

o Si tuviésemos que realizar solo un ministerio fuera de nuestra iglesia, ¿cuál elegiríamos?

o ¿Qué atmósfera predomina cuando las personas se reúnen?

o ¿Qué dicen los miembros nuevos acerca de lo que los atrajo a la iglesia?

o Si nuestra iglesia fuese un hotel o una tienda departamental, ¿cuál sería?

Contestar estas preguntas puede ser una tarea ardua, no obstante gratificante. Implica horas de diálogo con muchos tipos de personas. (¿Recuerdas la referencia al «túnel del caos»?) Ten en mente que tu liderazgo más cercano, tanto como las primeras impresiones de los nuevos, pueden aportar conocimiento igualmente valioso al responder estas preguntas. Recomiendo comenzar esta evaluación dentro de un entorno retirado, donde la oración, la reflexión y las observaciones de foráneos puedan estar incluidas.

También recomiendo aprovechar herramientas tales como encuestas (de tres tipos: liderazgo, congregacional y comunidad), grupos focales, y entrevistas. Un buen grupo focal es una selección de personas diversas que comenzaron a asistir a la iglesia en los seis meses últimos. Usa las preguntas brindadas aquí como punto de inicio para desarrollar estas herramientas.

IMPACTO CONTUNDENTE. Cuando las iglesias comprenden su potencial colectivo suceden cosas asombrosas. El trabajo de John Hus, citado previamente, llevó a la unificación de creyentes que siguieron su enseñanza en Bulgaria y Moravia. A comienzos del siglo dieciocho una comunidad local de creyentes se reunió como refugiados moravos en la ciudad de Herrenhut, Alemania. Luego de un avivamiento ocurrido en 1727, la comunidad morava, que comenzó con trescientas personas, dio a luz a un movimiento misionero mundial que en ocho años se convirtió en el programa más ambicioso jamás conocido en el mundo protestante. Una iglesia local desató una capacidad colectiva que llegó a los rincones más alejados de la tierra, incluyendo comunidades negras jamás alcanzadas del Caribe y esquimales en Groenlandia.[3]

Un ejemplo más actual de capacidad colectiva es la película *Enfrentando a los gigantes*, estrenada en el año 2006. Un largometraje escrito y producido por Sherwood Baptist Church de Albany, Georgia. El elenco y equipo de trabajo se formó con más de quinientos miembros de la iglesia. La película, realizada con tan solo 100.000 dólares, se proyectó en más de mil teatros y recaudó más de 10 millones de dólares. El largometraje fue filmado como objetivo ambicioso de una comunidad de la iglesia local que quiso producir una alternativa a la taquilla, familiar y que honre a Dios.[4]

Las marcas del potencial colectivo siempre son hermosas, pero tal vez no siempre reciben reconocimiento. Hace años estuve trabajando con una iglesia en las afueras de Ft. Lauderdale que descubrió una capacidad corporativa centrada en una historia de salvación compartida. Resultó ser que una gran mayoría de su iglesia había llegado a Cristo durante una época de quebrantamiento después de cumplir cuarenta años. Entonces el grupo comenzó a darle forma a la visión en torno a ser una iglesia «donde la vida comienza», para adultos que experimentan dificultades en la mediana edad. Otra iglesia en Dallas identificó un trasfondo común de haber sido liberados del legalismo. Identificaron una visión en torno de la idea de «vida más allá de los límites» y se focalizaron en alcanzar a quienes tenían una necesidad desesperante de «gracia radical» tanto dentro como fuera de la iglesia.

En ambos casos estas iglesias no eran conscientes de los nexos comunes y las fuerzas cohesivas que definían la cultura y el potencial colectivo. La epifanía vino solo después de un tiempo intencional de diálogo y escucha con un facilitador externo presente. ¿Qué posibilidades de potencial cooperativo yacen bajo la superficie de tu Iglesia única?

Tercer círculo: espíritu apostólico

El «espíritu apostólico» de una iglesia es el área de enfoque que despierta un estilo energético en sus líderes. Por apostólico me refiero a que esa fuente de vitalidad y animación está anclada en un modo de pensar misional (la conciencia de «ser enviado»). Espíritu es más que tu pasión. Espíritu captura tanto la investidura de poder y la dirección del Espíritu Santo como el lado humano del fervor y la vitalidad que brota de la moral del equipo. Piensa en el espíritu como «el lugar ardiente en la conciencia de un hombre, el grupo de ideas por el cual y desde el cual trabaja, el centro habitual de su energía personal».[5]

Así como la problemática local encuentra su lugar fuera de la iglesia, y el potencial colectivo halla su sentido dentro de la congregación, el espíritu apostólico vive en y a través de la comunidad de liderazgo. La existencia misma del don de liderazgo (Ro 12.8) infiere que el liderazgo direccional es administrador de la comunidad de liderazgo. El registro de la Escritura demuestra que la visión se comunica a través de la personalidad de los líderes. Por ejemplo cuando Dios quiso hablar a la nación eligió a Moisés, cuando quiso hablar a los gentiles eligió a Pablo.

Hay varias plataformas de lanzamiento para expresar el espíritu apostólico de tu iglesia. Diferentes modelos pueden tratar de presentar el modo correcto de pensar acerca de la pasión y los dones. Yo prefiero ver a los varios modelos como interrelacionados y dinámicos, y aliento a los líderes a probar todos y cada uno a fin de perfeccionar su auto-comprensión y auto-descubrimiento. Todas estas perspectivas contribuyen al espíritu apostólico:

o Dones espirituales (Ro 12.3–8; 1 Co 12.2–11; 1 P 4.10–11)

o Talentos naturales como predisposiciones innatas (Sal 139.13–16) o Fortalezas o habilidades motivacionales que combinan talentos con conocimiento, habilidades, experiencia y contexto*

o Personalidad en relación a las preferencias conductuales*

o Orientación del liderazgo (APEPT, de Efesios 4.12–16)**

o Llamado especial de Dios (Jeremías en Jer 1.4–5, o Pablo en Hch 9:6)

o Frutos del Espíritu desarrollados en madurez

o Compasión focalizada en un problema social, área objetivo, o grupo de personas

o Impresiones del Espíritu Santo en una relación diaria con Dios

Repito nuevamente, la clave no es una fórmula mágica para definir tu espíritu, sino la libertad de ser específico a través de muchas rutas posibles al ser guiado por Dios.

¿Alguna vez observaste a alguien cambiar su disposición cuando discute algún tema? Percibes una convicción más profunda, observas un brillo en sus ojos, y escuchas la certeza de la victoria en sus palabras. Eso es el espíritu apostólico trabajando. Noel Tichy lo llama el «E 3» (por las iniciales en inglés de las palabras energía emocional y agudeza mental del líder).[6] Bill Hybels se refiere a él como un «descontento santo».

El espíritu apostólico de un líder puede encontrar su forma a través del énfasis en *ideas* o *acciones*. Aquí hay algunos ejemplos de líderes con los que trabajé.

Espíritu como idea

Crecimiento espiritual continuo: cuando David Loveless de Discovery Church, de Orlando, Florida habla acerca de la historia de su iglesia, se evidencia un paralelo con una búsqueda intensa de santificación

---

*El evaluador de potenciales Clifton Strengthsfinder define fortalezas como «la habilidad de proveer un desempeño consistente cercano a la perfección en una determinada actividad». *Living Your Strengths*, p. 3.

*La psicología junguiana es la base de muchas de las más respetadas evaluaciones de perfiles de la personalidad (perfil personal base de Insights Discovery, indicador de Myers-Briggs, DiSC.) De acuerdo con Jung, el desarrollo personal surge del auto-conocimiento de nuestras actitudes y preferencias conductuales, así como de la comprensión del modo en que nos relacionamos con otros.

**Coincido con Frost y Hirsch (*The Shaping of Things to Come*) en que cada creyente en el cuerpo tiene una orientación en torno a el quíntuple marco de Ef 4.13: apóstol, profeta, evangelista, pastor, maestro, comúnmente conocido como APEPT, por sus siglas en inglés.

en su propia vida. La pasión se contagia a toda la iglesia. Su espíritu se percibe más cuando afirma con claridad: «Creemos que siempre hay más para descubrir en Cristo; cada año, cada mes, cada semana, cada día». De allí el nombre de la iglesia.

Mansedumbre: el fruto del espíritu, mansedumbre, caracteriza a Jim Nite y a la comunidad de liderazgo de Center Point Community Church en Naples, Florida. Con un fuerte compromiso por predicar el evangelio, la atmósfera de mansedumbre es identificada, modelada y celebrada mientras «conectan a una persona con una familia de seguidores comprometidos de Jesucristo».

Narración: cuando Oak Hills Church, liderada por Max Lucado, exploró su concepto del Reino, surgió la idea de llevar a cabo la gran comisión como «discípulos narradores», guiada por la idea misional de «vivir para llevar la historia de Dios a la vida».

«Vida de gracia»: por una larga historia de oradores fuertes y teología alineada, Castle Hills First Baptist Church de San Antonio, Texas, encuentra espíritu a través del énfasis en la gracia de la santificación «Keswick», o enseñanza de «vida cambiada». Esto fue llevado adelante por Jack Taylor, George Harris, y Si Wood, y actualmente es sostenido por James Shupp, quien lidera con pasión la misión existente: «Invitar a cada individuo de todo trasfondo a vivir realmente en Cristo».

Espíritu como acción

Alcanzando buscadores: cuando Bruce Wesley comenzó Clear Creek Community Church en un suburbio al sur de Houston, el espíritu que lo guió fue crear un lugar donde amigos inconversos pudieran encontrar un refugio seguro para explorar la persona de Cristo. Quince años después el liderazgo de la iglesia mantiene candente su enfoque de alcanzar buscadores, habiendo guiado a miles de personas a cruzar la línea de la fe.

Edificando siervos: también en Houston, Park Place Methodist tuvo un espíritu muy diferente a alcanzar a los buscadores; ellos quieren alcanzar siervos. Ven a su concepto del Reino a través de los lentes del servicio «experto» que abraza a un vecindario étnicamente distinto. Su mandato misional es «construir una comunidad de siervos cuya diversidad enriquezca el crecimiento en Cristo».

Transformando ciudades: Vance Pitman, quien comenzó Hope Baptist en Las Vegas, tiene un espíritu inconfundible de transformación de la ciudad. El objetivo es asegurarse de que lo que pasa en Las

Vegas se sepa en todo el mundo: ¡la transformación de una ciudad por la cual solo Dios puede recibir el crédito!

Discipulando familias: Bannockburn Baptist en Austin, Texas, liderada por Ryan Rush, decidió medir la gran comisión no de una persona a la vez, sino de una familia a la vez. Su espíritu es un enfoque radical en el discipulado familiar, captado por la idea de «guiar generaciones a seguir a Cristo apasionadamente, un hogar a la vez».

Espero que este muestrario te dé una buena idea para repensar tu propio espíritu apostólico. Para ayudarte, aquí hay algunas preguntas para formular y responder:

o Revé la lista de perspectivas que contribuye con tu espíritu apostólico. Escribe lo mejor de tu auto-comprensión para cada ítem (o la de otros líderes en tu equipo)

o ¿Cuál es la cosa que más te molesta acerca del mundo?

o Si supieras que no vas a fallar, ¿qué sola cosa intentarías alcanzar para Dios?

o ¿Acerca de qué tiendes a orar más?

o ¿Qué te da energía?

o ¿En qué crees íntimamente que serías realmente bueno si te dieran la oportunidad?

o ¿En qué dicen los demás que eres bueno? ¿Y que no eres bueno? (¿Preguntaste últimamente?)

o ¿Qué proyectos o logros, que tal vez no fueron percibidos por otros, crearon una profunda sensación de satisfacción en el viaje de tu vida? ¿Qué proyectos o logros de la escuela primaria, secundaria, universidad y comienzos de tu carrera?

o ¿Qué quisieras que diga la gente acerca de ti en tu funeral? Menciona tres palabras que reflejen «quién eres». Menciona tres palabras que definan «qué lograste».

o ¿Quiénes son tus héroes? ¿Por qué los admiras? ¿A quién has querido imitar o compartir un tiempo pero no pudiste?

Usa estas preguntas para que tú y tu equipo de liderazgo respondan la pregunta principal: ¿qué enfoque particular anima y energiza más nuestro liderazgo? Una vez que logren esto (que puede llevarles un largo tiempo, incluso varios meses) pueden comenzar a comprender la intersección de los tres círculos que identifica su concepto del Reino.

Los tres círculos son simples, pero profundos. El verdadero secreto para descubrirlos se encuentra en nuestra ilustración de apertura de Andrew Wyeth. Él no buscaba constantemente cosas nuevas para pintar, más bien, le entusiasmaba encontrar nuevos sentidos en las cosas que le eran familiares. Tu trabajo de encontrar tu concepto del Reino es nada menos que el trabajo de escudriñar lo obvio. Al ir focalizando los tres círculos tal vez sientas que uno o dos influyen más que el resto en tu concepto del Reino. Está bien, sigue buscando los puntos y patrones de intersección.

En el próximo capítulo brindamos más ilustraciones para ayudarte a navegar el descubrimiento de tu propio concepto del Reino. Al hacerlo, te aliento a considerar este ejercicio, para el cual espero que te tomes un momento ahora y lo completes, revisándolo luego del próximo capítulo. Querrás que la expresión final de tu concepto del Reino sea la frase más específica posible que llene el espacio. Una vez que hayas establecido esta frase como tu concepto del Reino, habrás respondido exitosamente a la pregunta: «¿Qué puede hacer nuestra iglesia mejor que otras diez mil?

* * *

Nuestra iglesia glorifica a Dios y hace discípulos mediante:

_____ .

10

ECHA UN VISTAZO MÁS DE CERCA:

NAVEGA TU PROCESO DE DESCUBRIMIENTO

Los líderes sociales se enorgullecen de «hacer el bien» al mundo, pero ser útil al máximo es posible cuando no se limita la elección de las personas a quienes se va a beneficiar. Hacer el mayor bien posible implica decir «no» a la presión de desviarte del camino corrrecto, y dejar de hacer lo que no concuerda con tu manera de ser y pensar.

— Jim Collins

Durante la última década trabajé con líderes de iglesia con la firme convicción de que cada iglesia prevaleciente es original. Cuando miro a los ojos de los miembros de un equipo de sendero de visión, puedo ver sus dudas. Imagino sus interrogantes: «¿Este tipo sabrá realmente de qué está hablando?», o «Este hombre no estuvo entre nosotros lo suficiente», o «Realmente tenemos claridad sobre nuestros cinco propósitos».

Según la predisposición que se tenga, la idea de concepto del Reino parece ser demasiado buena para ser cierta, o completamente innecesaria. Pero en algún punto del camino, algo hace clic. Uno tras otro, los miembros del equipo se convierten. Se emocionan con lo que Dios *está* haciendo y lo que *podría* hacer únicamente a través de ellos. Saber que no puedo permanecer personalmente presente con ellos como su navegador de visión rompe mi corazón, porque sé que Dios quiere hacer algo especial en su iglesia. Desearía poder estar allí para ver emerger otra visión única en su especie, una nueva imagen del mejor futuro intermedio de Dios.

Como no puedo hacerlo, escribo este capítulo para ultimar detalles contigo. Primero, quiero mostrarte un proceso en curso para que veas el modo en que la intersección de los círculos del concepto del Reino puede surgir en tiempo real. Segundo, quiero explorar el modo en que algunas maneras populares de pensar el liderazgo impiden la emergencia de tu concepto del Reino.

Concepto del Reino en tiempo real

Acompáñame mientras descubro la problemática local, el potencial colectivo y el espíritu apostólico de una iglesia local.

Primer fotografía: visita de fin de semana a la iglesia (octubre)

La iglesia está bien establecida y tiene una asistencia de cerca de 2500 personas. Es una iglesia céntrica de una ciudad mediana de Estados Unidos; el edificio es un maravilloso monumento de la pasada era cristiana. Desde hace cinco años el ministerio experimenta una meseta. Los líderes están frustrados y quieren avanzar al próximo nivel pero no saben cómo. El personal está formado por los mejores profesionales que el dinero puede comprar. La mayoría de los asistentes manejan un promedio de 1,5 kilometros, pudiendo congregarse en otras iglesias situadas más cerca de sus hogares. Me pregunto por qué y planeo hacer la misma pregunta a cuanta gente me sea posible, tanto dentro como fuera de la iglesia.

Participo del servicio de alabanza y me sumerjo en la cultura de la iglesia a través de todos los programas del fin de semana. Nuestro equipo pasa todo el sábado hablando con personas de la zona acerca de la iglesia en general, y de esta congregación en particular. Hay varias cosas de esta iglesia que me llaman la atención desde mi experiencia como «adorador secreto»:

o La iglesia tiene una de las instalaciones para estudiantes más bonitas que jamás he visto.

o El pastor estuvo más animado durante la mañana del domingo, cuando interactuó en el púlpito con un niño de once años (y estuvo fabuloso).

o Un equipo de fútbol de una escuela secundaria local se sentó en la parte delantera del santuario. Se les manifestó un aprecio especial durante el servicio.

o En contraste con las instalaciones para estudiantes, las instalaciones para niños estaban muy poco desarrolladas.

El domingo por la noche tengo la oportunidad de asistir a un grupo pequeño. Cuando el grupo finaliza temprano y el líder identifica mi rol como «consultor de visión», se produce un silencio incómodo. Me doy cuenta de la oportunidad no planificada, por lo que decido agregar algunas preguntas y hornear un grupo de enfoque instantáneo. Mis preguntas revelan dos líneas de pensamiento comunes. Primero, lo que a las personas más les gusta acerca de su iglesia radica en el fuero íntimo de la vida de la iglesia como son las relaciones personales, el cuidado, y el desarrollo del conocimiento personal (en contraste, no tienen la tendencia a ser misionales). Segundo, no tienen conciencia de lo que hace diferente a su iglesia. Todo interrogante buscando fortalezas o gracia corporativa retorna fortuito y disperso.

Segunda fotografía: encuentro con el personal de la iglesia (noviembre)

Quedo inmediatamente impresionado con su sentido de pertenencia. Ellos tienen un fuerte lazo de hermandad, lo que es, por lo menos, una fortaleza a nivel del personal. Durante la reunión me entero de que uno de los empleados conoce muchísimo acerca de la comunidad local, siendo el principal contacto de la iglesia con la ciudad. Continúo pescando en su profundo pozo de hechos, mientras los procesamos como grupo. Varias observaciones me impresionaron ese día:

o La iglesia tiene una inusual buena relación con la ciudad; de hecho, oficiales de la ciudad utilizan las instalaciones para estudiantes de la iglesia para realizar algunas reuniones.

o Interacción de vida fluyendo de la iglesia a la ciudad y acercamiento de la ciudad a la iglesia.

o Investigaciones revelan que en esta ciudad el cuarenta por ciento de los niños de noveno grado no finalizará la escuela secundaria.

Tercera fotografía: conversaciones de pasillo (octubre-noviembre)

Al finalizar la segunda visita le pregunté a varias personas: «¿Por qué eligen manejar desde tan lejos hasta esta iglesia cuando en el camino pasan por otras que les quedarían más cerca?». Casi todas las respuestas se pueden resumir en dos categorías: la fuerza del ministerio de predicación, y la fuerza del ministerio estudiantil.

Una tarde me reúno con un líder cristiano local que no asiste a esta iglesia. Él tiene un profundo conocimiento de muchas de las iglesias de la ciudad, así que le hago la misma pregunta. Me responde instantáneamente: «La iglesia está construida en torno a un fuerte ministerio estudiantil, por eso van las personas.»

Cuarta fotografía: reunión con el personal (enero)

Las dos cosas más importantes que ocurren se dan fuera de nuestro encuentro planificado. Primero, las conversaciones con tres miembros del personal:

o Al conocér al pastor ejecutivo me entero que previo a su actual rol había sido líder de un ministerio especializado para pastores mentores de estudiantes. Percibo que continúa manteniendo una pasión para orientar a otros, pero sin la posibilidad de canalizarla.

o Pasando tiempo con el pastor encargado de la comunicación, recibo un tour por una estación de radio interna operada en su totalidad por voluntarios de la iglesia. La radio es la única alternativa cristiana de la zona, que se focaliza en una audiencia de estudiantes y jóvenes en edad universitaria. Me deja una impactante impresión.

o Descubro que el ministerio previo del pastor principal fue enseñar en el seminario. Demuestra un espíritu juvenil como profesor apasionado que encaja perfecto con estudiantes de todas las edades.

Durante las visitas que hice a miembros de esta congregación, tomo conocimiento de dos ministerios que fueron propulsados desde esta iglesia. Uno es un ministerio nacional de deportes para niños y estudiantes. El otro es un ministerio de escritura y oratoria para campamentos de adolescentes con alcance a todo el país.

Quinta fotografía: el regreso a casa (enero)

El concepto del Reino está focalizándose con sorprendente claridad. Me asombra la intersección de los círculos. Tomo nota de algunos ítems en nuestros círculos del concepto del Reino (ver figura 10.1).

Escribo una frase como idea tentativa: esta iglesia existe para glorificar a Dios y hacer discípulos *alcanzando y disciplinando estudiantes de tal modo que transforma el sistema educativo local.*

Localización y resolución de problemas del concepto del Reino

Aparecen objeciones inmediatas a la presentación del concepto del Reino. Las razones varían; algunas son bien intencionadas y otras creo que provienen del egoísmo. Tratemos algunas de las objeciones que se presentaron y veamos cómo encararlas.

¿Qué sucede si el concepto del Reino no enfatiza mi área ministerial?

A primera vista, esta es una preocupación legítima. Cuando presenté al personal de la iglesia allí reunido la idea de focalizarse en el ministerio estudiantil, me preocupaba mucho la reacción del pastor de los niños. ¿Creería que estaba tratando de quitarle la alfombra de debajo de sus pies? Bueno, un poco lo pensó, como también lo hizo el pastor de la alabanza. El concepto del Reino desafía a la «claridad no egoísta» del equipo, obligándolos a decidir si están allí por el bien de la misión o para su propio avance. Uno de mis mentores tenía una frase en su pared: «Imagina cuánto más lograríamos hacer para el Reino si a nadie le importara quién se lleva el crédito». La primera pregunta no debería ser «¿Y qué pasa con mi área ministerial?», sino «¿Hacia qué área quiere Dios que nos dirijamos?». Si Dios verdaderamente está mostrando un área específica en la cual focalizarse, muchos estarán atraídos magnéticamente; si algunos se niegan a reconocer la singularidad de la iglesia, con firmeza y amor deberán instarlo a arrepentirse.

Figura 10.1. Concepto del Reino en una iglesia local

Problemática local

- El sistema educacional es un gran fracaso; la enorme necesidad de la comunidad se evidencia en el alto porcentaje de deserción en la escuela secundaria
- Hay una gran concentración de escuelas y facultades públicas alrededor de la iglesia
- La ciudad está buscando organizaciones e instalaciones externas como sede de eventos importantes
- Los intereses comunitarios se están orientando hacia el centro de la ciudad, incluyendo el desarrollo de restaurantes y bares

Potencial colectivo

- La iglesia tiene un fuerte liderazgo e instalaciones del ministerio estudiantil (y lo priorizó en el pasado)
- La iglesia tiene una estación de radio para estudiantes única y autogestiva
- Los miembros de la iglesia son en su mayoría personas con buena educación y oficinistas
- El pastor principal y la iglesia tienen una trayectoria de enseñanza de gran calidad; el pastor principal fue docente de seminario
- La iglesia tiene las mejores instalaciones de la ciudad para la realización de encuentros

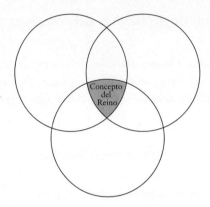

Espíritu apostólico

- La iglesia tiene una larga trayectoria en la tarea de levantar personas y ministerios con pasión por los estudiantes
- El personal más alto en posiciones no relacionadas con estudiantes tienen pasión y un desempeño demostrado en el ministerio estudiantil
- El pastor principal demuestra más entusiasmo cuando habla con y en nombre de los estudiantes
- La planificación de la alabanza busca activamente oportunidades para honrar a los estudiantes

Focalizándonos en una sola área, ¿no estamos haciendo menos ministerios?

No, para nada, porque focalizarse expande. De hecho, el enfoque que aporta el concepto del Reino probablemente realzará ministerios circundantes que se alinean horizontalmente con el área enfocada. Por ejemplo, una iglesia que se enfoca en alcanzar a las personas de treinta y pico y lo hace realmente bien, seguramente tendrá más posibilidades de alcanzar a sus padres de cincuenta a sesenta años que otra iglesia que trata de ser todo para todos. O usando nuestro ejemplo del pastor de niños, imagina si él viera su ministerio como una importante rampa hacia el ministerio estudiantil. ¿O qué si él colaborara con el pastor de estudiantes para usar el área de niños como la principal oportunidad de servicio para los estudiantes? La clave es dejar que la fortaleza definitoria de la iglesia acentúe todos los demás ministerios, no que les haga sombra o los eclipse. El pastor de alabanza de la iglesia pronto vio al coro de estudiantes como un importante punto de intersección y alianza horizontal. ¿Es posible que el pastor de alabanza haga más por el Reino en su vida combinando su talento y amor por la alabanza con la fortaleza de la iglesia en el ministerio estudiantil en lugar de competir con él?

El principio que asegura que focalizarse expande, también es cierto en el mundo de los negocios. Cuando voy a California no puedo esperar a comer en In and Out Burger. El lugar está siempre diez veces más lleno que el McDonald's que está enfrente. Sin embargo tiene solo dos opciones en el menú: hamburguesas y papas fritas. Las papas fritas están recién cortadas y hay más tiempo y energía puestos en servirlas que en tener empleados corriendo para ofrecerte una variedad de opciones de comida tales como pescado, pollo o ensalada. Menos opciones pero toneladas de más negocio. O considera Southwest Airlines: solo ofrecen viajes en un único modelo de avión, el 737. El abordaje focalizado detrás de escena, incluyendo entrenamiento focalizado a los pilotos, proceso focalizado de mantenimiento, y entrega focalizada de repuestos, llevó a logros increíbles respecto de mantenerse en misión. Tienen el mayor récord de rentabilidad en la industria. La compañía informa: «En mayo de 1988 fuimos la primera aerolínea en ganar la codiciada Corona Triple, conformada por el mejor en récord mensual de puntualidad, manejo de equipajes y menor cantidad de quejas de clientes. Desde entonces, la hemos ganado más de treinta veces, al igual que cinco Coronas Triples anuales en 1992, 1993, 1994, 1995 y 1996».[1] Southwest logró más con su abordaje focalizado que cualquier otra aerolínea en toda la historia.

Estos ejemplos de negocios son solo una muestra de lo que podemos aprender. Esta es la razón por la cual el investigador Jim Collins reporta: «Ser útil al máximo es posible cuando no se limita la elección de las personas a quienes se va a beneficiar [su versión de nuestros tres círculos]».[2] Thom Ranier interviene en la charla luego de su investigación reciente sobre la misma dinámica en las iglesias. Nos recuerda que «focalizar es la habilidad de eliminar todo lo que queda fuera del simple proceso ministerial es el elemento más difícil de implementar».[3] ¿Por qué estos hombres son tan tenaces? Ambos han realizado muchísimas investigaciones que anuncian las buenas noticias de que focalizar expande.

¿Qué sucede con los «cinco propósitos» de la iglesia?

Cuando se trata de descubrir tu concepto del Reino, nos dirigimos a un dilema con el énfasis en «el propósito». Cuando en 1995 Rick Warren escribió su importante libro *Una iglesia con propósito*, ayudó solito a miles de pastores.* Su libro legitimó una nueva perspectiva de ser iglesia que cultiva nuevos niveles de intencionalidad. Él se reflejó profundamente

---

*El sitio web de Saddleback (http://saddleback.com) señala que más de doscientos mil líderes de iglesias han estado en algún tipo de entrenamiento de propósito.

en las personas que Dios le llamó a alcanzar. Diseñó procesos con un genio esclarecedor para ayudar a la gente a comprender nuevos niveles de compromiso en su andar con Dios. Incluso creó un ícono visual (un diamante de béisbol) para comunicar su estrategia de modo simple y relevante. En resumen, desafió el proceso de «hacer el ministerio como siempre» en un tiempo en que la iglesia batía el récord por su bajo impacto en la cultura.

Pero en la reorientación de Warren a los propósitos de Dios en general, perdemos algo muy importante en lo específico. Hay una singularidad en el llamado a «amar a Dios y a los demás» que pasa inadvertido. Hay un matiz bajo el gran mandamiento de la gran comisión que permanece inexplorado. Para Warren el nivel principal de especificidad es la fidelidad a un quíntuple marco: alabanza, comunidad, discipulado, ministerio y misión. Muchas iglesias han buscado ser guiadas por un propósito, o han sido influenciadas inconscientemente por el trabajo de Warren. Estas iglesias gravitan hacia, y son definidas por este quíntuple marco. Pero es allí, en la forma de ser guiadas por un propósito, en donde se estancan. Pensando haber llegado a ser claras y visionarias, fracasan en abrirse paso hacia una realidad más específica: su singular concepto del Reino.

Piensa en Alex Kennedy por ejemplo. Cuando aceptó el rol de pastor principal de Kingsland Baptist Church en Katy, Texas, de inmediato articuló una visión usando el vocabulario de Warren. Sin embargo tres años más tarde algo único estaba emergiendo, un llamado específico a la formación espiritual de la familia. En este caso el vocabulario de propósito estaba obstaculizando la expresión de algo más orgánico. U observa el caso de Vance Pitman, el pastor principal de Hope Baptist Church en Las Vegas. Como iglesia recién establecida, Vance descansó fuertemente en el lenguaje de propósito. Pero en su corazón sabía que eran necesarias palabras más específicas. Su deseo por la transformación de la ciudad en una Nínive actual, necesitaba una expresión fresca que los cinco propósitos no podían darle. En resumen, a pesar de que el modelo de propósito ayudó a muchas iglesias a dar el salto hacia un nuevo paradigma ministerial, dejó a muchas iglesias mal equipadas para definir algo con un *propósito resueltamente específico*.

¿Nuestro concepto del Reino nos aleja de lo nuevo e innovador?

Las aplicaciones prácticas de este capítulo representan un salto de paradigma para los líderes. Para muchos pastores que están buscando la próxima cosa nueva, las prácticas de definir su concepto del Reino pueden parecer irrelevantes. Sin embargo la decisión de descubrir tu concepto del Reino es lo más relevante que puedas hacer. Te lleva al corazón del diseño divino de Dios para tu iglesia. Te equipa con una «inteligencia comunitaria» para dar respuesta a las necesidades reales que te rodean. En la superficie la habilidad del líder para escudriñar lo obvio puede parecer un poco aburrida y poco interesante. En respuesta vuelvo a las palabras de Andrew Wyeth: «La mayoría de los artistas buscan algo original para pintar; francamente eso me resulta bastante aburrido. Para mí es mucho más emocionante encontrar un sentido original en algo familiar». Es hora de que los líderes busquen lo extraordinario en lo cotidiano. Es tiempo de provocar un impacto exponencial mediante un enfoque simple y local. Esta sabiduría contrasta con nuestro instinto ministerial de encontrar nuevo sentido en el próximo programa o modelo ministerial nuevo. Entonces, en lugar de correr hacia la próxima conferencia, aprendamos el modo de encontrar algo nuevo al conducir al trabajo.

Habiendo repasado la historia de una iglesia y algunas objeciones comunes, sin duda puedes generar mucha discusión de equipo sobre tu concepto del Reino. Al hacerlo ten la certeza de que tu larga, eterna discusión llevará fruto. Recuerda: *debes* navegar el túnel del caos si quieres que el diálogo tenga éxito. Si lo haces estoy ansioso por conocer tu historia. Por favor, envíame un correo electrónico directamente a mí (will@ churchunique.com) o postea tu concepto del Reino en churchunique.com.

Ahora que repasaste el primer paso del sendero de visión (figura 10.2) es hora de avanzar hacia el segundo paso: desarrolla tu marco de visión.

Figura 10.2. El proceso *Iglesia única*: el sendero de visión

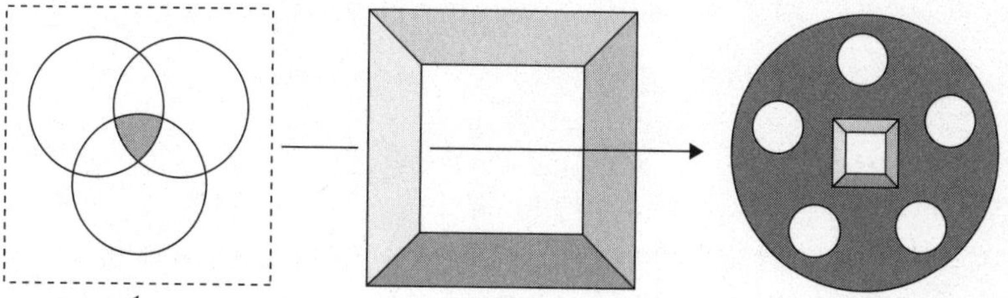

1	2	3
Descubre tu concepto del Reino (*Iglesia Única* segunda parte)	Desarrolla tu marco de visión (*Iglesia Única* tercera parte)	Reparte tu visión diariamente (*Iglesia Única* cuarta parte)

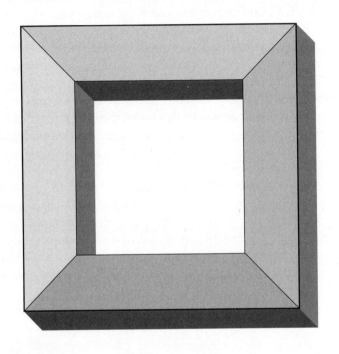

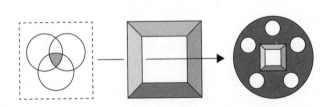

Tercera parte:

EXPRESAR CON CLARIDAD LA VISIÓN

¿RECUERDAS LA ÚLTIMA VEZ que te sentaste a armar un rompecabezas? El trabajo se realiza a través de dos pasos básicos. Primero, debes unir los extremos. Encontrar las pequeñas piezas con bordes rectos es el modo más sencillo para comenzar. Al armar los bordes superior, inferior y laterales, el rompecabezas queda enmarcado en un período de tiempo relativamente corto.

La segunda parte del proceso ahora está lista para comenzar, porque ya definiste la forma básica y el contorno del rompecabezas. Antes de armar el marco, hubiese sido muy difícil ubicar muchas de las piezas centrales. Pero ahora todas esas piezas evasivas y los fragmentos de imágenes poco claros tienen perspectiva y límites.

A pesar de que el marco hace más fácil el proyecto de construcción, aún queda más trabajo por hacer. Levantas una forma extraña tras otra, girándola y volteándola, y girándola nuevamente, hasta que encuentras el encastre adecuado y la imagen se va formando, una pieza a la vez. Luego de un largo viaje que puede durar días y hasta meses, la imagen final aparece.

En la tercera parte, te mostramos cómo expresar con claridad tu visión del mismo modo en que construyes un rompecabezas: en dos pasos básicos. Al presentar el marco de visión, te guiamos a expresar con claridad primero los cuatro bordes exteriores, los componentes de la identidad y dirección de tu iglesia que encuadran todo lo demás que haces. Estos extremos anclan la segunda parte del proceso, que implica vivir y expresar con claridad la visión dinámica de tu Iglesia única mediante el trabajo diario de girar y voltear las piezas de la

138   TERCERA PARTE

organización. Los bordes del marco son definitivos, pero el centro del rompecabezas es dinámico. La naturaleza fija del primer paso, construir el marco, ancla la naturaleza fluida del segundo paso, donde la imagen de tu visión se desarrolla lentamente en el *futuro intermedio mejor* que Dios te confió.

11

MIRA CON NUEVOS OJOS:

DEFINE TU MARCO DE VISIÓN

Las palabras crean mundos.

— Anónimo

EL ENFOQUE DE LOS ÚLTIMOS DOS CAPÍTULOS estuvo puesto en el contenido, no en la elección de las palabras. Piensa en tu concepto del Reino como el sistema operativo de tu iglesia, el cual funciona en el trasfondo, sin ser percibido. El concepto del Reino es la base para comprender tu Iglesia única, pero no son las palabras que utilizas para lanzar la visión. El propósito de este capítulo es pasar del sistema operativo al lenguaje operativo, del disco duro escondido al colorido monitor. Los capítulos previos trataban sobre el trabajo que hacemos en la cocina. Ahora abordamos el delicioso plato de comida que les servimos a nuestros invitados para cenar.

Al centrar nuestra atención en la articulación de la visión, buscamos una expresión de claridad máxima. El marco que usamos permitirá que cada aspecto de tu visión misional y tu Iglesia única resplandezcan. Recuerda, dijimos con anterioridad que primero debemos definir nuestro marco antes de enmarcar nuestra declaración. En este capítulo presentamos el marco que previene a un líder de simplemente apuñalar al futuro con unas pocas frases ingeniosas de visión.

Tu iglesia definida en un máximo de diez palabras

El blog «señal versus ruido», de la compañía 37signals.com, presentó un ejercicio de claridad: «Explica podcasting en un máximo de diez palabras». Aquí transcribo diez definiciones enviadas:

o Radiodifusión por Internet para el hombre común via iPods y MP3

o Podcasting es a la radio lo que Tivo es a la televisión

o Radioaficionado para Internet

o Puesto de diarios en audio digital

o Portátil. Audio. Blog. Personas. Conexiones. Abierto. Comunicación. Música. Pensamiento. Diversión

o Podcasting es el sitiaje hipersatisfáctico para distribución de recortes auditivos

o Una moda pasajera que no me interesa comprender

o Sitios web de audio a los que visitar

o Radios por subscripción por y para todos

o Radio a pedido, distribuida por internet a los dispositivos móviles.[1]

De acuerdo a tu trasfondo personal y tu nivel de experiencia con un iPod y iTunes, encontrarás a estas definiciones más o menos útiles. Con esa realidad en mente, ¿cómo describirías a tu iglesia en un máximo de diez palabras? La forma en que respondas esta pregunta será, de igual modo, más o menos útil a la miríada de personas que llaman hogar a tu iglesia. Ten en mente que estas personas provienen de trasfondos diversos: sin iglesia, con poca iglesia, con demasiada iglesia y anti-iglesia. ¿Comunicarán bien tus palabras? ¿Captarán la atención? ¿Servirán para entender con la claridad del cristal lo que Dios está haciendo en el mundo a través de la iglesia?

Observa el modo en que este pequeño ejercicio nos muestra algunos errores comunes que cometemos cuando tratamos de fomentar la claridad como líderes eclesiales. Las primeras dos definiciones se refieren a otra tecnología para definir podcasting (Tivo, MP3, y iPods). Muchos que necesiten claridad no entenderán estos términos más técnicos. Los pastores suelen hacer lo mismo usando lenguaje religioso «técnico».

Las definiciones tercera y cuarta usan conceptos anticuados o locales. ¿Sabrán los jóvenes lo que es un radioaficionado?; y un puesto de diarios, ¿es una figura común para todos? De manera similar los líderes de iglesia en ocasiones usan un lenguaje especial basado en tradiciones que no todos comparten.

La quinta definición pierde significado tratando de ser demasiado creativa. En la sexta definición, la nobleza de inventar palabras apunta contra la descomunal frustración de la séptima, que grita: «No me interesa». (En las reuniones de iglesia he visto una gran cantidad de este tipo de respuestas.) Las tres últimas definiciones son las más útiles.

¿Deberíamos resistir la limitación que produce usar solo diez palabras? En lo absoluto. Esto no es una restricción injusta, sino el secreto mejor guardado de la claridad: di más diciendo menos. Menos palabras bien focalizadas tienen un mayor alcance.

Un armazón para la claridad misional: el Marco de visión

La idea central de *Iglesia única* es la introducción de un armazón llamado marco de visión. El marco de visión contiene cinco componentes que definen el ADN de tu iglesia y crea la plataforma para todo lanzamiento de visión. Ningún líder debería liderar, ningún equipo debería reunirse, y ninguna iniciativa debería comenzar sin una clara comprensión del marco de visión (Figura 11.1): Cada componente es crítico para responder a una de las cinco preguntas básicas del liderazgo:

o Misión como mandato misional (ᵐ*Mandato*): *¿qué estamos haciendo?* El mandato misional es una declaración clara y concisa que básicamente describe lo que se supone que la iglesia está haciendo.

o Valores como motivos misionales (ᵐ*Motivos*): *¿por qué lo estamos haciendo?* Los motivos misionales son convicciones compartidas que guían las acciones y revelan las fortalezas de la iglesia.

o Estrategia como mapa misional (ᵐ*Mapa*): *¿cómo lo estamos haciendo?* El mapa misional es el proceso o imagen que demuestra el modo en que la iglesia cumplirá su mandato en el nivel más amplio.

o Medidas como marcas de vida misional (ᵐ*Marcas*): *¿cuándo somos exitosos?* Las marcas de vida misional son un conjunto de atributos en la vida de un individuo que definen o reflejan el cumplimiento del mandato de la iglesia.

o La visión propiamente dicha como mojones de la cima misional (ᵐ*Mojón de cima*): *¿hacia dónde nos está llevando Dios?* La visión propiamente dicha es el lenguaje vivo que anticipa e ilustra el mejor futuro intermedio de Dios.

Figura 11.1. El marco de visión

En mi trabajo con congregaciones es extremadamente inusual encontrar una iglesia local que tenga desarrollados todos estos componentes de visión y respondidos los interrogantes. En un examen más minucioso de estas iglesias vemos que muchos de sus desafíos pueden rastrearse hasta su origen en el primer problema de no tener claridad. Desarrollar tu marco de visión tal vez sea el paso *estratégico* más significativo que des en tu carrera ministerial.

Por qué funciona el marco de visión

El marco de visión es una herramienta de liderazgo asombrosa. Al usarla veo con regularidad equipos ministeriales existentes sentirse como un equipo por primera vez. Veo a líderes (incluso algunos visionarios talentosos) a quienes se les enciende el bombillo, exclamando que nunca habían entendido tan claramente el liderazgo visionario. ¿Por qué funciona tan bien este marco? Hay tres razones principales:

SOSTIENE AL CONCEPTO DEL REINO. Tu concepto del Reino influencia tu marco de visión en cualquier lugar y en todas partes. Por lo tanto «vive» como si estuviera trasladado y forjado en el marco de visión mismo, y no como una declaración separada. Al haber varias facetas en el marco de visión, los matices del concepto del Reino encuentran varias posibilidades de expresión. Por ejemplo, tal vez se exprese de manera más prominente en la estrategia, o quizás en los valores.

ES COMPLETO PERO CONCISO. Una declaración de misión por sí misma, o una declaración de valores en sí, siguen dando lugar a imágenes opuestas del modo en que debería funcionar la iglesia o a qué se parece el futuro. Por eso tantos líderes se vuelven privados de derechos con abordajes de visión estándares. El marco de visión, sin embargo, no deja sin respuesta a las preguntas básicas de liderazgo; para decirlo de algún modo, cierra la brecha. Es comprensible y aborda la función y el futuro de la iglesia de un modo real y tangible. El genio de su completitud, sin embargo, es el modo en que está armado de forma tan concisa, permitiendo que el ADN de la iglesia sea «llevable» en la vida de la iglesia. Dada mi pasión por la síntesis, tal vez al principio te sorprenda ver cinco componentes, pero mostraré cómo funcionan juntos con la estrategia de diez palabras o menos.

COMUNICA UNA REORIENTACIÓN MISIONAL. Notarás que los componentes del marco de visión están conectados con estrategias de planificación tradicionales: valores, estrategia, y medidas. Utilizo estos términos porque son tanto útiles como familiares. Sin embargo los defino de manera un poco diferente, conforme a una reorientación misional. Como resultado descubrirás la forma de traducir esta jerga tradicional en algo invaluable. El marco de visión es una herramienta poderosa para captar la cultura, *utilizando* lo mejor de lo que Dios te dio, *sacando* lo mejor de tu persona para vivir y servir en la comunidad. Al progresar podrás elegir si usar los términos clásicos o el lenguaje misional. Yo continúo usando los dos mientras desarrollamos y usamos el marco de visión en el próximo capítulo.

Armar las piezas

Utilizamos la ilustración de un rompecabezas en el comienzo de la tercera parte como ayuda para comprender mejor cómo desarrollar el marco de visión. El marco representa el modo en que tu iglesia visualiza el futuro. Le da a tu equipo un punto de referencia común, útil para todas las tomas de decisiones, planificaciones y conversaciones sobre el futuro. A lo largo del desarrollo del futuro, el trabajo de los líderes es similar a ir armando las piezas de un rompecabezas.

Estas declaraciones del marco pueden y deben ser elaboradas por pastores-líderes responsables en un período de tiempo determinado. El orden del desarrollo es dinámico, basado en la historia de la iglesia y en la presencia de lo que denominamos "visión equitativa existente" (aspectos del marco de visión vigentes y bien expresados). Por lo general el marco va desde mandato misional (mMandato), a motivos misionales (mMotivos), a mapa misional (mMapa), a marcas de vida misional (mMarcas).

La utilidad principal del ejemplo del rompecabezas es el modo en que la Visión propiamente dicha, dentro del marco, se diferencia del marco propiamente dicho. Al abandonar el concepto de visión como declaración en pos de la visión como estilo de vida, estoy poniendo a la visión propiamente dicha en el ámbito de un vocabulario vivo y dinámico que se mueve, cambia y evoluciona con el transcurso del tiempo, al igual que las piezas del rompecabezas en las manos de quien está armándolo. No hay respuestas simples a la visión propiamente dicha. El trabajo nunca está completo; no puedes redactar una impresionante declaración con una visión en perspectiva de diez mil metros y realizarla completamente. Tampoco puedes escribir unos pocos párrafos elocuentes, generar un archivo y enviarlos al personal. Existe una tensión dinámica entre el cuádruple marco y la visión propiamente dicha que enmarcan. Para darte una ilustración de cómo debería sentirse el proceso de construcción del marco, te presento dos modos comunes de vacilar. El primero es tardar demasiado en unir los cuatro bordes exteriores. Si un progreso significativo no puede hacerse en múltiples sesiones diarias (por ejemplo a lo largo de seis meses) con líderes sentados alrededor de una mesa, algo está mal. Pero con la Visión propiamente dicha dentro del marco, se da el caso contrario; algo anda mal si logras definirla demasiado rápido. El objetivo no es escribir en una página de papel una visión y quedarse satisfecho, sino mantener el trabajo de desarrollo de la visión en el flujo diario del liderazgo. Los cuatro bordes del marco de visión deberían completarse dentro de los seis meses, pero la Visión propiamente dicha lleva toda una vida.

Mantener contagiosa la visión

Obviamente el valor del marco de visión se relaciona directamente con lo bien que se combinan tus palabras. Al colaborar como equipo en el marco de visión querrás tener en mente algunas reglas para una buena articulación. En mi trabajo con líderes eclesiales insisto en que nos mantengamos apegados a las «cinco C» como nuestra medida de éxito. Los componentes del marco de visión deben ser *claros, concisos, convincentes, catalíticos* y *contextuales*:

o Claro se mide con la regla del séptimo grado: ¿es nuestro lenguaje lo suficientemente claro como para que lo entienda un niño de doce años que no asiste a la iglesia?

o Conciso se mide por la regla de un suspiro: ¿cualquier parte del marco de visión puede pronunciarse en un suspiro?

o Convincente se mide con la regla de repercusión: cuando se expresan los componentes del marco de visión, ¿provoca que las personas quieran volver a pronunciarlos porque les agrada escucharlos?

o Catalítico se mide por la regla de la «accionabilidad»: ¿nuestra terminología mueve inherentemente a actuar a quien escucha, en lugar de definir el éxito como lo hacemos los ministros profesionales?

o Contextual se mide por la regla del buqué: ¿las palabras comunican una verdad bíblica para el tiempo y espacio del oidor, como si fuésemos al jardín de la Palabra y armásemos el buqué perfecto para nuestra gente?

Si estos cinco atributos se fusionan en el marco de visión, una energía sorprendente es liberada. Las personas comprenden la visión porque la rompiste en trozos llenos de sentido del tamaño de un bocado. Se realza la credibilidad al ser comprensible sin ser abrumadora. La propiedad se incrementa porque es portátil; las personas pueden recordarla, usarla y compartirla. Todo se canaliza en una realidad importante: *la visión es contagiosa.*

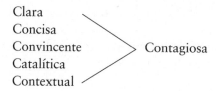

Clara
Concisa
Convincente   >   Contagiosa
Catalítica
Contextual

Los líderes misionales coincidieron: necesitamos un lenguaje nuevo para evocar nuestra imaginación y forjar una nueva identidad para la iglesia en general y para nuestra Iglesia única individual. El marco de visión es el armazón para la claridad misional que te equipa para crear este lenguaje nuevo.

Desarrollar tu marco de visión es como encontrar el juego perfecto de herramientas eléctricas inalámbricas en la tienda Home Depot con las cuales puedes construir tu ministerio. Cristo es nuestro fundamento. El Espíritu Santo es nuestra fuente de poder. La Palabra contiene nuestro anteproyecto. Nuestras gentes son las rocas vivientes. ¿Cómo se unen estos cuatro cada día mientras Cristo construye su iglesia? Mediante el pastor-líder visionario que aparece con el marco de visión en la mano. Guiados por una visión única orientada al movimiento, los santos se unen con el Salvador, el Espíritu y el Texto Sagrado. Jesús tenía una visión orientada al movimiento; con una simplicidad convincente y hermosa que puede captarse en lo que denomino «visión de letra roja». Utilizo esta frase para mostrar el modo en que las palabras de Jesús del libro de Marcos pueden caber fácilmente en el marco de visión.

MARCO DE VISIÓN DE LETRA ROJA: CÓMO EXPRESÓ JESÚS SU VISIÓN EN EL LIBRO DE MARCOS

Mandato misional
«Porque ni aun el Hijo del hombre vino para que le sirvan, sino para servir y para dar su vida en rescate por muchos.» (Marcos 10.45)

Motivos misionales

o Sumisión («Abba, Padre, todo es posible para ti. No me hagas beber este trago amargo, pero no sea lo que yo quiero, sino lo que quieres tú.» Marcos 14.36) o Enfoque («No son los sanos los que necesitan médico sino los enfermos. Y yo no he venido a llamar a justos sino a pecadores.» Marcos 2.17)

o Equipo («Vengan, síganme -les dijo Jesús-, y los haré pescadores de hombres.» Marcos 1.17)

o Compasión («Vete a tu casa, a los de tu familia, y diles todo lo que el Señor ha hecho por ti y cómo te ha tenido compasión.» Marcos 5.19)

Mapa misional

«Reunió a los doce, y comenzó a enviarlos de dos en dos [ ] —Cuando entren en una casa, quédense allí hasta que salgan del pueblo. Y si en algún lugar no los reciben bien o no los escuchan, al salir de allí sacúdanse el polvo de los pies, como un testimonio contra ellos—. Los doce salieron y exhortaban a la gente a que se arrepintiera. También expulsaban a muchos demonios y sanaban a muchos enfermos, ungiéndolos con aceite.» (Marcos 6.7–13) (Ver figura 11.2)

Medidas como marcas de vida

o Generosidad radical («Con la medida que midan a otros, se les medirá a ustedes, y aún más se les añadirá» Marcos 4.24)

o Movilidad descendente («Si alguno quiere ser el primero, que sea el último de todos y el servidor de todos» Marcos 9.35)

o Pureza personal («Y si tu ojo te hace pecar, sácatelo. Más te vale entrar tuerto en el reino de Dios, que ser arrojado con los dos ojos al infierno» Marcos 9.47)

o Intencionalidad evangelística («Vayan por todo el mundo y anuncien las buenas nuevas a toda criatura» Marcos 16.15)

Visión propiamente dicha

«Porque el que quiera salvar su vida, la perderá; pero el que pierda su vida por mi causa y por el evangelio, la salvará. ¿De qué sirve ganar el mundo entero si se pierde la vida?» (Marcos 8.35–36)

«—Les aseguro —respondió Jesús— que todo el que por mi causa y la del evangelio haya dejado casa, hermanos, hermanas, madre, padre, hijos o terrenos, recibirá cien veces más ahora en este tiempo» (Marcos 10.29–30)

«Pero en aquellos días, después de esa tribulación, se oscurecerá el sol y no brillará más la luna; las estrellas caerán del cielo y los cuerpos celestes serán sacudidos. Verán entonces al Hijo del hombre venir en las nubes con gran poder y gloria. Y él enviará a sus ángeles para reunir de los cuatro vientos a los elegidos, desde los confines de la tierra hasta los confines del cielo.» (Marcos 13.24–27)

Figura 11.2. La estrategia de letra roja

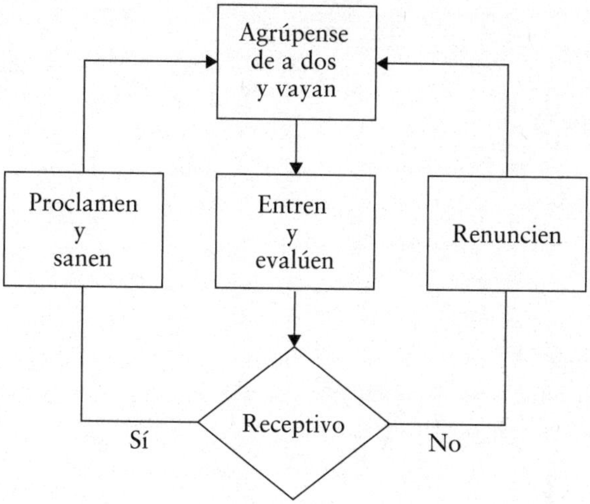

12

SÉ PORTADOR DE LAS ÓRDENES SANTAS:

MISIÓN COMO MANDATO MISIONAL

Mi tío me contó una vez que durante la Segunda Guerra Mundial un soldado no identificado apareció de repente en la oscuridad y no supo declarar su misión, fue fusilado automáticamente sin mediar preguntas. Me pregunto qué sucedería hoy si restituyéramos esa política.

— Laurie Beth Jones

¿Es exagerado pensar que conocer nuestra misión es una cuestión de vida o muerte? No lo creo.

Ser confrontado con la necesidad de saber declarar nuestra misión, obligaría a millones de nosotros a reexaminar quiénes somos y para qué vivimos. Ahorraría incalculables sumas de dinero, lágrimas y dolores de cabeza. La asistencia casual a la iglesia se reduciría. El voluntariado crecería como espuma. Los líderes de iglesias grandes, iglesias pequeñas, iglesias de hogar, movimientos orgánicos, iglesias incipientes y grupos pequeños, se verían forzados a intercambiar la retórica por acciones reales y significativas. Las personas que merodean en la sombra, llevando vidas vacías, irrumpirían en el resplandor de las posibilidades del Reino y del poder del Espíritu. Aquellos que jamás supieron qué se siente al tener un compromiso apasionado con una causa, serían catapultados de sus sillones hacia un campo de juego, mordiendo el polvo, sintiendo el sudor y el ardor de las lágrimas, y al viento golpeándolos y volviéndose completamente vigorizados en el proceso.[1]

Los líderes de la iglesia actual son portadores de las órdenes santas de Jesús. Como su cuerpo, debemos luchar por la causa del Reino evitando lo que Reggie McNeal describió como «amnesia de misión». La claridad y vitalidad de los santos que Dios confió a tu cuidado dependen de ello.

Misión como mandato misional

El primer borde de nuestro marco de visión es el mandato misional (*ᵐmandato*; ver figura 12.1), definido como *una declaración clara y concisa que describe básicamente lo que se supone que la iglesia está haciendo*. El *ᵐmandato* responde la «pregunta cero» (o sea la pregunta previa a toda otra pregunta). ¿Por qué existimos? ¿Cuál es nuestra razón de ser? El *ᵐmandato* es la brújula y la estrella polar de tu iglesia. Como tal provee dirección y apunta a todos hacia esa dirección. La misión como *ᵐmandato* es como el latido de la organización. Debería tocar a los miembros en un nivel emocional y actuar como fuerza cohesiva y agente vinculante.

Desde una perspectiva bíblica el *ᵐmandato* de la iglesia se ancla en el «envío» de Jesucristo, reflejado en la gran comisión, el envío de la iglesia al mundo. Nuestra misión vive dentro de los límites de hacer discípulos, enseñar la obediencia personal a Jesús como Señor, y llevar el mensaje del evangelio a las naciones (Mt 28.19–20). Esto hace que nuestra regla buqué (capítulo 11) sea crítica. Del jardín de la Palabra eterna de Dios recogemos para armar un buqué de verdad (en este caso la sobrecogedora misión de Jesús) para nuestro tiempo y espacio. No inventamos desde cero sino que pronunciamos de las Escrituras. ¿Cómo les recuerdas a las personas de tu iglesia que son enviadas por Dios como misioneras cada día y en todo lugar? ¿Qué palabras utilizas para ampliar su imaginación y encender sus corazones con un enfoque redentor?

Figura 12.1. El marco de visión: misión como ᵐ*mandato*

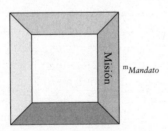

Una fotografía asombrosa del llamado radical a vivir como enviados se encuentra en Juan 20.19–22. En esta aparición pos resurrección, los discípulos están reunidos atemorizados («Al atardecer de aquel primer día de la semana, estando reunidos los discípulos a puerta cerrada por temor a los judíos», v. 19). Percibiendo su temor Jesús les dice, no una, sino dos veces: «¡La paz sea con ustedes!» (vv. 19, 21). Luego Jesús se pone hilarante. Inmediatamente después de proclamar paz declara:

«Como el Padre me envió a mí, así yo los envío a ustedes». ¿Puedes imaginarte a los discípulos acurrucados, encerrados con triple vuelta de llave, con las ventanas parapetadas, temiendo que de un momento a otro los chicos malos irrumpan en el lugar? Y Jesús llega y les dice algo así: «Muchachos, ¡salgamos y vamos por ellos!» Observa cómo estas palabras de paz no eran para consolarlos sino para enviarlos (*misión*). Este es uno de los pocos momentos preciosos (Juan menciona que hubo solo tres apariciones) que el Señor pasa con sus discípulos después de su resurrección. Tenemos pocas palabras en tinta roja. En estos momentos fugaces vemos el deseo más profundo de nuestro Salvador: que su rebaño redimido abra sus puertas y vuelque sus corazones a un mundo perdido y moribundo. En este breve evangelio vemos el *missio Dei* transmitido de manera prístina. Entonces, pregunto nuevamente, ¿qué palabras utilizas para recordarle a tu gente que tu iglesia es enviada? ¿Cuál es tu ᵐ*mandato*?

Al describir la idea de misión como ᵐ*mandato* no estoy alentando un trueque al por mayor de terminología. Más bien quiero infundir un sentido más claro en el lenguaje usual de misión. Por lo tanto los uso de modo intercambiable. ¿Cuáles son los beneficios? En primer lugar permite el adjetivo «misional» para informar la comprensión de la iglesia. Usar la palabra misión misma puede abrir la puerta a confundirla con «misiones». ᵐ*mandato* subsume más claramente todo lo que hace la iglesia como parte de la misión de Cristo, no solo nuestros proyectos de servicio de unos cuantos días en países del tercer mundo. Segundo, es una palabra personal que connota una transferencia de autoridad. En latín significa literalmente entregar en las manos de alguien. La imagen es de uno pasando la batuta, o de Jesús entregándote órdenes santas. No se trata simplemente de un trozo de papel que llevas, sino la autoridad de Cristo mismo, el Rey de reyes y el Señor de señores (como nos lo recuerda antes de pronunciar la gran comisión en Mateo 28.18). Tercero, la palabra *mandato* directamente implica obediencia o desobediencia a la orden de nuestro Señor. La «desviación de la misión» a veces puede traducirse en la pérdida de la esencia de lo que un desafío significa. No podemos caer en la trampa de ver nuestra comisión como una «gran sugerencia» (como la calcomanía para el parachoques que dice: «Jesús vuelve, que te vea atareado»). Finalmente, la palabra «mandate» (mandato en inglés) puede descomponerse en las palabras «man» (hombre) y «date» (fecha). Este desglose, aunque totalmente arbitrario, es útil para recordarnos que nuestro tiempo es limitado y que Dios estableció una fecha específica para nuestras vidas («Enséñanos a contar bien nuestros días, para que nuestro corazón adquiera sabiduría.», Salmos 90.12), y para la humanidad («No les toca a ustedes conocer la

hora ni el momento determinados por la autoridad misma del Padre»,
Hechos 1.7). Por lo tanto, nuestro ^m*mandato* nos recuerda que la humanidad
en la tierra tiene fecha de vencimiento. Como líder tienes a alguien apuntándote a la cabeza; el enemigo es el tiempo. No tenemos la eternidad para
hacer discípulos mientras llevamos el evangelio a cada rincón del planeta.

Reaviva la pasión redentora: tu principal desafío de crecimiento

Jesús modeló una sorprendente pasión redentora en su ministerio terrenal. Al leer Lucas 9.51–55 somos testigos de un momento crucial. Lucas,
el médico, registra que «Jesús se hizo el firme propósito de ir a Jerusalén». Esta expresión repetida en dos ocasiones, expresa el enfoque inquebrantable de un hombre en misión, en el caso del Salvador, con un
destino. El énfasis está en la determinación redentora de Jesús de alcanzar
la cruz. Nada podría detenerlo. De hecho, el pasaje nos muestra que su
pasión redentora ofendía las preferencias de alabanza de algunos (v. 53)
y que sus propios discípulos, su grupo núcleo, seguían sufriendo de desviación de la misión (v. 54).

Al discutir los obstáculos al crecimiento la mayoría de las iglesias
pierde de vista el asunto-raíz: la pasión redentora de los corazones de su
gente. Alguien dijo alguna vez que por cada persona que poda la raíz del
mal, hay mil que podan las ramas. Llevando esta afirmación al crecimiento de la iglesia, yo diría que por cada persona que fertiliza la raíz,
hay mil que fertilizan las ramas. Cuando se trata de desafíos de crecimiento los líderes saltan demasiado rápidamente a las ramas: estacionamientos, cantidad de asientos, finanzas, personal, y demás. Pero cuando
el pueblo de Dios está profundamente conmovido por la pasión redentora, la iglesia se convierte en una fuerza imparable, saltando con facilidad otros obstáculos. Surge entonces la pregunta: ¿qué está impidiendo
que tu gente fortalezca su latido redentor?

No puedo responder esa pregunta por tu iglesia. Pero probablemente
la razón sea que no tienen una misión, tu ^m*mandato*, diseñado para avivar
pasión redentora. Si tu misión clara y concisa no flamea una definida
bandera evangelística, nada más lo hará. Recuerda, es la pregunta cero.
Es el puntapié inicial para la cultura de tu iglesia. Como tal, guiará un
movimiento misional o validará un departamento de misiones.

Para ser una herramienta eficaz el ^m*mandato* debe contrarrestar la
«gravedad hacia adentro» de la comunidad cristiana. Dietrich Bonhoeffer
dijo que la iglesia solo es la iglesia cuando existe para otros. ¿Qué mantiene a tu iglesia enfocada hacia afuera? ¿Quién crees que es la persona
más importante para la compañía Coca Cola? ¿El consumidor? ¿Cuál?

No, en realidad es el consumidor de Pepsi. Los líderes misionales deben polarizar esta misma realidad para su gente. Debe quedar claro que las personas más importantes son las de *afuera* de la iglesia. Neil Cole lo resume bien cuando le recuerda a los creyentes: «Si quieres ganar personas para Jesús, tendrás que sentarte en el sector de fumadores».[2]

¿Viste alguna vez una tabla torcida? Para enderezar un tablón no puedes sencillamente ponerlo en un armazón que lo sujete derecho. Debes ponerlo en un armazón que sujete a la madera torcida en la dirección opuesta. De igual modo el ^m*mandato* debería mantener a la estructura mental torcida de la iglesia en la dirección redentora y externa, aplicando la fuerza opuesta a las tentaciones y tendencias hacia adentro. De manera similar Bill Hybels alienta a los líderes a aplicar un énfasis desproporcionadamente mayor en el evangelismo al comienzo del día, para lograr una iglesia equilibrada al final de él.

El hilo dorado de la redención

Piensa en el ^m*mandato* como el hilo dorado de la redención que zurce su camino a través de cada actividad de la organización. Por ejemplo, la misión de Morgan Hill Bible Church es «conectar a los desconectados a una relación vital con Jesucristo». El hilo dorado significa que ya sea que estés liderando un estudio bíblico, cambiando el pañal de un bebé, ensayando para la alabanza, esperando en la cola de la tienda, escribiendo a máquina en tu oficina, o viendo el partido de fútbol de tu hijo, en ese momento estás conectando a los desconectados a una relación vital con Jesucristo. ¡La misión de Cristo está en todas partes! Cuando alguien lo entiende por primera vez, es como encender un interruptor de electricidad gigante por medio del cual *todos pueden ser energizados* por la misión y *todo puede organizarse* para la misión. Es la electricidad que permite al hacedor de ladrillos hacer ese trabajo tedioso con una energía incansable. La imagen total de la hermosa catedral permanece viva en los ojos de su mente.

Las declaraciones de misión de ayer. La forma más sencilla de avergonzar a un pastor es pedirle que te mencione su declaración de misión. La mayoría no la sabe. ¿Por qué? La declaración de misión promedio tiene estas características:

o Demasiado larga (veinte palabras o más)

o Demasiado genérica (todas las cosas para todas las personas)

o Demasiado técnica (focalizada en contenido teológico y exactitud)

Estos atributos vuelven inútiles a la mayoría de las declaraciones e *imposibles* de recuperar de la conciencia del líder.

Usemos como ejemplo una antigua declaración de misión de uno de mis clientes. Aquí está la declaración de misión original, la cual contenía *noventa* palabras:

> Existimos por el propósito de llevar a cabo la gran comisión y el gran mandamiento: buscar amar a Dios con todo nuestro ser y a los demás como a nosotros mismos, nos esforzaremos por adorar juntos a Dios en paz y unidad, compartir las buenas nuevas de la salvación por medio de Cristo con nuestra comunidad y por el mundo, alentar el crecimiento cristiano individual y el servicio, y proveer para las necesidades de los individuos a través del ministerio social con la guía y el poder del Espíritu Santo.

Este trabalenguas mata la capacidad de memorizar y provoca un cortocircuito en la electricidad cultural. Declaraciones como esta terminan enmarcadas y olvidadas, principalmente por dos razones. La primera es que el equipo que la desarrolló no tuvo en cuenta la «capacidad de carga» de una declaración de misión. La declaración de misión por naturaleza es un recipiente relativamente pequeño. Se parece más a una bandeja que a una camioneta de tres cuartos de tonelada. No está pensada para cargar un tratado teológico ni para comunicar una estrategia. Es una síntesis, por lo tanto comunica tu gran idea en unas pocas palabras pequeñas. La más grande que sea la misión, lo más simple que se puede declarar. La segunda razón por la cual este tipo de declaración de misión se desvanece en la oscuridad es que hay demasiadas personas involucradas en crearla. Demasiadas opiniones llevan a demasiadas palabras y a demasiadas oraciones complejas. Una vez el pastor de una gran iglesia compartió con orgullo que ochocientas personas trabajaron en su proceso de desarrollo de la visión. (Denomino a un grupo de este tamaño una «fábrica de conjunciones».) Tras haberle pedido permiso para ponerlo en apuros, solicité que me dijera la declaración de misión; resultante dos minutos más tarde seguía tartamudeando.

Echemos un vistazo a la declaración de misión de la misma iglesia luego de una reconstrucción, de dieciocho palabras. Seguramente tiene más claridad, simplicidad e impacto:

> Existimos para guiar a las personas a una relación con Jesucristo transformadora de vidas y en constante crecimiento.

Si tu iglesia tiene una declaración de misión, ¿se parece al primer ejemplo o a la reconstruida?

EL MANDATO MISIONAL DE HOY. Toda iglesia necesita una brújula para determinar su orientación. Cuando la iglesia misional reorienta su identidad para «ser la iglesia», son necesarias ciertas características. El *mmandato* debería:

o Recordar a la iglesia que existe principalmente para los de afuera

o Eliminar la mentalidad nosotros-versus-ellos con los de afuera

o Enfatizar la realidad de «ser la iglesia» veinticuatro-siete

o Reforzar el estilo de vida que se compromete con las relaciones y conversaciones con los demás

o Connotar el proceso tanto de evangelismo como de discipulado

o Resaltar características del concepto del Reino

Cuando tu equipo considere cuidadosamente las palabras que usa para definir el *mmandato*, evalúen cada término. Examínalo como una piedra preciosa frente a la luz, girándolo hasta observar el matiz perfecto. Explora el modo en que el lenguaje refuerza o debilita los puntos expresados aquí. Recuerda, estás evaluando con las cinco C: claro, conciso, convincente, catalítico y contextual. Esto puede sonar como una hazaña, pero he visto algunas expresiones destacables del *mmandato* de iglesias captando estas ideas. Aquí hay algunos buenos ejemplos:

Colonial Heights Baptist: *«Invitar a gente común y corriente a experimentar a Cristo en todas las formas».*

Life Church, Portland: *«Guiar a personas autosuficientes hacia un estilo de vida cristocéntrico».*

Faithbridge United Methodist: *«Hacer más y más fuertes discípulos de Cristo siendo un puente de fe para las personas cada día».*

First Presbyterian, San Antonio: *«Renovar mentes y redimir vidas con el inalterable amor de Jesucristo».*

Bannockburn Baptist: *«Guiar generaciones a seguir a Cristo apasionadamente, un hogar a la vez».*

Trinity Lutheran: *«Alentar más vida en Cristo, una vida a la vez».*

Bandera Road Community Church: *«Guiar a las personas que están lejos de Dios a ser seguidores de Cristo completamente devotos».*

Grace Point Church: *«Guiar a personas que no son salvas a una relación de total devoción a Jesucristo».*

Westlake Hills Presbyterian: «*Invitar a las personas a ser parte de la historia grande de Dios mientras seguimos juntos a Cristo*».

Crozet Baptist Church: «*Alentar a las personas de nuestra comunidad en expansión a seguir a Cristo con una pasión que se expande*».

The MET: «*Conectar personas cada día con el Jesús real de un modo real*».

Capturar la misión de Dios para ser capturado por ella

La ironía de tratar de capturar la misión de Dios en un ᵐ*mandato* significativo es que la misión debe estar capturándonos continuamente. Debe motivarte a pasar un tiempo adecuado buscando las palabras apropiadas. Queremos declarar una misión que alimente permanentemente un sentido del llamado de Dios para nosotros. Esto enfatiza nuestro atributo de «convincente» (la regla de la repercusión). ¿Percibiste esta dinámica cuando leíste las declaraciones citadas como ejemplos? Milfred Minatrea resalta la longitud del ᵐ*mandato* cuando escribe:

> Cuando el autor John Steinbeck se preparaba para embarcarse en un viaje alrededor de Estados Unidos, describió la naturaleza del viaje con estas palabras: «Después de años de lucha, nos damos cuenta de que no hacemos un viaje; el viaje nos hace a nosotros». Las iglesias misionales comprenden esta declaración. No eligieron la misión de Dios, Dios los eligió a ellos para un propósito misional. La iniciativa de la misión yace en Dios. Jesús dijo: «No me escogieron ustedes a mí, sino que yo los escogí a ustedes y los comisioné para que vayan y den fruto» (Juan 15.16). El ímpetu para la misión reside en Cristo, quien invita a la iglesia a convertirse en Su cuerpo misional.[3]

Habiendo elevado el nivel de expresión de la misión como ᵐ*mandato*, pasemos a algunos consejos prácticos que te serán de utilidad.

REDUCE TU DECLARACIÓN ACTUAL. La mayoría de las iglesias tienen algún tipo de declaración de misión. Después de leer este capítulo no decidas descartarla directamente. Mejor es mirar primero lo que tienes y reconstruir lo más claro y conciso posible, quitando los elementos innecesarios. Una vez que la hayas reducido a su forma pura, evalúala con las cinco C. Hazlo junto a tu equipo de liderazgo, y decidan si necesitan comenzar desde cero, modificar la declaración existente, o aceptar usar la declaración reducida tal cual está.

COMIENZA DESDE LA ESTRUCTURA A HACIA LA B. Para captar mejor las cinco C en su máxima síntesis, recomiendo probar la estructura A hacia B. «Estado A» representa a las personas o el contexto a los cuales es enviada la iglesia. «Estado B» representa en qué nos estamos convirtiendo como seguidores de Cristo. La ventaja de este esquema es que puede comunicar movimiento, encarnación, proceso y terminación con un uso eficiente de palabras. Aquí hay algunas de las misiones de las iglesias que cité previamente desglosadas en este formato:

A	B
Gente común y corriente	Cristo en todas las formas
Autosuficientes	Estilo de vida cristocéntrico
Lejos de Dios	Seguidores completamente devotos
Comunidad en expansión	Pasión que se expande
No salvos	Relación de total devoción

La mejor manera de usar este formato es hacer una lluvia de ideas para realizar listas de los estados A y B de forma separada. Al finalizar compara las listas y busca ideas que contrasten significativamente. A veces se hace difícil expresar con claridad el estado A explícitamente; puede ser dejado implícito. Por ejemplo, el estado implícito A de «invitar a las personas a la historia grande de Dios mientras seguimos juntos a Cristo», es «vivencia pequeña». La tensión entre vivencia pequeña y la historia grande de Dios conduce la identidad y el latido misional de la iglesia.

CONTINÚA REPASANDO LAS CINCO C. Durante la colaboración del equipo es imperativo tener las cinco C en una pizarra frente a ustedes. Al surgir ideas potenciales evalúen cada declaración con cada C, en la escala del uno al cinco. Resistan la tentación de evaluar una misión sin contrastarla con una de las C. Por ejemplo, una declaración tal vez sea más clara y menos convincente; otra puede tener un efecto catalítico aunque no sea muy concisa. Conversen sobre los pros y contras que genera cada C hasta tomar la decisión final (¿Recuerdas la regla del 80/100 del capítulo 7?).

Enseñar para la práctica, no para el conocimiento

Cuando doy mi exhortación final a grupos que están definiendo su *mandato* les recuerdo que Jesús enseñó a las personas a vivir; el énfasis fue *práctica* sobre *conocimiento*. Él no discutió los detalles del perdón; sencillamente les dijo que perdonen «hasta setenta veces siete». No enseñó un curso de estudio bíblico sobre transformación de vidas, les ordenó «alimentar mis ovejas». Como dijo Mark Twain: «No me molesta lo que no sé de la Biblia, sino lo que sé».

Algún día estaremos frente a Jesús. Como líder darás cuenta de tus palabras de orientación. Me preocupa que algunos pastores piensen en ese día como si Jesús fuera a tomar un examen de coeficiente intelectual. Estando en la cola aguardando por el Salvador, creo que claramente Él no estará midiendo cuánto sabemos, sino cuánto amamos. El examen no es de coeficiente intelectual, sino de corazón: percibirá la fuerza de la pasión redentora en las personas que lideramos. Necesitamos desesperadamente palabras que las movilicen a la gran misión de Dios. El ᵐ*mandato*, que formules y desde el cual lideres es tu principal herramienta misional.

13

SIENTE EL LATIDO COMPARTIDO:

VALORES COMO MOTIVOS MISIONALES

*No tendrás un ministerio que realmente importe hasta que no
definas lo que importa.*

— Aubrey Malphurs

En 1963 el presidente John F. Kennedy presentó su visión sobre la
exploración espacial en nombre de la libertad, la paz y la democracia, y
desafió a la nación a poner un hombre en la luna en menos de una década.
Esta visión asombrosa y su logro subsecuente es una imagen convincente
de la necesidad de valores y la diferencia entre tener un mandato claro (el
tema de nuestro último capítulo) y conocer los motivos detrás del mandato
(el tema de este capítulo). El mandato de Kennedy fue poner a un hombre
en la luna, llevar a un ser humano desde el punto A (Tierra) al punto B
(luna). No podía ser más claro. Pero dentro de su marco de visión global
había valores importantes. ¿Cuál era el más claro? Preservar la vida
humana. Kennedy integra de manera inconfundible este valor en la misión.
La gran idea fue llevar a un hombre a la luna y traerlo de regreso a salvo.

Si recuerdas la película *Apollo 13*, te acordarás que los grandes
momentos de suspenso trataban sobre llegar a casa a salvo. Los ingenie-
ros de la NASA que trabajaban bajo feroces restricciones de tiempo y
con un ingenio brillante, armaban soluciones improvisadas para preservar la vida humana. Imagina la cantidad de dinero que toda la carrera
espacial se hubiese ahorrado si tras ese paso gigante de la humanidad
hubiésemos apagado nuestros monitores, celebrado y despedido a nuestros héroes astronautas. Eso sería absurdo. El sentimiento de pertenencia
de la nación en la misión estaba intrínsecamente unido a su sentimiento
de pertenencia sobre el valor de la vida. Los valores, nuestros ᵐmotivos,
en lo más profundo son aquellos aspectos no negociables de la misión, o

como lo dijo un pastor, los «morir por» (esas cosas por las cuales estamos prontos y predispuestos a dar la vida). Representan lo que no estamos dispuestos a sacrificar en cumplimiento de la misión.

Definimos estos motivos misionales (^m*motivos*) como *las convicciones compartidas que guían las acciones y evidencian las fortalezas de la iglesia*. Son los valores que representan el alma consciente y colectiva de tu iglesia, porque expresan tus ideas más profundas. Definen tu etos ministerial. Los ^m*motivos* son filtros para la toma de decisiones y trampolines para las acciones cotidianas. Son los recordatorios constantes de lo que es más importante para la iglesia

Haciendo más de lo que haces mejor

Una iglesia sin ^m*motivos* es como un río sin orillas, solo un gran charco. Es perderse la oportunidad del movimiento de los rápidos. Al igual que cualquier organización tu iglesia tiene un conjunto de motivos compartidos, o valores, debajo de la superficie de la actividad diaria. El problema es que permanecen débiles porque no están identificados ni desatados para guiar el futuro. El rol del líder es identificar los valores más importantes y llevarlos a la superficie de la percepción de la congregación. Una vez que están claramente a la vista, él puede alimentar su desarrollo, permitiendo que la iglesia haga más de lo que hace mejor. Una vez que tu congregación sabe y se apropia de los ^m*motivos*, es como crear las orillas de un río para canalizar energía e ímpetu. Los valores como motivos misionales pueden ser el aspecto del marco de visión más difícil de captar (ver figura 13.1). Ellos diferencian dos iglesias que comparten muchas similitudes como cantidad de personal, presupuesto, instalaciones y herencia denominacional. Dado este parecido, estas dos iglesias aún podrían tener supuestos y compromisos diferentes guiando sus ministerios. Piensa los ^m*motivos* no como lo que hacemos, sino como lo que caracteriza todo lo que hacemos.

Figura 13.1. El marco de visión: valores como ^m*motivos*

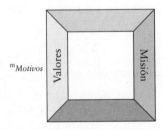

Cuando tus ^m*motivos* están definidos con claridad y alineados adecuadamente, los beneficios son innumerables. Tú podrás:

o Definir una buena toma de decisiones que lance a los líderes a la vanguardia del ministerio

o Demostrar una unidad que honra a Dios

o Atraer más personal, líderes y miembros que comparten tus valores

o Liberar a tu iglesia de hacer muchas cosas que otras iglesias hacen

o Aumentar el compromiso, porque las personas saben claramente qué apoyamos

o Aumentar la credibilidad del liderazgo porque todos saben qué es lo más importante para la iglesia como un todo

o Dirigir el cambio más fácilmente porque las personas están emocionalmente conectadas a los valores que nunca cambian

Descubriendo tus motivos misionales

Al desenterrar los ^m*motivos* de la iglesia, interrelaciono seis aspectos (figura 13.2).

Figura 13.2. Descubrimiento de valores

Encuesta de liderazgo

Acciones de la visión previa

«Las mejores historias»

Descubrimiento de valores

Discusión en equipo del sendero de visión

Lista de valores comunes de la iglesia

Observaciones del navegador guía

El primero es una encuesta a los líderes. Hago esto al comienzo del proceso en un intento de captar aportes imparciales y sin filtros. El segundo es

un ejercicio que revisa historias del salón de la fama (discutido en el capítulo nueve). El tercero es una lista de los valores más comunes de otras iglesias. Uso esto para estimular pensamientos en el grupo luego de solicitar sus aportes iniciales. Un cuarto componente es mi perspectiva como foráneo objetivo; en general puedo identificar uno o dos valores definidos luego de unas pocas reuniones con una iglesia. El quinto es la colaboración dinámica del equipo de sendero de visión. Te anticipo que con entrenamiento, oración y conversaciones, aparecerán nuevas cosas en la superficie. Finalmente observo el capital propio existente en las visiones previas (qué tipos de declaraciones usaron en el pasado los líderes eclesiales).

LAS DECLARACIONES DE VALORES DE AYER. Muchos pastores fueron expuestos en conferencias y eventos de entrenamiento de liderazgo, a la idea de tener valores, pero no experimentaron el valor de los valores. Hay cinco razones:

- La mayoría de las declaraciones de valor tienen un listado extenso de valores (demasiados son más de seis, ya que no se los puede recordar).

- Los valores tienden a ser reaccionarios (declarando lo que no somos en lugar de lo que somos).

- Los valores suelen presentar redundancias sin sentido porque repiten creencias doctrinales o adaptan ideas de uso general, como alabanza, evangelismo y comunidad (la última fracasa en diferenciar a tu iglesia).

- Los valores no son palabras fabricadas para ser catalíticas (desaprueban la regla de la accionabilidad).

- Los valores no representan la realidad por lo que pierden credibilidad.

Me aflige escuchar a las personas decir que no entienden los valores. Pero cuando observas el modo en que los valores de la iglesia son expresados la mayoría de las veces, es fácil comprender de dónde proviene la confusión. Veamos cómo convertir a los valores en ^{m}*motivos*.

LOS MOTIVOS MISIONALES DE HOY. Puedes llevar tus valores a un lugar de libertad sin precedentes en la expresión de tu Iglesia única. Los ^{m}*motivos* son el componente más fluido del marco de visión a ser reflejados en tu concepto del Reino. Con el riesgo de parecer demasiado duro, te digo «diferénciate o no existas». Tu congregación merece saber por qué es especial tu iglesia, qué es lo que Dios está haciendo únicamente a través de tu liderazgo, y por qué debería contribuir sacrificialmente. Tus ^m*motivos* pueden abrirse paso en esta realidad fascinante.

Sé proactivo no reactivo. Las reglas reactivas más comunes son «excelencia» y «relevancia», dicen: «No somos como las demás iglesias muertas y moribundas de alrededor». ¿Entonces qué? No me digas que eres excelente o relevante, dime *qué te hace* excelente o relevante.

Guarda tu doctrina y libera tus valores. Tu herencia doctrinal es muy importante pero no necesariamente requiere ser repetida como ^m*motivos*. Mantén estas declaraciones separadas de modo que tus ^m*motivos* puedan expresar más matices e ideas acerca de tus motivos ministeriales, además de la doctrina que crees.

Deja que tus fortalezas brillen. La iglesia está comprometida con la batalla por las almas. Si estuvieras en guerra, ¿no quisieras saber si tienes una oportunidad de ganar? Si estás en un equipo, ¿no quieres saber el secreto para ganar el juego? Por supuesto que sí te interesa, y también a las personas que asisten a tu iglesia. Deja que tus ^m*motivos* revelen tus fortalezas e infundan en tu congregación una confianza que honra a Dios. Diles por qué tu Iglesia única ganará. Inspira las actitudes y acciones que armonizan con el potencial colectivo.

Ten personalidad. Algunas iglesias se avergüenzan de su singularidad. Al igual que un adolescente desmañado se miran al espejo esperando tener las características de todos los demás. Adaptando una frase que escuché de Max Lucado, tu iglesia no puede ser todo lo que quiere ser, pero puede ser todo lo que Dios quiere que sea. No seas tímido respecto de lo que eres; acéptalo y explótalo en pos de tu misión. Una iglesia expresó el valor de «la carcajada: promovemos una atmósfera de disfrute y diversión como parte de experimentar la vida que Dios ofrece».

Al final, identificar los valores más profundos es como definir los colores de tu equipo. Un buen amigo mío, por ser graduado de la universidad Texas A&M, solo maneja automóviles granate. Ayer me encontré con un pastor que estaba luciendo con orgullo su camiseta azul de la universidad de North Carolina. Imagina estar preparándote para el gran juego de un equipo que no tiene colores (nada más que blanco con blanco). Así es como se siente ir a una iglesia que no tiene ^m*motivos* articulados.

Dando forma a la cultura con motivos misionales

Al clarificar tus valores más profundos, se convierten en herramientas para moldear la cultura, solo hasta donde son capturados y llevados. Aquí hay unas pocas directrices para multiplicar y transmitir tus ^mmotivos al liderar.

Di más diciendo menos

Mantén tus ^mmotivos configurados en una lista de no más de seis. Lo ideal es cuatro. Alguno más, y las personas ya no pueden recordarlos. Si no pueden recordarlos, los motivos no pueden darle forma a su acción. Si no pueden recordarlos, no pueden compartirlos. Seguro, tu iglesia valora diez, o dieciocho, o cuarenta cosas que *podrías* poner en una lista. ¿Pero preferirías una lista de dieciocho con un dos por ciento de índice de recordación, o una lista de cinco con un sesenta por ciento de índice de recordación? Mantén la lista principal como lista principal. ¿Qué es lo que *más* te motiva?

Vive antes de etiquetar, ¡pero no te olvides de etiquetar!

Puedes enseñar lo que sabes, pero solo reproduces lo que eres. Los ^mmotivos no se pueden multiplicar si no se ven. Como pastor lo mejor que puedes hacer es crear una cultura de responsabilidad compartida en la cual quienes están en la cima de la organización viven los ^mmotivos. Por ejemplo cuando trabajaba en Clear Creek Community Church, el personal pastoral conversaba y oraba cada semana por las «personas alejadas de Dios» a las que estábamos conociendo. Esperaban que yo compartiera cada semana cómo invertía mi tiempo en las vidas de estas personas. Como consecuencia convertí la cancha de raquetbol en mi campo misional. Durante aquellos días de mi joven pastorado, mi valor por las personas perdidas fue forjado por la habilidad modeladora del pastor principal, y mediante una responsabilidad amorosa. Pero moldear debe realzarse con etiquetar. En otras palabras, nuestros valores más profundos deben interpretarse para poder ser aprehendidos más rápidamente por otros. Etiquetar significa ser rápido para definir los valores en acción, sea en una conversación informal o en un momento planificado, programando la alabanza, en una evaluación formal o en un momento de celebración. Los líderes etiquetan mejor cuando los valores no solo saturan toda forma de medios de comunicación interna, sino también inician suficientes conversaciones hasta convertirse en «charla de sala de fotocopiadora» con su congregación.

Demuestra, y demuestra nuevamente

La regla de accionabilidad es crucial a la hora de comunicar ^{m}*motivos*. Cada uno de nosotros será útil en la medida que logre estimular nuevos pensamientos, prioridades, actitudes, y conductas en la gente. Si un motivo o valor comunica simplemente una idea y no una idea posible de poner en práctica, es un pedazo de madera seca, totalmente inútil. La mejor manera para tener éxito es expresar con claridad una declaración de «demostrado por» para cada valor. La declaración responde a las preguntas «¿Qué quiere decir realmente este valor?» y «¿Cómo hace realmente una diferencia este valor?», y muchas veces puede ser una larga lista. Es un modo de darle dientes a tus ^{m}*motivos*. Por ejemplo Gateway Community Church de Houston tiene esta declaración «demostrado por» en su valor por la gente perdida: «demostrado por focalizar intencionalmente nuestro tiempo y recursos hacia las necesidades e intereses de personas fuera de la iglesia».

Sugar Creek Baptist desarrolló una declaración para su valor de respeto mutuo que dice «demostrado por salir de tu camino para escuchar, comunicar, alentar y celebrarse mutuamente, de modo tal que cada persona y su contribución al ministerio se tengan en alta estima».

Life Church, de Portland, tiene el valor de la aceptación, con el imperativo «aceptamos a otros porque Cristo nos aceptó aun cuando no lo merecíamos». El valor se explica más ampliamente con la declaración «demostrado por reordenar nuestras vidas para construir relaciones sanas, cariñosas y llenas de gracia en cada área de nuestras vidas, incluyendo familia, iglesia, vecindario, y trabajo».

Como ejemplo final, en Auxano usamos una lista de ítems para mostrar nuestra declaración de «demostrado por». Nuestro primer valor central es claridad no egoísta, la que se demuestra por:

o Buscar el auto-conocimiento mediante el diálogo intencional y la auto-evaluación inflexible.

o Vivir de nuestras fortalezas.

o Aceptar nuestras limitaciones sin excusas.

o Hablar a nuestros clientes la verdad en amor, aun si pone en riesgo nuestra relación de negocios.

o Creer que el proceso de equipo producirá mejores resultados a pesar de que trabajar solos sería más sencillo.

o Describir nuestra claridad como un modelo e inspiración para otros.

Anclado en la realidad pero creando futuro

Algunos valores son «alcanzables», pues existen de manera profunda y generalizada en toda la cultura de la organización. Otros valores son «aspiracionales», porque definen la realidad deseada, no la que tenemos. La relación proporcional entre valores aspiracionales y alcanzables no debería ser mayor de uno a tres; no debería haber más de dos valores aspiracionales en un grupo de seis, o máximo uno en un conjunto de cuatro. Cuando eliges un valor aspiracional, asegúrate de presentarlo como tal. No querrás que tu congregación dude de tu habilidad para evaluar la realidad que te rodea, o tenga la sensación de que estás liderando con lentes que te muestran todo color de rosa. Cuando identificas un valor como aspiracional, estás señalándole a tu congregación el tipo de cultura que quieres promover juntamente con ellos. Para el líder es fácil saber qué valores son aspiracionales y cuáles alcanzables. ¡Solo pregunta! La mayoría de las veces, el consenso de un grupo puede arrojar una luz significativa a la fortaleza de los *motivos* de una iglesia.

14

MUÉSTRAME EL CAMINO:

ESTRATEGIA COMO MAPA MISIONAL

Las iglesias con un proceso simple para alcanzar a las personas y
llevarlas a la madurez están expandiendo el Reino... A la inversa,
las iglesias sin un proceso o con un proceso de discipulado
complicado, están trastabillando. Las iglesias abarrotadas y
complejas, como un todo, no están vivas.

— Thom Rainer

EN 1999 LA CASA DE LA MONEDA ESTADOUNIDENSE LANZÓ UNA INICIA-
TIVA para desarrollar el pensamiento estratégico de sus empleados. La
importante reunión estaba limitada a veinticinco personas, siendo invitados a postularse empleados de cualquier nivel de la organización. Se
postularon más de 150 personas. Las veinticinco vacantes se completaron no solo con ejecutivos, sino también con gerentes de producción,
contadores, e incluso un custodio. Una de las consignas era diseñar un
gráfico que mostrara todos los pasos que lleva fabricar una moneda, un
proceso complejo que solo algunas personas comprendían de principio
a fin. La creación y divulgación de este pequeño y sencillo gráfico con-
dujo a un resultado increíble, como lo publicó la revista *Fast Company*:
«Luego del encuentro realizado por la casa de la moneda, la representa-
ción del proceso de acuñación de moneda se plasmó en carteles que
colgaban en todas las áreas del edificio. El solo hecho de compartir la
información permitió que cada empleado viera cómo se relacionaba su
trabajo con la imagen total, y cómo los cambios que pudieran hacer en
su desempeño se propagarían al resto del proceso. Los cambios que
sugirieron los mismos empleados a lo largo del siguiente año ayudaron
al organismo a incrementar la producción de veinte billones de monedas en 1999 a veintiocho billones en el 2000, sin aumentar los recursos
necesarios para producirlas».[1]

Estrategia = Salto cuantitativo de claridad

Los resultados en la casa de la moneda testifican sobre la importancia de tener un mapa claro que muestre cómo se hacen las cosas. Si tienes un mapa la efectividad de tu misión ascenderá a lo más alto. Para la organización mencionada fue un aumento de eficacia del cuarenta por ciento. ¿Te gustaría mejorar tu proceso de asimilación en esa proporción en un año? La claridad estratégica puede dar nacimiento a un salto cuantitativo en tu ministerio.

En 1999 Ken Werlein comenzó Faithbridge United Methodist Church, en Northwest Houston, con una visión candente y una estrategia clara. Cinco años y mil personas después, llegó el momento de re-clarificar y re-focalizarse para el futuro. ¿El secreto de su futuro fue encontrando algo nuevo? No. La clave fue retroceder por el sendero de visión original. El equipo pasó siete meses perfeccionando su marco de visión. Discutieron extensamente el modo en que el éxito los había alejado de su estrategia inicial. Al igual que un atareado hogar lleno de niños, se dieron cuenta de que más personas, más personal y muchos ministerios pronto los llevaron a una mentalidad ministerial desordenada.

Cuando para muchas iglesias el tema de su gran tamaño puede provocar una meseta en el crecimiento, la asistencia a Faithbridge se duplicó en los siguientes dieciocho meses. ¿A qué atribuye Ken el salto cuantitativo en el crecimiento? Él te diría que a dos cosas principales. El primer factor fue mudarse a un edificio permanente más grande, que pareció legitimar su presencia en la comunidad. El segundo fue recuperar una claridad fundamental en su estrategia.

Definiendo la estrategia como mapa misional

Al avanzar en la exploración de la estrategia como mapa misional (ᵐmapa), considera que el noventa y ocho por ciento de las iglesias de Estados Unidos está funcionando sin esta parte del marco de visión. Muchas tienen algún tipo de expresión respecto de la misión y los valores, pero no para la estrategia. La ausencia de estrategia, como la estoy definiendo, es la causa número uno de ineficacia en una iglesia *saludable*. Observa mi calificación. Por saludable me refiero a que hay algún fundamento de unidad espiritual en la iglesia y de confianza entre sus líderes. Desafortunadamente muchas iglesias creen que ser más efectivas es simplemente cuestión de esforzarse más, ser más obediente, u orar más. La batalla es del Señor, pero el Señor también nos pide preparar el caballo para la batalla. La eficiencia del Reino y el movimiento misional requieren más que unidad espiritual; requieren claridad estratégica (ver figura 14.1).

El ᵐ*mapa* es la pieza del marco de visión que aporta esta dimensión crucial (figura 14.2). Es definido como *el proceso o plano que demuestra el modo en que la iglesia llevará a cabo su mandato en el nivel más amplio*. Este mapa, o plano de estrategia, es como un contenedor que sostiene todas las actividades de la iglesia en un todo significativo. Sin esta orientación los individuos dentro de la organización olvidarán cómo cabe en la misión cada gran componente o actividad ministerial.

Figura 14.1. Movimiento misional

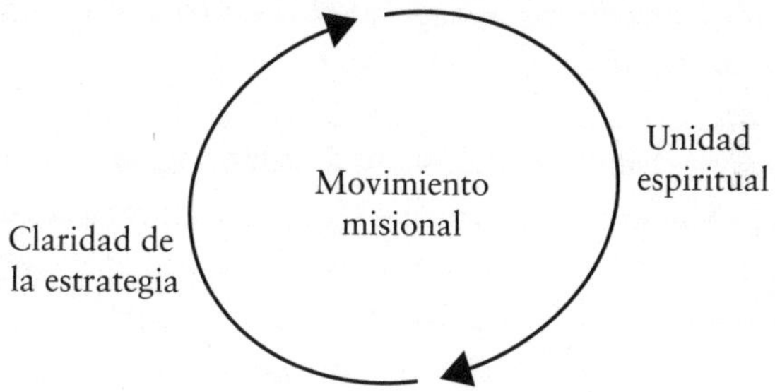

Movimiento
misional

Unidad
espiritual

Claridad de
la estrategia

Figura 14.2. El marco de visión: estrategia como ᵐ*Map*

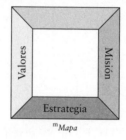

Valores

Misión

Estrategia

ᵐ*Mapa*

El ᵐ*mapa* puede describirse como:

o La lógica organizacional de la iglesia para cumplir la misión.

o El patrón de cómo se complementan los ministerios para lograr la misión.

o El ritmo de la vida de la iglesia como el cuerpo de Cristo en misión.

La palabra *mapa* implica que la estrategia sirve tanto de localizador como de guía. Piensa en el mapa con el «usted se encuentra aquí» de los centros comerciales. Te orienta en medio de un complejo de tres niveles y cien negocios. Luego te ayuda a encontrar el camino. El ᵐ*mapa* hace lo mismo; te orienta en la complejidad del ambiente de una iglesia y guía tu próximo paso. Ten en cuenta que el cincuenta por ciento de las personas de tu iglesia nunca ha dado un paso más allá del propio servicio de alabanza.

Para clarificar por qué las iglesias necesitan una estrategia, imagina este ejemplo. Entras a una iglesia en la que nunca habías estado antes, y tomas un folleto para invitados que se encuentra en la sector de entrada. En la solapa interior lees una bonita declaración de misión. Luego, en la página siguiente (y en el resto del folleto) vez incontables ministerios, listados de la A a la doble Z. Al mirar el folleto te invade un efecto paralizante y te preguntas: «¿Qué hago ahora?». Decides no hacer nada en absoluto (figura 14.3).

Figura 14.3. Folleto de iglesia típico

Sin estrategia = Ministerios sin sentido = Confusión acerca de los pasos a seguir

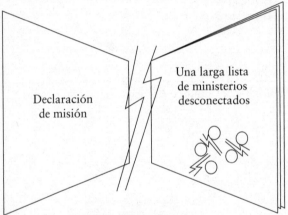

Declaración de misión

Una larga lista de ministerios desconectados

Este ejemplo del invitado revela un problema triple para la mayoría de las iglesias que no tienen estrategia o ᵐ*mapa*. Primero, tienen demasiadas opciones ministeriales o de programas. Segundo, las opciones ministeriales no tienen relación entre sí. Finalmente, los ministerios mismos no tienen conexión con la misión, es más, no se cruzarán jamás. Otro modo de decirlo es que los ministerios no tienen una alineación *vertical* con la misión, ni alineación *horizontal* entre ellos. Esto genera complejidad y confusión para las personas, difícil de apreciar por los pastores y el personal. Los individuos permanecen perdidos respecto a dónde están y qué hacer después. Para el asistente promedio los ministerios existen en una sopa desordenada de actividad carente de sentido.

Con el ᵐ*mapa* tu iglesia tiene un muy necesitado puente de estrategia entre la misión y todas las actividades. La estrategia se convierte en un conector poderoso no sólo con la misión, sino también con los ministerios individuales. En esta conexión los ministerios encuentran su sentido y los programas su propósito. La relación entre ministerios produce claridad para todos, desde el personal hasta los líderes principales, hasta los miembros, hasta los invitados. En la cultura de la iglesia, las personas están en armonía y la estructura alineada. Los miembros no solo saben «por qué existimos», sino «cómo llegamos juntos». Volviendo a nuestro ejemplo del invitado, el folleto del ^m*mapa* le mostraría al recién llegado un camino sencillo y obvio para poder llegar a involucrarse (figura 14.4).

Figura 14.4.

Estrategia = Ministerios significativos = Claridad respecto de pasos a seguir

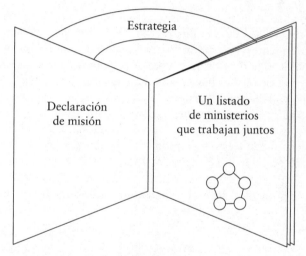

El buen samaritano y la «mala» Marta

Cuando sugiero a las iglesias que quizás tienen demasiados ministerios, se preocupan. Cuando comparto la perspectiva de menos es más, relato la escena de un santo antipático que prácticamente escupió la pregunta: «¿No es posible que hacer menos sea en realidad hacer menos?» Sí, supongo que lo es, pero ese no es el punto.

Considera una interesante yuxtaposición de historias en el evangelio de Lucas. En el capítulo 10 el pasaje familiar del buen samaritano constituye la imagen prototípica del servicio: ser prójimo del necesitado dentro de nuestra esfera de influencia. Inmediatamente después de esta importante enseñanza, Jesús entra en la casa de María y Marta con sus discípulos. Las dos hermanas responden de manera diferente a la presencia de Jesús. María se sienta a los pies de Jesús a escucharlo. Pero Marta «se sentía abrumada porque tenía mucho que hacer» (Lucas 10.40). Pero Jesús la reprende amablemente: «estás inquieta y preocupada por muchas cosas, pero sólo una es necesaria. María ha escogido la mejor »

Por lo tanto, a la luz de la famosa parábola vemos a Jesús corrigiendo la actitud de buscar al servicio por el servicio mismo. Él finalmente nos define a *nosotros*, no a nuestro «servicio a él». ¿Es posible que Lucas haya ubicado estas dos historias de manera brillante una junto a la otra para decir: «Más vale que pases tu vida pronta y dispuesta a servir» por un lado, y «Más te vale no distraerte en demasiado servicio» por el otro? Existen un montón de iglesias tipo Marta. Definir tu ᵐ*mapa* te ayudará a disminuir las distracciones de muchas cosas, incluso aquellas «cosas buenas» que son enemigas de lo mejor.

Ilustrando el mapa misional

Antes de avanzar echemos un vistazo al ᵐ*mapa* de Faithbridge para aprovechar los beneficios de una ilustración. En Faithbridge el ᵐ*mapa* tiene cuatro componentes: tres momentos semanales de compromisos, unidos por el estilo de vida de «ser un puente de fe para las personas cada día». Estos compromisos se llevan a cabo semanalmente en tres sitios distintos: (1) servicio de alabanza, (2) grupos de crecimiento y (3) equipos de servicio. Estas son las tres invitaciones existentes para involucrarse en la iglesia y el proceso simple de discipulado de la iglesia. En Faithbridge, las personas denominan a esto la estrategia de «alabanza + 2». El ᵐ*mapa* está representado por el ícono de la figura 14.5.

Figura 14.5. Ícono de ᵐ*mapa* de Faithbridge UMC

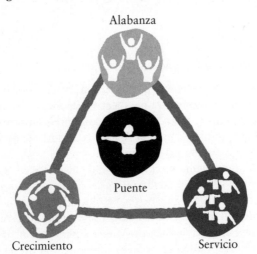

Esta imagen representa el modo en que la iglesia lleva a cabo su misión en el nivel más amplio: su lógica operacional y su patrón ministerial. No existe un programa que no tenga alguna relación con esta estrategia, y ningún invitado ni miembro encuentra un menú azaroso de programas sin primero ver este ^m*mapa*.

Diseño simple equivale a crecimiento dinámico

Consideremos más ampliamente las ventajas de esta pieza fundamental de nuestro marco de visión. El ^m*mapa* brinda profundos beneficios tanto desde el lado personal como desde el lado organizacional del ministerio de tu iglesia. Piensa en ello como las dos caras de una misma moneda. Cada lado tiene un beneficio correspondiente, «para mí» y «para nosotros». Usando Faithbridge como ejemplo, exploremos los beneficios.

MENOS OPCIONES PARA MÍ, UNA ESTRUCTURA MÁS SIMPLE PARA NOSOTROS. En tanto el cómo de la misión se organiza en torno a unos pocos ministerios altamente desarrollados, el primer beneficio para las personas es que hay menos opciones. Las personas ya no quieren un sinfín de opciones. Un test de mercadeo realizado recientemente dio a las personas la posibilidad de comprar gelatina de dos fuentes de muestras en una tienda de comestibles. Una de las fuentes tenía veinticuatro muestras y la otra tenía seis. ¿El resultado? ¡La bandeja con las seis muestras vendió diez veces más![2] Una vez estaba desarrollando el ^m*mapa* para una iglesia que tenía un chef ejecutivo en el proceso de sendero de visión. Él estaba entusiasmado con el proceso y comprendió la filosofía menos-es-más. Me dijo: «En el negocio de la gastronomía aprendimos que si tienes menos cantidad de ofertas especiales, vendes más ofertas especiales». Eso es exactamente lo que una estrategia o ^m*mapa* permite que haga tu Iglesia única: brindar unos pocos ministerios especiales grandiosos.

En Faithbridge hay solo tres ministerios especiales, ¡y solo tres! El promedio de las iglesias, sin embargo, ofrecen entre cinco y doce invitaciones semanales de opciones ministeriales. Uno solo puede quedar estresado con una dieta semanal de reuniones de alabanza los domingos por la mañana, seminarios sobre cómo enriquecer la vida los domingos por la tarde, estudio bíblico las noches de los martes, ensayo los miércoles por la noche, luego del servicio de esa noche, y desayuno de oración de hombres los viernes por la mañana.

Brindar menos cantidad de opciones permite una estructura organizacional de la iglesia más simple. El trabajo de organizar, contratar empleados, y organizar el presupuesto del ministerio resulta más sencillo, sin tantas bolas para hacer malabarismo y menos desorden en el armario.

UN SENDERO MÁS CLARO PARA MÍ REPRESENTA SINERGIA REAL PARA NOSO-TROS. Menos opciones no significa hacer menos por el hecho en sí mismo; sino que se trata de ayudar a las personas a desarrollarse relacionalmente y con madurez espiritual en el cuerpo de Cristo. Pero esto no es algo que sucede de forma automática. Menor cantidad de opciones adquieren sentido cuando coexisten en relación unas con otras y cuando combinadas revelan un camino más claro. En el ejemplo de Faithbridge ves un sendero triangular con múltiples puntos de ingreso. La alabanza está en la cima del triángulo, representando el punto de ingreso principal.

Los beneficios para el personal son innumerables, pero todos están enraizados en la oportunidad de una real sinergia. El ministerio ya no se mide por «cantidad de personas en los asientos de tu área ministerial», sino por el modo en que las personas se desarrollan a través de tu ᵐmapa. Como el camino es claro, los equipos de liderazgo comparten un objetivo común: saben lo que significa anotar juntos un gol. Por ejemplo, el pastor de los grupos pequeños de Faithbridge se pone contento cuando alguien deja de ir y venir de grupo en grupo pequeño, para definitivamente involucrarse en un equipo de servicio. Otro beneficio para el equipo de liderazgo es la habilidad de decidir con prontitud qué es funcional y qué no. Con un sendero claro se hace más obvio cuando los programas o iniciativas crean una contracorriente o distracción al proceso definido. El personal continuamente puede experimentar con la creación de iniciativas y eventos que mejoren la asimilación a lo largo del proceso. Destaco el mantra iniciado por Andy Stanley: «Piensa pasos, ¡no programas!».[3]

MEJOR CALIDAD PARA MÍ, ENERGÍA FOCALIZADA PARA NOSOTROS. El ᵐmapa le permite a la iglesia canalizar más recursos en la forma de tiempo, dinero, creatividad, oración, y planificarlos en las mejores iniciativas ministeriales. El resultado es una mejor experiencia para todos los aspectos de la «vida juntos». Al considerar la idea de calidad, es importante no pensar en el consumismo. La calidad es un atributo de esencia espiritual tanto como lo es limpiar los baños o mejorar la armonía. ¿Tu enseñanza es mejor preparando tres sermones semanales, o uno? ¿Los miembros del equipo de alabanza viven una experiencia comunitaria significativa antes de liderar o no? ¿Estás siempre exhausto como líder espiritual, o atiendes a tu congregación con energía y pasión? Por *calidad*, me refiero a la calidad de vida a la que se refería Jesús cuando hablaba de «vida abundante» (Juan 10.10).

Con tu ^m*mapa*, el potencial colectivo de tu liderazgo es tan efectivo como un rayo de sol brillando a través de una lupa. Lo que era blando y poco efectivo deviene concentrado y potente, incluso candente. En Faithbridge los líderes mantienen reuniones de muchas horas, no para hablar de la filosofía de los asuntos ministeriales y evaluar todo tipo de programas nuevos, sino trabajando en el modo de mejorar su estrategia alabanza + 2. Se enfocan en hacer más de lo que hacen mejor.

MÁS VIDA PARA MÍ, MENOS ACTIVIDAD PARA NOSOTROS. Para el individuo el ^m*mapa* significa más vida, es decir más cambio de vida, y más vida fuera de la iglesia para ser la iglesia. El mayor argumento para el ^m*mapa* es que libera a las personas de ambientes sobre-programados para encarnar la vida de Jesús en el mundo. Hace algunos años atrás, cuando cambié mi trabajo como empleado de una iglesia para comenzar como consultor, definitivamente dejé de asistir a los servicios de los miércoles por la noche. Ahora soy un mejor padre y vecino porque dejé ese hábito. El beneficio correspondiente para el personal y otros líderes de la iglesia es nada menos que cordura. No toda actividad es progreso; la sangre, sudor y lágrimas de muchos pastores son el combustible de la maquinaria de una iglesia con poco resultado de cambio de vida. Desarrollar el ^m*mapa* para tu iglesia es algo crítico no solo para liderar, sino para vivir una vida que valga la pena entregar a quienes nos siguen.

^m*Mapa, lleve dos (y tres, y cuatro)*

Aquí hay algunos ejemplos más para inspirar tu propio viaje hacia un ^m*mapa* único.

CALVARY BAPTIST, CLEARWATER, FLORIDA. La misión de Calvary es «construir relaciones que lleven a las personas a una vida dinámica en Cristo». En el proceso de sendero de visión el equipo desarrolló el ^m*mapa* para mostrar cinco componentes que describen el viaje del cumplimiento de la misión. Está representado por el eslogan «viaje de por vida». Cada paso tiene su propio ícono, y al mapa completo lo denominan «señales para el viaje de por vida» (ver figura 14.6).

Figura 14.6. Ícono de ᵐ*mapa* de Calvary Baptist

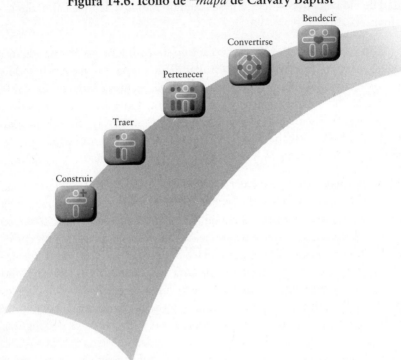

Aquí está el significado de cada paso:

o *Construir* significa construir relaciones. El ícono representa estar siempre dispuesto a añadir a alguien a tu vida, actuando de manera deliberada para Cristo.

o *Traer* representa llevarte a ti mismo y a otros a adorar durante los fines de semana.

o *Pertenecer* representa el componente de grupos de vida de la estrategia (Calvary realiza grupos pequeños dentro y fuera del campus).

o *Convertirse* es la secuencia de seminarios de equipamiento ofrecidos por temporadas en la iglesia; aquí usamos el diamante de béisbol para representar un sendero curricular.

o Finalmente, *bendecir* es el estilo de vida de servicio tanto dentro como fuera de la iglesia.

Como con Faithbridge, en Calvary todo está conectado con este claro ᵐ*mapa*. Incluso el lenguaje interno está enraizado con el vocabulario estratégico. Una inauguración de un evento se promocionó con el nombre «Gran traer». El lanzamiento de los grupos pequeños fuera del campus, lo llamaron «Pertenecer 2.0». Una iniciativa especial para una actividad de servicio a la comunidad fue denominada «Festival de bendición». Al alinear su comunicación la iglesia ayuda a sus miembros a mantenerlos focalizados en la visión.

DISCOVERY CHURCH, ORLANDO, FLORIDA. Cuando Discovery Church desarrolló su ᵐ*mapa* la inspiración provino de la metáfora de un hogar (desarrollada antes de que la de North Point ganara popularidad) donde nuevas habitaciones representan «descubrimientos» nuevos acerca de Jesús. Su ᵐ*mandato* es «guiar a las personas a descubrir su hogar en Cristo». Como iglesia innovadora y con destreza mediática, Discovery necesitaba imágenes gráficas múltiples y coloridas para crear un abordaje de comunicación multifacético que ayudara a las personas a comprender su estrategia (ver figura 14.7). La estrategia se despliega como sigue:

o La puerta de entrada representa los servicios de fin de semana.

o La sala familiar es su comunidad de grupos pequeños.

o La cocina representa el ministerio y los equipos de voluntariado.

o El estudio les recuerda a las personas encontrarse con Jesús de manera personal cada día, mediante la oración y el estudio de la Biblia.

o El ícono del vecindario les recuerda a las personas vivir para Cristo intencionadamente en donde viven.

Figura 14.7. Ícono de ^m*mapa* de Discovery Church

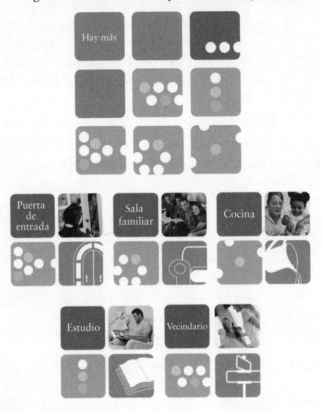

El primer componente es el uso de puntos para mostrar la conexión con el logotipo (la marca en el borde superior derecho del ícono principal). Los tres puntos en el logotipo muestran una elipsis; siempre hay algo más que descubrir en Cristo. El uso de estos puntos para componentes estratégicos crea un gráfico juguetón y mediático que conceptualiza aspectos de cada componente. El segundo componente es el gráfico de una casa como ilustración para mostrar la conexión visual con la parte específica del hogar. El tercer aspecto del ícono interactivo es el estilo fotográfico, que también puede ser usado para mostrar conexión con el hogar.

FIRST PRESBYTERIAN CHURCH, HOUSTON. Cuando First Presbyterian desarrolló su ^m*mapa*, el énfasis misional estaba representado por la idea de un estilo de vida de invitación (representado por la «*i*»), es decir invitar a las personas a conocer a Cristo y experimentar la vida que Él ofrece (figura 14.8). Este paso clave en el ciclo del ᵐ*mapa* es el comienzo y el final de todo lo que hace la iglesia, indicado con una especie de círculo abierto que comienza y termina en la «*i*». (Las dos partes del círculo provienen de su misión, la cual incluye «comprometiendo mentes y guiando corazones».)

Figura 14.8. Ícono de ᵐ*mapa* de First Presbyterian Houston

Alaba

Crece

Sirve

Invita

La letra *a* representa la alabanza, y la letra *c* representa crecimiento en la escuela dominical, donde los componentes de enseñanza y comunidad se dan juntos en un formato tradicional dentro del campus. La letra *s* representa el área del servicio. Nuevamente, todo en First Presbyterian está conectado con estos cuatro componentes del ᵐ*mapa*.

Toda iglesia necesita una estrategia

Observa que tener un ᵐ*mapa* no representa una manera determinada de ser la iglesia. Es simplemente ser claro acerca de cómo funciona tu Iglesia única. Para ilustrarlo considera las diferencias en cuatro ejemplos de este capítulo (tabla 14.1).

Desarrollo de estrategias en la historia reciente

La historia de iglesias que tienen una estrategia es bastante breve. Aquí están los puestos de control más notables en el desarrollo del ᵐmapa o la estrategia como lo definí.

Tabla 14.1. Cuatro estructuras de ᵐmapas únicos

Iglesia	Herencia	Estructura ᵐMapa	Presentación gráfica
Faithbridge	Metodista	Mosaical	Ecológica, relacional, íconos literales
Calvary	Bautista	Lineal	Limpia, progresiva, íconos estilizados
Discovery	No-denominacional	Interactiva	Audaz, innovadora, íconos conceptuales
First Presbyterian	Presbiteriana	Cíclica	Tradicional, elegante, íconos tipográficos

Diamante de béisbol de Rick Warren

Popularizado por el lanzamiento del libro *Una iglesia con propósito* en 1995, muchas iglesias «salieron de la base» y usaron el diamante. El diamante es ingeniosamente claro y ofrece una progresión simple. Con la orientación misional, sin embargo, surgen dos problemas: (1) la metáfora sugiere ser llevada adelante por ti solo, lo que desecha el valor de la comunidad, y (2) cruzar la base *home* implica que anotaste, terminaste. ¡Demasiado para el discipulado como proceso! La realidad más desafortunada con el diamante de béisbol, sin embargo, es que nueve de cada diez iglesias hace un mal uso de él como estrategia al hundirlo para ser solo un camino curricular. El diamante no fue pensado para ser usado así.

La estrategia de siete pasos de Bill Hybels

La estrategia de Willow Creek Community Church se popularizó a través de la creciente asistencia a las conferencias Willow, que comenzaron en 1990 y continúan hasta nuestros días. Los primeros tres pasos de la estrategia eran «construir una relación con las personas que no se congregan», «compartir un testimonio verbal», e «invitar a un servicio para buscadores». En su cumbre de liderazgo de agosto del 2007 anunciaron los resultados de un estudio significativo en un libro titulado *Reveal*, que exponía la necesidad de reconsiderar su estrategia. El descubrimiento principal fue que «involucrarse en actividades eclesiales no pronostica o lleva a un crecimiento espiritual de largo plazo».[4] Aprecio la trasparencia de Willow Creek al compartir lo que están aprendiendo. Mientras repiensan su estrategia, admiten con total libertad que su visión para una nueva estrategia todavía está en desarrollo. Una observación que guía su actual pensamiento es el deseo de «llevar a las personas de una dependencia de la iglesia a una colaboración interdependiente con la iglesia».[5]

Tres ambientes del hogar de Andy Stanley

La estrategia de North Point se popularizó a través de sus conferencias *Catalyst and Drive*, que cobraron ímpetu la década pasada. La metáfora del hogar es relacional e intuitiva, siguiendo una progresión de tres pasos desde el vestíbulo, hasta la sala de estar, hasta la cocina, para representar los tipos de ministerio que las personas deben encontrar para estar en una relación creciente con Cristo.

Equipo consultor y creativo Auxano

En 2001 miembros de nuestro equipo acuñaron el término «ícono estratégico» y fueron pioneros de un proceso para el desarrollo del ^{m}*mapa* para cientos de iglesias a lo largo del país. Impulsados por ayudar a las iglesias a descubrir su propio ADN, incluimos al ^{m}*mapa* en el proceso de desarrollo de nuestra marca única.

La iglesia simple de Thom Rainer

Publicado en 2006, éste es el primer libro dedicado a la idea de tener un proceso simple y claro de hacer discípulos. Thom usa su investigación base para confirmar que «hay una relación altamente significativa entre el diseño de una iglesia simple, y el crecimiento y la vitalidad de la iglesia local».[6] Estoy encantado de que Thom pregone un mensaje que tantos necesitan escuchar.

Resumiendo: ¿Wal-Mart o Starbucks?

Tanto Wal-Mart como Starbucks son minoristas exitosos en Estados Unidos. Wal-Mart atrae personas por la cantidad de productos con precios bajos que puede apiñar en sus estanterías. Starbucks atrae personas porque hace una cosa bien: servir café en el negocio de la gente. De hecho, la calidad es tan importante para Starbucks que sus tiendas no tienen hornos microondas a pesar de que sirven bebidas calientes.

¿Tu iglesia es estilo Wal-Mart o Starbucks? ¿Tu iglesia existe para poner en sus estanterías tantos programas como sea posible, con la esperanza de que vengan más personas? ¿O tu iglesia es una Starbucks, proveyendo un proceso de calidad increíblemente claro para un modo de vivir misional que hace discípulos? Antes de dejar este capítulo, recuerda este principio definitorio: *los programas no atraen personas; las personas atraen personas.*

Tabla 14.2. Beneficios del ᵐ*mapa*

Iglesia sin estrategia (más es más; enfoque Wal-Mart)	Iglesia con estrategia (menos es más; enfoque Starbucks)
Las iglesias se estancan pensando que más programas significan más ministerio	El ᵐ*mapa* muestra cómo llevar a cabo la misión con unos pocos ministerios apropiados
Las iglesias se decepcionan por el mito de que las personas quieren más opciones	El ᵐ*mapa* clarifica un camino simple de involucramiento.
Las iglesias piensan involuntariamente qué tiempo en la iglesia es igual a madurez espiritual	El ᵐ*mapa* limita y administra el tiempo «en la iglesia» para liberar a las personas para «ser la iglesia»
Las iglesias no pueden decir que no a las ideas de su congregación aun cuando las ideas no son efectivas	El ᵐ*mapa* filtra qué ideas funcionan mejor y cuáles no funcionan
Las iglesias permiten una espiritualidad inmadura centrada en el conocimiento para dictaminar la oferta de programas	El ᵐ*mapa* presenta y guía a las personas a través de un proceso de discipulado equilibrado
Las iglesias generan consumidores religiosos	Las iglesias generan seguidores de Cristo

Hay una belleza verdadera en clarificar, focalizar y fortalecer los ministerios definidos por tu ᵐ*mapa*; las personas que están creciendo en el proceso captarán a otras personas con ellos (tabla 14.2). La gente crecida hace crecer a otra gente. Personas consumistas consumen programas. No podemos perder el camino de Jesús en este aspecto. Al final de la era cristiana no podemos esperar que un enfoque Wal-Mart tenga viabilidad sostenida. Con una estrategia o ᵐ*mapa*, tu iglesia puede desarrollar su enfoque único para cultivar discípulos.

15

HABLA LO QUE VIVES:

MEDIDAS COMO SEÑALES DE VIDA MISIONAL

Para conocer el verdadero tamaño de una iglesia no debes preguntar «cuántos son», sino «cuánto se aman»; no considerar su «importancia», sino su «coherencia».
— Robert Lewis

MATT EMMONS ESTABA A UN DISPARO de ganar su segunda medalla de oro en las Olimpíadas de 2004. Encabezando la competencia de tiro con rifle de cincuenta metros en tres posiciones, Emmons tenía tanta ventaja sobre sus adversarios que su último disparo sólo tenía que impactar en el blanco, sin importar en qué parte. Con una calma inquebrantable y una precisión increíble, disparó su rifle y lo vio perforar otro ojo de buey. Unos segundos pasaron y las luces del tablero de puntajes no se encendieron. Los tres oficiales vestidos con chaquetas rojas se aproximaron a ver el impacto, Emmons estaba seguro de que el tablero estaba descompuesto. Pero no lo estaba. El deportista quedó anonadado al escuchar que había acertado el blanco equivocado. Estando en la línea dos había disparado al objetivo de la línea tres. Ese día los oficiales no le dieron ningún premio y Emmons ni siquiera obtuvo una mínima posición en la competencia.

Ministerios de fuego cruzado

Aunque no es usual en las competiciones de elite, existe el problema técnico de acertar el blanco equivocado denominado: «fuego cruzado». Desafortunadamente otro tipo de fuego cruzado es muy común en nuestras iglesias hoy. ¿Por qué digo esto? Imagina que estás sentado frente a cinco o seis personas de tu iglesia. Tal vez haya ancianos, miembros del concejo, líderes de voluntarios, o miembros de tu pequeño grupo de estudio. Para enriquecer nuestra ilustración imagina que esas personas son personal asalariado. Les formulas una simple pregunta: «¿A qué blanco ministerial en común apuntan todos?» Cada semana al hacer esa misma pregunta veo miradas perdidas. O si el personal me brinda respuestas, las mismas nunca coinciden entre ellas. Es prácticamente imposible para mí hablar a una iglesia cuando los líderes principales tienen expresiones cruzadas acerca de los resultados que buscan. Lo que le sucedió a Emmons está sucediendo en estos momentos en decenas de miles de iglesias de Estados Unidos: líderes de renombre están disparando entre hileras hacia otros objetivos. ¡Ayúdanos Señor!

Medidas como marcas de vida misional

Hasta ahora discutimos los tres componentes del marco de visión: la misión, los valores y la estrategia. La pregunta que quiero plantear es: «¿Cómo sabes cuándo estos tres componentes están trabajando como deben?» En otras palabras ¿cuándo das en el centro del blanco? La pregunta introduce la cuarta pieza: medidas como marcas de vida misional, o ^{m}*marcas*, para abreviar (figuras 15.1 y 15.2).

Figura 15.1. El marco de visión: medidas como marcas

Figura 15.2. Dar en el centro del blanco

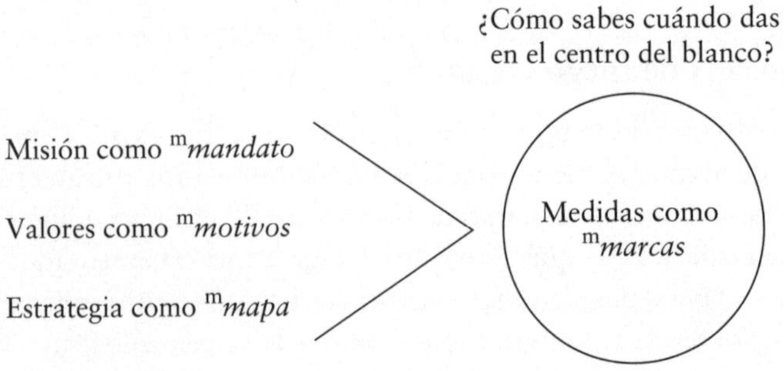

¿Cómo sabes cuándo das
en el centro del blanco?

Misión como ^{m}*mandato*

Valores como ^{m}*motivos*

Estrategia como ^{m}*mapa*

Medidas como
^{m}*marcas*

Definimos las ^m*marcas* como el *conjunto de atributos en la vida de un individuo que definen o reflejan los logros de la misión de la iglesia.* Las ^m*marcas* son el retrato de un discípulo y la definición de madurez espiritual. Las ^m*marcas* proveen los estándares con los cuales se puede medir la misión en relación al desarrollo de un individuo a través del ministerio de la iglesia. Una antigua máxima dice: «Tu misión es lo que mides». Como lo discutimos anteriormente, cada iglesia siente la fuerza de gravedad de medir solo lo que está a la vista (asistencia, edificios y dinero). El problema es que con esas variables puedes ser muy exitoso, pero como un circo. Entonces ¿qué medidas son adecuadas para líderes mentalizados en el reino de una iglesia misional? Al definir las ^m*marcas* como tus medidas, puedes focalizar tu iglesia en la obra del Espíritu en la edificación de las almas, y en la agenda de Jesús para la multiplicación. Cuando le presentamos las ^m*marcas* en nuestro proceso de desarrollo de la visión a un joven líder de Austin, se sintió muy aliviado. Nos comentó que su mayor duda en entrar al ministerio fueron las medidas de sus experiencias eclesiales pasadas. Estaba entusiasmado con la idea que el equipo de liderazgo estuviera detrás de las ^m*marcas* que elaboramos.

¿Qué tipo de cristiano produce tu iglesia?

Algunos pastores destacados ofrecen un atisbo del valor de las ^m*marcas*. Uno es Randy Pope de Perimeter Church en Atlanta. Al relatar las crónicas de su viaje, Randy comparte el problema de tener una misión (^m*mandato*) y un proceso (^m*mapa*), pero no un «ideal claro». Mientras lees estas palabras, ten en mente que su visión usa la metáfora de un hogar seguro; por lo tanto se refiere a su congregación como «residentes». Randy escribe:

> Ellos [líderes de la iglesia] formularon una pregunta reveladora: enton-
> ces, si eres fiel a todas las directrices de una iglesia «hogar seguro»,
> ¿qué clase de residente esperas desarrollar como resultado? La varie-
> dad de respuestas que dimos solo probó una cosa: teníamos muchas
> ideas, pero no un ideal claro. Nunca habíamos identificado con clari-
> dad a qué deberían parecerse idealmente con el tiempo los residentes de
> nuestro hogar seguro. Estábamos barajando términos tales como *dis-
> cípulos entrenados, creyentes maduros, y cristianos equipados*, pero no
> había acuerdo respecto de la descripción de tales personas. ¿Qué tipo
> de cristiano estaba diseñada para producir Perimeter? Puedo pensar
> pocos ejercicios más saludables en la vida de nuestra iglesia que cuando
> luchamos con el asunto y desarrollamos una definición.[1]

Randy Frazee también menciona este tema cuando dice: «Debemos tomar de la iglesia antigua, y redefinir de la iglesia posmoderna a qué se parece un seguidor de Cristo Sea cual fuere el modelo de formación espiritual, debe ser promovido por la autoridad espiritual de la iglesia, debe enseñarse en todos los niveles, debe formar un lenguaje común mediante el cual las personas de la comunidad se comuniquen entre sí, y debe ser el punto de referencia contra el cual examinemos nuestras vidas individualmente y en comunidad».[2]

Para Perimeter Church sus ᵐmarcas son el «ideal claro» y la definición del discípulo que funciona. Para Pantego Bible Church sus ᵐmarcas son el «lenguaje común de las personas» que sirve como punto de referencia para examinarse. Estas dos iglesias tan diferentes comparten la convicción de que la iglesia local debe clarificar su ojo de buey, los atributos de un individuo que reflejan el cumplimiento de la misión.

Concepto simple, práctica perdida

A pesar de que para los pastores las ᵐmarcas son sencillas y directas definiciones, resulta extraño no verlas reflejadas en las iglesias. En un equipo de liderazgo típico, la mayoría de las personas puede arañar una definición básica de un discípulo en menos de cinco minutos. Sin embargo pueden pasar años sin que el personal del ministerio tenga al menos una definición compartida desde la cual trabajar en conjunto. Veo cuatro razones que explican por qué sucede esto. Primero, tanto los modelos de planificación como los de visión no lo enfatizaron. Segundo, estamos tan volcados a la enseñanza, que no sentimos la necesidad. Tercero, una vez que un equipo ve la necesidad de un conjunto de ᵐmarcas compartidas, puede ser extremadamente difícil forjarlas. Cuarto, algunos pastores se resisten a la responsabilidad. Estudiemos más profundamente cada una de estas razones.

LOS MODELOS DE VISIÓN Y DE PLANIFICACIÓN NO LO ENFATIZARON. Los mejores gurús de visión corporativos construyen modelos útiles, pero que no son completos para la iglesia. El resultado deseado de una vida cambiada es más escurridizo que «seis sigma» en la línea de ensamblaje de Motorola, una entrega diaria para FedEx, y una sonrisa de atención al cliente de una aeromoza de Southwest Airlines. No hay duda de que estas son medidas importantes, pero ¿cómo llevamos las mentes de nuestro liderazgo hacia algo más profundo como el Espíritu Santo dándole a Bob más hambre de las Escrituras, o convencer a Betty que su forma de comer excesiva es idolatría? Muchos modelos de visión se detienen después de identificar misión, valores, y visión. El popular concepto de Jim Collins BHAG (por sus siglas en inglés de grande, peludo, objetivos audaces) es una idea útil para ampliar las mentes de los líderes, pero difícilmente sirva para captar los resultados de formación espiritual. Muchos escritores de libros para el ministerio también lo perdieron de vista. Tengo docenas de libros ministeriales sobre visión que no te llevarán hasta ese punto. Unos pocos están comenzando a hacerlo. Aubrey Malphurs recientemente agregó una «matriz de maduración» a su trabajo sobre estrategia que aporta un concepto como las ᵐmarcas. En *The Present Future*, Reggie McNeal toca el tema a través del énfasis en «resultados» como agregado a su lista que incluye misión, visión y valores. Escribe: «Estoy convencido que la razón de tanto agotamiento, falta de compromiso, y bajo desempeño en nuestras iglesias entre el personal y los miembros está directamente relacionado con el fracaso en declarar los resultados que buscamos. No sabemos hacia dónde nos dirigimos».[3]

ESTAMOS TAN OCUPADOS ENSEÑANDO QUE NO NOS DAMOS CUENTA DE QUE FALTA ALGO. El síndrome clásico de perder de vista el bosque a causa de los árboles es un problema masivo. Es lo suficientemente importante como para atraer la atención de George Barna, quien expone el problema con gran claridad. Escucha su descripción de las tres razones principales por las cuales las iglesias hoy no tienen éxito en hacer discípulos:

o Pocas iglesias o cristianos tienen una definición clara y medible de éxito espiritual.

o Definimos el discipulado como «conocimiento mental» en lugar de trasformación completa.

o Elegimos enseñar a las personas de manera azarosa en lugar de sistemática.[4]

Estuve meditando en esta tercera observación durante años, y me sorprendió su precisión penetrante. Nuestro fracaso en ofrecer un marco básico de formación espiritual dejó a las personas inundadas en fragmentos de verdad espiritual, perdiéndose la visión integrada de lo que significa seguir a Jesús. Una historia personal ilustra este punto. Estaba saliendo de McDonald's con mi hija de cinco años, Abby, quien tenía un jugo de naranja en su mano. Al dirigirnos hacia la puerta sus ojos preocupados me observaron mientras me hacía una pregunta importante: «Papi, ¿puedo poner mi bebida en el soporte para refrescos cuando entremos al auto?». Así como Abby necesitaba un lugar para su bebida, las personas en nuestras iglesias necesitan un soporte para poner la verdad en sus mentes, para poder integrarla en sus vidas. Las personas necesitan «espacios designados para la verdad» que las ᵐ*marcas* crean. Barna continúa su descripción con una explicación magnífica de la razón por la cual las iglesias necesitan una herramienta como las ᵐ*marcas*.

Al sondear las prácticas de las iglesias a lo largo del país, encontramos que la mayoría de las iglesias se conforman con proveer contenido bíblico a sus feligreses. El problema no es el contenido bíblico en sí mismo, sino que este no sea enseñado de manera sistemática y acompañado de un propósito. El resultado es que los creyentes son expuestos a una buena información pero sin contexto, que es olvidada rapidamente por la persona ya que no sabe darle sentido dentro del contexto más amplio de su fe y su vida cotidiana. En consecuencia clasificamos a los sermones por el valor que experimentamos en el momento, o valoramos la utilidad de libros y lecciones en términos de qué tan entretenidos o eruditos son. Los creyentes se convierten en expertos en el conocimiento de personajes, historias, ideas y versículos de la Biblia, pero permanecen ignorantes acerca de la relevancia de cada uno de ellos.

Imagina que la manera en que enseñamos a las personas sobre el cristianismo es un juego masivo de «unir los puntos». El problema es que no le ponemos los números al lado de los puntos... Ponemos a todas las personas en un mismo viaje genérico, esperando que todos «entiendan» al mismo tiempo y de la misma manera, y se conviertan simultáneamente en creyentes maduros. No funciona así. Hasta que no asumamos un abordaje estratégico para brindar introspecciones y resultados dentro de un marco mental y experimental viables, continuaremos frustrándonos con los resultados de nuestros bien intencionados pero pobremente conceptualizados esfuerzos por cultivar discípulos.[5]

Las ᵐ*marcas* se convierten en el marco mental para que las personas capten y digieran la verdad. Piensa en ellas como una red, matriz, o cuadrícula dentro de la cabeza que impide que la enseñanza entre por una oreja y salga por la otra. Tus medidas de misión como ᵐ*marcas* son un antídoto a los tres desafíos definidos por Barna y en los párrafos anteriores; primero, crean una definición de discípulo, segundo, corrigen una espiritualidad centrada en el conocimiento, y tercero, constituyen el fundamento para la enseñanza sistemática.

Es difícil forjar una definición compartida. En la última década trabajé con cientos de equipos en este proceso. Recuerda que estamos buscando la simplicidad del otro lado de la complejidad, que requiere transitar el túnel del caos. Recuerda que Randy Pope, como mencioné anteriormente, se refiere a este proceso como una lucha. Una definición compartida de un seguidor de Cristo implica sangre, sudor y lágrimas en su desarrollo. También lleva una buena porción de claridad no egoísta. Una exhortación que suelo darle a los líderes es que no tienen el derecho de inventar su propio lenguaje con cada iniciativa o departamento ministerial. Hay demasiado en juego. Incluso una pequeña iglesia tiene tanta complejidad en su comunicación que las personas no captaran las medidas si el lenguaje no es claro y alineado. Afectar a la cultura de la iglesia lleva un periodo de tres años del uso consistente del lenguaje. Si varios miembros del equipo cambian el lenguaje, siempre están reseteando nuevamente a cero la cuenta de tres años.

Algunos líderes evaden la responsabilidad. Con todos los beneficios de tener las ᵐ*marcas*, algunos líderes prefieren no tener un centro del blanco. Sería demasiado doloroso para ellos no dar en el blanco, y demasiado aterrador darse cuenta de que alguien estaba mirándolos. Los indicadores no expresados de estos líderes son la cantidad de críticos que pueden evitar, o cuántos días pueden volver temprano a sus casas sin haber afectado su statu quo. ¿Cómo es que los líderes llegan a este punto? Yo supongo que el problema se origina en una de estas cuatro fuentes: su propia inseguridad, un enraizado perfil pacificador y armonizador, una duda inherente acerca de los métodos y herramientas que están usando, o simplemente baja energía emocional.

ᵐ*Marcas* ampliamente usadas

En tu viaje cristiano probablemente te topaste con numerosos «retratos de un discípulo». Hay unos pocos que considero prominentes. El primero es Navigator's Wheel. Como ministerio para-eclesiástico con trasfondo militar, el ministerio Navigator's se caracteriza por el énfasis en el discipulado uno-a-uno y la disciplina personal. Para transmitir su comprensión de la vida cristiana, ellos usan el diagrama de un timón (figura 15.3). La fortaleza del diagrama es su simpleza, con un punto de enseñanza cautivador: «Cuando el timón está en movimiento, tú no ves los rayos; ves a Cristo en el centro».

Figura 15.3. El timón del navegador

Pero para los líderes de la iglesia el timón deja sueltos algunos cabos. ¿Qué sucede con la alabanza, el servicio o la mayordomía, elementos vitales a la reunión local de creyentes? Entonces algunos líderes han realizado ajustes apropiados. Liderando el camino está Willow Creek, con su declaración de cinco puntos. (Vi esta declaración modificada y adaptada más que cualquier otra, a pesar de que Willow Creek técnicamente dejó de usarla incluso antes de que se publicara el estudio en *Reveal*.) Los cinco puntos responden a la pregunta: «¿A qué se parece un seguidor totalmente devoto?». Aquí están los puntos (mi resumen, no el de ellos):

o Gracia: referida tanto a recibir gracia como a ser una persona de gracia.

o Crecimiento: habla a los discípulos acerca del crecimiento espiritual personal.

o Grupos: referidos a la práctica de reunirse en grupos de configuraciones mayores o menores.

o Dones: significa usar tu don espiritual para la edificación del cuerpo.

o Buena mayordomía: resalta la entrega de tu tiempo, talento y riquezas.

Otro ejemplo de ᵐ*marcas* es el conjunto usado por Fellowship Bible Church en Little Rock, Arkansas. Ellos desarrollaron las características de una vida de «influencia irresistible»:

o Apasionadamente comprometida con Jesucristo (un corazón para Dios).

o Bíblicamente medible (todo por el Libro).

o Moralmente pura (en una era moralmente en peligro).

o Centrada en la familia (los hogares saludables son una prioridad).

o Evangelísiticamente audaz (predispuesta y segura al compartir su fe).

o Socialmente responsable (nos preocupa la comunidad que nos rodea).

Una perspectiva final, desarrollada por Pantego Bible Church, es más comprensiva. La iglesia usa «30 competencias principales» que se encuentran en su «Perfil de vida cristiana». Las competencias están en la lista de la tabla 15.1, como tres juegos de diez creencias principales, prácticas principales y virtudes principales.

Tabla 15.1. Treinta competencias principales

10 creencias principales	10 prácticas principales	10 virtudes principales
Trinidad	Alabanza	Gozo
Salvación por gracia	Oración	Paz
Autoridad de la Biblia	Estudio bíblico	Auto-control
Dios personal	Determinación	Humildad
Identidad en Cristo	Dones espirituales	Amor
Iglesia	Comunidad bíblica	Paciencia
Humanidad	Entregar mi tiempo	Fidelidad
Compasión	Entregar mi dinero	Amabilidad y bondad
Eternidad	Entregar mi fe	Mansedumbre
Mayordomía	Entregar mi vida	Esperanza

Estos ejemplos de cuatro ministerios fuertes pero diversos son puntos de referencia útiles para pensar tu propio viaje espiritual. Vuelve a referirte a ellos al recorrer tu camino hacia el desarrollo del tuyo propio.

Desarrollar ᵐ*marcas*

Al igual que con los demás componentes del marco de visión, espero que estés teniendo ese sentimiento de no querer liderar un día más en la iglesia sin haber determinado esto concretamente. Cuando comparto el marco de visión y construyo las ᵐ*marcas* con misión, valores, y estrategia, para muchos la cosa comienza a marchar. En particular, la estrategia y las medidas como marcas de vida son descubrimientos que la mayoría de los líderes se están perdiendo. Por supuesto, toma algún tiempo ver cómo funcionan juntas todas las partes del marco.

Liderar con tus propias marcas de vida misionales requiere que des ciertos pasos importantes para *expresar con claridad* y *saturar* antes de que efectivamente puedas *implantar en la cultura*. Caminemos por el primer paso, expresar con claridad.

Expresar bien tus ᵐ*marcas*

Expresar bien tus ᵐ*marcas* requiere cuatro pasos básicos. Primero, debes estar seguro de comprender la diferencia entre tus ᵐ*marcas* y tus ᵐ*mapas* (entre medidas y estrategia). Segundo, con participación de los líderes creas el contenido de tus ᵐ*marcas* con un contorno de alto nivel. Tercero, depuras la expresión para que esté basada en tu visión única. Cuarto, creas los sub-puntos de tus ᵐ*marcas*.

Conoce la diferencia entre ᵐmarcas y ᵐmapa. Ahora que estamos en la cuarta parte del marco de visión, es importante distinguir los componentes y saber cómo trabajan juntos. Para usar una analogía sencilla, piensa en una compañía de pintura. Años atrás tenía un empleo en una compañía que producía pintura. Cuando hacíamos la pintura usábamos tres grandes hervidores de 7.500 litros para cocinar y mezclar. Luego el laboratorio de control de calidad controlaba la pintura con una lista de seis puntos: viscosidad de la pintura, color, brillo, tiempo de secado, y otros. El modo en que hacíamos la pintura (tres hervidores) y en el que validábamos la buena pintura (laboratorio de control de calidad) representan la diferencia entre estrategia (ᵐ*mapa*) y medidas (ᵐ*marcas*). Al clarificar esta diferencia con los líderes también uso un miembro ficticio llamado Joe Grow. Decimos que el ᵐ*mapa* es a dónde Joe *va*, y las ᵐ*marcas* son en lo que Joe *se convierte*. Usando jerga de iglesia decimos que el ᵐ*mapa* trata sobre la asimilación a la organización, y las ᵐ*marcas* tratan sobre la formación espiritual para el individuo.

Tabla 15.2. Diferencias entre ᵐ*mapa* y ᵐ*marcas*

ᵐ*Mapa*	ᵐ*Marcas*
Estrategia	Medidas
Tres hervideros	Laboratorio de control de calidad
Organización	Individual
Lugar	Virtudes
Asimilación	Formación espiritual
A dónde va Joe Grow	En qué se convierte Joe Grow

La tabla 15.2 resume las diferencias entre ᵐ*mapa* y ᵐ*marcas*.

Aún no abordamos el tema de que el test obvio del ᵐ*mapa* es si realmente produce las ᵐ*marcas* para las personas en el proceso. En la fábrica de pintura no podíamos decirles a los clientes que la pintura era buena solo porque había pasado por los tres hervidores; ¡tenía que ser validada! Piensa por un momento en tu liderazgo. ¿Alcanzará con pararte delante de Jesús y decirle: «cumplimos tu misión» sencillamente señalando a la asistencia a la alabanza o a los pequeños grupos? ¿O tendrás algo más para validar los frutos de tu misión? Habiendo hecho una clara distinción de las ᵐ*marcas*, pasemos al siguiente paso.

DETERMINA EL CONTORNO DE ALTO NIVEL DE TUS ᴹ*MARCAS*. Recomiendo que los equipos creen entre cuatro y seis contornos de sus ᵐ*marcas*. Más de seis no serán fáciles de recordar por las personas. Para estimular juegos creativos, utilizo varios ejercicios, disponibles en una herramienta llamada Vision deck (visiondeck.com). Aquí hay un muestrario de ideas para que puedas comenzar:

o *Hombre en misión*: haz que pequeños grupos de líderes dibujen una figura de palitos en un gran paño blanco. Usando partes del cuerpo como una chispa creativa, desarrollen una lista de los atributos de un discípulo que corresponden a esa parte del cuerpo.

o *Madurez de letra roja*: haz que los grupos ojeen las letras rojas del evangelio (las letras que Jesús habló de manera directa). Organícenlas en no más de seis categorías que describan a un seguidor maduro de Cristo.

o *Entrevistas misionales*: trae entre tres y cinco personas con las mentalidades más misionales de tu iglesia. Habla con ellas acerca de sus historias y prácticas de vida en el seguimiento de Cristo. Pídeles que enlisten las seis características más importantes de su camino con Jesús. Observa cómo se comparan sus listas individuales y desde allí desarrolla la tuya propia.

Obviamente estos ejercicios están pensados para estimular la expresión de fundamentos bíblicos ya presentes en el equipo de liderazgo. Para un tratamiento más exhaustivo busca libros y estudios bíblicos a través de los cuales puedas trabajar en conjunto. Por supuesto que siempre puedes estudiar las ᵐ*marcas* de otras iglesias como las descriptas en este capítulo. Pero no te preocupes demasiado por las expresiones de otros. ¡Trabaja duro en tu propio proceso! En esta etapa del proceso tu atención debe centrarse en el contenido: ¿cuáles son las cuatro a seis ideas más importantes que quieres usar para describir la vida misional? En el próximo paso nos enfocaremos en cómo lo debes decir.

DEPURA TU EXPRESIÓN TENIENDO EN CUENTA TU SINGULARIDAD. Asegúrate de captar tu cultura y permitir que tu concepto del Reino la embeba. ¿Cómo pueden comunicarse tus ᵐ*marcas* de la mejor manera posible a tu congregación? ¿Qué aspectos de tu concepto del Reino pueden matizarse en ellas? Pueden declararse como aliteraciones, preguntas, poesía o sencillamente puntos de una sola palabra. Aquí hay tres ejemplos:

> *Historia metafórica.* Una iglesia usó la idea de roles en la historia de la redención para definir sus ᵐ*marcas*. Vivir en la gran historia de Dios significa vivir los cuatro roles principales como seguidores de Cristo: el Amado, conocer y abrazar tu identidad en Cristo; el Compañero, caminar con responsabilidad junto a otros en el peregrinaje de la fe; el Sirviente, adoptar un modo de pensar que se preocupa y cuida de los demás; y el Embajador, representar a Jesús en el mundo mediante palabras y acciones.
>
> *Expresión poética.* Una simple sigla no fue suficiente para la cultura de First Presbyterian Houston. Durante el proceso, acuñaron frases memorables que pueden usarse de forma independiente o entretejidas:
> - Adorar no solo el domingo
> - Estudiar y orar cada día
> - Conectarse motivados por la responsabilidad
> - Servir y dar con generosidad
> - Invertir e invitar para mostrar el camino
>
> La expresión contesta la pregunta: «¿A qué se parece una relación con Dios que transforma vidas?»
>
> *Enfoque del concepto del Reino.* La iglesia Hope Baptist está focalizada en alcanzar a las naciones y participar del trabajo de

Dios en Las Vegas con ese fin. En sus ᵐ*marcas* eligieron enfatizar este concepto del Reino con una referencia explícita a las naciones. Sus ᵐ*marcas* responden a la pregunta: «¿A qué se asemeja vivir la vida de un seguidor de Jesús?»

La vida de un seguidor de Jesús se trata de relaciones.

o Una relación con el Padre que es diaria y personal.

o Una relación entre unos y otros que es amorosa y cercana.

o Una relación con el mundo que involucra a vecinos y naciones.

Observa el modo en que estas marcas de vida misional responden a las cinco C; todas son claras, concisas, convincentes, catalíticas y contextuales. ¿Puedes imaginarte entrar un ambiente de una iglesia donde estos principios se practican con pasión y claridad?

CONSTRUYE LOS SUB-PUNTOS DE TUS ᵐMARCAS. Una vez que llegaste a tu expresión final, puedes escudriñar y darle forma a las subcategorías de cada componente de las ᵐ*marcas*. Esta parte de tus ᵐ*marcas* no es para ser memorizada, sino para saturar la cultura de la iglesia con su referencia sistemática a través de la enseñanza. El ejemplo previo de treinta competencias demuestra este nivel de detalle. Cuando tienes esta herramienta puede convertirse en un «neo-leccionario» o mira y secuencia para una dieta completa de enseñanza de tu iglesia. La belleza de esta articulación es que puede expandirse como un acordeón en cualquier momento. Puede representar una medida de la misión de la iglesia en cinco frases breves, o puede desdoblarse y desplegar una lista de veinte puntos, si, por ejemplo, decides desarrollar cuatro sub-puntos para cada una.

Guiar decisiones en la vanguardia del ministerio

Al encontrarme en una iglesia que usa sus propias ᵐ*marcas* (la guía de las siglas), estaba discutiendo la selección del currículo de grupos pequeños con un joven líder llamado Mike. Él tiene veintiocho años y vende motores de turbinas de gas como sustento. Para mi sorpresa él tomó un bolígrafo y una servilleta para ayudarse con su respuesta. ¿Qué escribió? Las ᵐ*marcas* de su iglesia, ¡por supuesto! Comenzó a enlistar las letras *G, U, I,* en la servilleta. Como líder voluntario, Mike lidera con conciencia de las medidas principales de su iglesia. Al diagnosticar la necesidad del currículo de grupos pequeños, sus decisiones no estaban basadas en un capricho, sino en un marco intencional y sistemático que satura la cultura de la iglesia.

Ese día Mike me habló acerca de su grupo, acerca de Teresa y Bill, y Tim y Holley. Él sentía que era tiempo de que ellos estudiaran algo bajo la categoría de «ejercitar la mayordomía». Lo que Mike estaba haciendo ese día era muy profundo. Estaba ayudando a unir los puntos para las personas y defendiendo el ideal claro para las personas de su pequeño rebaño. Lo que Mike hizo ese día, no lo hicieron nunca la mayoría de los pastores a tiempo completo de Estados Unidos: tomó una decisión ministerial sencilla gracias al beneficio de un ojo de buey claro frente a él. Acertó en el blanco del liderazgo misional porque su iglesia había articulado con claridad el objetivo que perseguía.

16

ENCUADRA EL FUTURO:

PREPÁRATE PARA UN ESTILO DE VIDA DE VISIÓN

El liderazgo misional requerirá la habilidad de evocar un lenguaje acerca de la iglesia que remodele la comprensión de sus propósitos y prácticas.

— Darrell Guder

EN LOS ÚLTIMOS CUATRO CAPÍTULOS cubrimos los cuatro bordes del marco de visión. Mi intención es mostrar de qué manera se puede expresar con claridad la visión con rapidez y sin comprometer su integridad. Este capítulo da una vuelta de página para trabajar no en el marco, sino en lo que lo sostiene. Usando nuestra analogía del rompecabezas, completamos los bordes rectos que lo enmarcan; ahora podemos comenzar a unir las piezas individuales del interior, contenidas en el marco que definimos como visión propiamente dicha (figura 16.1).

Figura 16.1. El sendero de visión: la visión propiamente dicha como ^{m}*Mojón* + *Cima*

Jazz visionario

La visión propiamente dicha es muy diferente a los bordes del marco que desarrollamos hasta aquí. La diferencia entre construir los lados del marco y el interior es similar a la diferencia que existe entre un arquitecto y un músico de jazz. El arquitecto usa la creatividad dentro de los límites de la ciencia y termina su trabajo antes de que la tarea de construcción real se lleve a cabo. El músico de jazz continuamente está creando al fundir la ciencia y el arte de la música; su trabajo nunca termina. A cada momento el músico visionario espontáneamente va creando. La habilidad del músico sigue siendo flexible ya que los patrones de sonido evolucionan, rebotando de un corazón a otro, del artista a la audiencia y de nuevo al artista. Así también es el trabajo de visión, fundamentalmente vivo y no estático; hay constante variación, sorpresa, y arte mientras el líder y los seguidores «ejecutan hacia el futuro» juntos. En este capítulo desarrollamos una comprensión de la visión propiamente dicha parecida a la música estilo jazz. Como escribió Warren Bennis: «Los líderes deben alentar a sus organizaciones a danzar estilos de música que aún no han sido escuchados».[1]

La primera parte discutió la «caída» de la planificación estratégica. Sugerimos que la planificación no puede asumir puntos de referencia fijos en el futuro. También sugerimos que el líder necesitará las herramientas para navegar en un ambiente más fluido, como si navegara en un océano. Este capítulo explica que el marco de visión es esa herramienta. No es un plan estratégico per se, sino exactamente lo que necesitamos para navegar en estos tiempos: un marco estratégico para pensar y actuar. Al desarrollar la visión propiamente dicha (pensar específicamente acerca de cómo será el futuro), lo hacemos con la ventaja del marco de visión.

Un paseo en el camino

El viaje de elaborar el marco para llegar a lo que ahora llamamos visión propiamente dicha hace más accesible al proceso de ver y describir el futuro. Muchos modelos describen definiciones y beneficios de la visión, pero no muestran un *camino* adecuado. El objetivo es crear un camino transitable para alcanzar la pasión y la efectividad del visionario. Hagamos un breve repaso de nuestro progreso (figura 16.2).

Figura 16.2. El sendero de visión: revisión

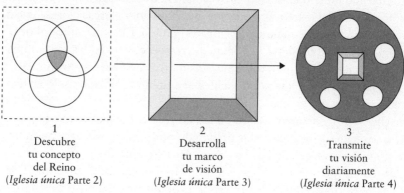

1	2	3
Descubre	Desarrolla	Transmite
tu concepto	tu marco	tu visión
del Reino	de visión	diariamente
(*Iglesia única* Parte 2)	(*Iglesia única* Parte 3)	(*Iglesia única* Parte 4)

Comenzamos anclando el sendero de visión no primero en el futuro, sino en el pasado. ¿En qué ha estado siempre ocupado Dios? ¿Qué está haciendo Dios específicamente en nuestro contexto local? Te insté a descubrir tu concepto del Reino como *el modo* en que tu iglesia glorifica a Dios y hace discípulos. Ese descubrimiento requiere una seria reflexión sobre la intersección de las tres realidades o círculos de tu iglesia local: tu problemática local, tu potencial colectivo y tu espíritu apostólico.

Desde el concepto del Reino avanzamos hacia el marco de visión como el mejor modelo para expresar la identidad y el ADN de tu iglesia. Comenzamos con la misión como modelo misional (^m*mandato*). La misión contesta la «pregunta cero», la pregunta previa a toda otra pregunta: ¿qué quiere Dios que hagamos? No tenemos que soñar una respuesta; en lugar de eso expresamos con claridad el ^m*mandato* eterno dado por Jesús para nuestro tiempo y espacio. Luego avanzamos hacia la segunda parte del marco: los valores como motivos misionales (^m*motivos*). Los valores responden a la «pregunta héroe»: ¿qué motivos y convicciones más profundos caracterizarían a un héroe en nuestra organización? Acentuamos la importancia de ser tú mismo como iglesia y haciendo uso de tus fortalezas.

Habiendo reconocido que la mayoría de las visiones eclesiales terminan solo con la misión y los valores, agregamos dos componentes principales más, porque sin los siguientes dos lados del marco casi ninguna iniciativa ministerial puede existir justificadamente bajo la misión y crear imágenes parecidas del lugar hacia dónde se está dirigiendo la iglesia. Por lo tanto el tercer componente del marco es la estrategia como mapa misional (^m*mapa*). La estrategia responde la «pregunta cómo»: ¿cuál es el proceso básico de cómo hacemos lo que hacemos? Este ^m*mapa* trae una claridad sorprendente tanto al equipo de liderazgo como a los individuos, rompiendo individualismos y provocando el trabajo en equipo. El último componente del marco son nuestras medidas como marcas de vida misional (ᵐ*marcas*). Tus marcas de vida responden a la «pregunta ahora»: ¿Qué define al éxito hoy? Las ᵐ*marcas* crean el centro del blanco compartido que acertamos o no cada día. Las marcas de vida focalizan nuestra atención en los resultados misionales de cambio de vida, no solo en asistencia, edificios y dinero.

Una vez que desarrollaste tu marco de visión al definir tu misión, valores, estrategia y medidas, estás preparado por primera vez para mirar a la visión propiamente dicha. La visión propiamente dicha responde a la «pregunta ¡guau!»: ¿cuál es la imponente imagen del futuro que Dios tiene para ti? Rompemos a la visión propiamente dicha en dos partes, Cima misional + mojones, con las explicaciones que detallaremos más adelante. Para resumir el marco de visión una vez más, ve la tabla 16.1.

Tabla 16.1. Resumen del marco de visión

Componente del marco	Reorientación misional	Respuestas	Pregunta irreducible de liderazgo
Misión	ᵐ*Mandato*	Pregunta *cero*	¿Qué estamos haciendo?
Valores	ᵐ*Motivos*	Pregunta *héroe*	¿Por qué lo estamos haciendo?
Estrategia	ᵐ*Mapa*	Pregunta *cómo*	¿Cómo lo estamos haciendo?
Medidas	ᵐ*Marcas*	Pregunta *ahora*	¿Cuándo tenemos éxito?
Visión propiamente dicha	ᵐ*Mojones* + Cima	Pregunta *¡guau!*	¿A dónde nos está llevando Dios?

Definir a la visión de un modo diferente

Al avanzar hacia una definición de visión propiamente dicha, no me interesa nada menos que una reorientación radical del concepto. La visión sigue siendo el término más hablado y menos comprendido del léxico del liderazgo. ¿Por qué, después de tantos libros y conferencias sobre el tema, «menos de uno de cada diez pastores puede expresar con claridad la visión de Dios para la iglesia que lidera»?[2] ¿Cómo puede decirse todavía que «el problema más importante en la iglesia hoy es una falta de visión clara que conmociona corazones? ¿La iglesia de Estados Unidos no tiene visión, tiene programas e instituciones y propiedad y ministerios e himnarios, pero no visión»?[3] ¿Cómo podemos explicar esta brecha entre la escritura prolífica de la visión y la práctica trastabillante de la visión? ¿Hay algo equivocado respecto del modo en que pensamos acerca de la visión? La respuesta es tanto sí como no.

Impotencia elocuente: las declaraciones de visión de ayer

Durante las últimas décadas varias definiciones, libros, y consultores han sido el producto de un foco en el equipamiento de líderes. Fueron útiles, pero limitados. Las definiciones mismas son buenas; nos han enseñado correctamente que la visión es una «imagen mental del futuro preferido», o una «imagen memorable de lo que se parecerá el mañana». Muchos libros transitaron el camino de las características y beneficios de tener una visión. No creo que haya un solo pastor que no quiera ser más visionario. Pero los resultados de nuestras definiciones han sido limitantes. La declaración de visión vio atascada su expresión en uno de dos surcos. Examinemos estos dos tipos de declaración de visión, cada uno de los cuales tiene sus propias debilidades. Ten en mente que cualquier ministerio que tiene una declaración de visión, esta cabe en una de las siguientes dos categorías: la «página motivadora» o el «futuro idealista».

La página motivadora. Esta es una declaración de apenas una página de extensión, que describe el futuro de la iglesia con un lenguaje elocuente y convincente. Algunos atributos de la página motivadora:

o Lo escribió una persona.

o El documento permanece estático en el tiempo.

o Nadie más que el autor usa el documento.

o La visión solo se usa en escenarios de lanzamiento de visión formales.

o La visión es principalmente leída, no escuchada, por el receptor de visión.

La página motivadora se popularizó cuando Rick Warren publicó su declaración de visión «Yo tengo un sueño» en *Una iglesia con propósito*. Muchos libros sobre visión misional enfatizaron este tipo de expresión, como el notable *Advanced Strategic Planning* de Aubrey Malphurs. ¿Dónde encuentras más frecuentemente la página motivadora? En general está en algún lugar de una página web, enmarcada en una pared, o archivada para fotocopiarla y dársela a los miembros que se van sumando a la iglesia.

Si bien el esfuerzo para desarrollar la página motivadora es genuino y vale la pena, la utilidad de tal documento es limitada. Las limitaciones principales son que la declaración es estática en lugar de dinámica, está reservada para comunicaciones formales y no para el uso diario, y suele ser usada por el principal formulador y no por el equipo de liderazgo.

Como pastor asociado recuerdo haber leído una página motivadora antes de firmar contrato con mi primera iglesia luego del seminario. Dos años más tarde recuerdo haber sacado la misma declaración de visión y leerla desanimado. No había cambiado, pero nuestra iglesia sí había cambiado. Embellecía un poco lo que estábamos haciendo. Nunca fue revisada en ninguna reunión de personal o retiro de planificación. No me enseñaron cómo usarla. En síntesis, se sentía (robándole un término a Eugene Peterson) como pornografía eclesiástica: presentaba algo chispeante sin la posibilidad de una relación real con ella.

El futuro idealista. Este segundo tipo de declaración de visión pretende ilustrar una imagen del futuro como un ideal noble y orientado al futuro, y fundirlo en una frase u oración breve. Algunas características del futuro idialista:

o Suele desarrollarse en grupo.

o Está pensada para ser motivacional.

o Mira al futuro presentando un concepto trascendente e inalcanzable.

o Nunca cambia.

o La mayoría de los líderes de la organización no lo repetirían diariamente.

o La visión es principalmente leída, no escuchada, por el receptor de visión.

Muchos modelos y consultores de planificación estratégica promocionan este tipo de frase de visión. Podría sonar algo así como: «Hacer discípulos de manera global movilizando localmente a cada generación», o «Calmar la sed de cada hombre, mujer y niño con las buenas nuevas de

Jesús», o «Cultivar una comunidad diversa de adoradores apasionados que amen a la gente y la lleven hacia Jesús».

Estas declaraciones pueden contener algunos elementos de visión importantes para la iglesia, pero en sí mismos son incompletos. Primero, no pintan una descripción vívida de una realidad futura o ninguno de los pasos intermedios para llegar allí. El intento de las declaraciones es presentar algo inalcanzable, como la estrella polar que te guía pero que literalmente nunca alcanzas. Surge un problema doble: primero, ¿quién quiere una visión que no puede alcanzarse? Segundo, si bien provee un valor direccional, se hace redundante a la misión. La mayor confusión entre una declaración de misión y una declaración de visión surgió por esta aplicación errónea. Las personas crean una declaración de visión que compite con la misión, como una reafirmación genérica más noble o más elocuente. La segunda limitación es que no puedes aplicar la visión todos los días de manera práctica. Es tan idealista que no es fácil de expresar. Además es demasiado genérica como para ser útil en decisiones ministeriales reales. Recientemente trabajé en un gran ministerio para-eclesiástico. Noté que no sólo tienen una agudeza idealista, sino que la usaban en todos lados. Durante nuestra primera reunión revisamos todo su capital de visión. Le pedí a cada uno de los miembros del ministerio que escribiera de manera anónima la parte más vacía o carente de sentido de su lenguaje de visión. La mitad del equipo escribió el futuro idealista. Era tan alejada de su lengua vernácula y tan innecesaria para el liderazgo que habían comenzado a resentirla. Una vez que les mostré su redundancia para la misión, felizmente la descartaron.

Sofisticación primitiva: la visión misional hoy

¿Cuál es la solución para los líderes misionales hoy? Necesitamos un modo de pensar acerca de la articulación de la visión que sea a la vez más primitivo y más sofisticado. Por primitivo quiero decir que sea afable y franco, conectado con la realidad. Es poderoso porque primero es auténtico. Por sofisticado quiero decir que debe considerar la complejidad de los equipos, el desorden del cambio, y la sensibilidad de la guía espiritual sin comprometer la audacia. La sofisticación permite la verdadera colaboración hacia los sueños de la talla de Dios. La definición de visión puede matizarse para lograr esto: la visión propiamente dicha es *el lenguaje vivo que anticipa e ilustra el mejor futuro intermedio de Dios.*

Lengua viva. La importancia de la lengua viva es que la visión siempre está desarrollando fotografías instantáneas. Nunca estática, la visión siempre está evolucionando. Como una secuencia de montañas más pequeñas que aportan panorama a montañas más grandes al llegar a la cumbre, los nuevos logros de hoy aportan panorama a las posibilidades de mañana. Nuestra definición nos aleja de la *visión como declaración* a la *visión como vocabulario dinámico*. Dibuja un cofre de tesoro de frases, ideas, metáforas, e historias que es el contenedor del vocabulario de visión. La belleza de un cofre de tesoro como este es que todo el equipo puede poner palabras y sueños en él, y todo el liderazgo puede sacar ideas e historias de él. Fortalece una visión compartida de una manera única que la página motivadora y el futuro idealista no logran. La lengua viva también nos recuerda la importancia de la comunicación verbal y el diálogo de intercambio cara a cara. Como la comunicación es primariamente no verbal, la presencia personal en el lanzamiento de visión lo es todo. En otras palabras, la postura, el tono, las inflexiones de voz, y las expresiones faciales de la persona comunicando expresan más significado que las palabras en sí. Una visión nunca debe diseñarse para ser leída. ¿Qué hubiera pasado con el discurso «Yo tengo un sueño» de Martin Luther King Jr si hubiese realizado una presentación PowerPoint o decidido simplemente distribuir folletos? Las personas no siguen tu página motivadora; ¡te siguen a ti! La visión no puede separarse de quien la formula, y quien la formula no puede separar su mensaje de su vida como modelo. Lo que dijo Charlie Parker, el legendario saxofonista de jazz acerca de la música también es cierto respecto de la visión: «La música es tu propia experiencia, tus pensamientos, tu sabiduría. Si no la vives, no saldrá de tu instrumento».

ANTICIPAR EL FUTURO DE DIOS. El uso de la visión enfatizó tanto una fotografía estática que los riesgos de comunicación devinieron información, no inspiración. Por lo tanto la idea de anticipar se amplía más allá de describir o pintar la imagen. Detiene la convicción, la pasión y el compromiso emocional. No es lo que el líder piensa que *puede ser* o incluso *debería ser*, sino lo que *debe ser*. La visión que no compromete al corazón ni toca las emociones es nada más que palabras floridas en papel. Para decirlo de manera sencilla, una anticipación compartida impulsa la participación en una visión compartida. Como el visionario encarna la anticipación del futuro, aporta más a la mesa que solo una imagen: trae un anhelo contagioso por lo que Dios quiere hacer.

EL MEJOR FUTURO INTERMEDIO DE DIOS. El fundamento para este lenguaje fue formado antes en el libro. Es el recordatorio de que nuestra visión es una de muchas en el curso de la historia redentora. Nos recuerda que Dios es el Jefe Visionario que nos está llevando a la utopía final, nuestro rescate final al gozo de su presencia indisoluble. Hasta ese día continuamos avanzando, no con arrogancia sino con confianza, porque sabemos que somos parte de una reacción en cadena divina. La responsabilidad inherente en esta definición es que el líder debe saber que la visión es de Dios.

En 2004 el fundador de Big Idea Productions, la compañía fundadora de Veggie Tales, indagó los motivos por los cuales quebró su empresa. En su historia explica que luego de haber leído un libro sobre visión sintió la necesidad de tener su propio objetivo grande, peludo, y audaz. Así describe lo que le sucedió: «Siempre sentí que Dios me quería contando las historias y enseñando las lecciones que puso en mi corazón, pero no me había dado ningún objetivo particular grande, peludo y audaz. Pero el libro decía que necesitaba uno para inspirar y dar un enfoque a mis empleados. Está bien respira hondo "¡Construiremos una marca familiar mediática en menos de veinte años!" ¿Eh? ¿De dónde provino eso? *No tengo idea*».[4] Es crítico saber que tu visión tiene su fuente en Dios. Si luego de escribir una visión no tienes idea de dónde vino, probablemente no sea una visión de Dios. Nuevamente, el punto de vista del músico es ilustrativo. Chick Corea, un compositor y pianista de jazz, dijo: «Solo toca lo que oyes. Si no escuchas nada, no toques nada».

La visión propiamente dicha dentro del marco de visión

Ahora que tienes esta nueva definición de visión verás cómo la visión propiamente dicha cabe dentro del marco de visión. Existen tres principios importantes que hay que entener:

Primer principio: la visión propiamente dicha dentro del marco provee una tensión dinámica (Figura 16.3).

El visionario misional debe acoger una importante tensión dinámica (Figura 16.3). Volviendo al ejemplo anterior, esto es ilustrado por la diferencia entre un arquitecto y un músico de jazz. El arquitecto construye un producto estático, en tanto que el músico está creando constantemente. Volviendo a nuestro modelo, piensa en el marco externo como la parte predeterminada, por la que miramos a un futuro en movimiento a través de un marco fijo. Piensa en el marco externo como la conexión objetiva a las Escrituras. Expresa el mandato básica de la gran comisión (*ᵐmapa*) y la definición de lo que un discípulo debería ser (*ᵐmarcas*). Esto nos permite trabajar basados en la Palabra revelada por el Espíritu. En otras palabras, incorporamos la objetividad de la Palabra de Dios a la visión, mientras somos guiados por el liderazgo subjetivo del Espíritu Santo.

Antes de explorar y discernir la visión propiamente dicha, el equipo de liderazgo ya respondió cuatro de nuestras preguntas básicas de liderazgo. De esta manera es más sencillo extrapolar el futuro y hacerlo con límites bíblicos claros. Una vez que se conocen la misión, los valores, la estrategia y las medidas, es más fácil imaginar a qué se parecerá nuestro futuro. Piensa en él como una visión mejor fundamentada, un futuro más arraigado, o un sueño más factible (figura 16.3). El líder misional entiende que el viaje es cambiante e impredecible. Por lo tanto el líder necesita adaptabilidad, humildad, reflexión, apertura y dependencia dentro de una perspectiva sin límites. Pero estos atributos por sí mismos pueden dejar la visión sin fundamento.

Figura 16.3. La tensión dinámica del marco de visión

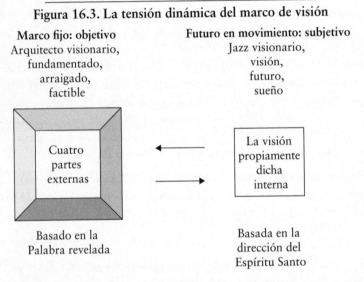

Marco fijo: objetivo
Arquitecto visionario,
fundamentado,
arraigado,
factible

Futuro en movimiento: subjetivo
Jazz visionario,
visión,
futuro,
sueño

Cuatro partes externas

La visión propiamente dicha interna

Basado en la
Palabra revelada

Basada en la
dirección del
Espíritu Santo

Entonces el líder misional también comprende la autenticidad: él no va a barajar ninguna retórica espiritualmente decorada. El líder necesita un enfoque anclado, responsable, confiado, directo, firme, constante, activo, audaz y definido. La visión propiamente dicha permite que esta tensión dinámica coexista al vivir dentro del marco de visión.

VISIÓN FUNDAMENTADA DENTRO DEL MARCO DE VISIÓN
Adaptabilidad anclada
Extravagancia responsable
Humildad confiada
Liberación directa
Aparición constante
Reflexión activa

Dependencia audaz
Desenfreno definido

Segundo principio: la visión propiamente dicha con el marco permite una aplicación distribuida

La tensión dinámica produce un beneficio asombroso al líder en su trabajo con el equipo de liderazgo. Debido a la sofisticación del marco, la visión habla adecuadamente a los diversos roles dentro de la comunidad de liderazgo. Por ejemplo, alguien que es más reflexivo, de pensar y procesar más las cosas, puede frustrarse con el pastor que siempre está saltando de una cosa a la otra. Conozco muchos pastores dispersos y que siempre están probando cosas nuevas. Esto puede volver loco al personal. Pero con un marco de visión en su lugar, respaldado por el equipo, todos tienen lo que necesitan para liderar. Las personas procesales tienen su propia estrategia definida. La persona orientada hacia los resultados toma otras medidas bien definidas, y así cada uno. O considera al pastor introvertido cuyo don principal es la enseñanza. Muchos desearían tener un líder principal más efusivo y enérgico. Con el marco de visión en su lugar, cualquier miembro del equipo puede hablar desde el cofre del tesoro de vocabulario de visión y aportar una pasión y una presencia visionaria que complementen el rol del pastor principal.

APEPM Y EL MARCO DE VISIÓN. El abordaje apostólico basado en equipo de una reorientación misional le dio mayor importancia a los roles de liderazgo que vemos en Efesios 4.11: apóstol, profeta, evangelista, pastor y maestro (APEPM para abreviar). Frost y Hirsch presentan la idea de que cada persona en la iglesia (y por lo tanto el equipo de liderazgo) tiene una de estas habilidades provistas directamente del corazón de Dios.[5] Sobre el enfoque de Efesios 4, veo al marco de visión como una herramienta fundamental para poner en movimiento, como un perfecto engranaje, las cinco funciones de APEPM. Por ejemplo, la conducción hacia delante del apóstol (aquel que es enviado) como emprendedor, pionero, y estratega, conduce la misión hacia adelante. Esta persona hace resonar y progresar el mandato misional de la iglesia. El profeta (aquel que sabe) puede observar a las medidas y saber qué tan bien se está logrando la misión. Como el interrogador catalítico, observa la organización y no teme pedir cuentas de la misión. El pastor (aquel que se preocupa) se asegura de que las personas están alimentadas apropiadamente. Se aferra de los valores para asegurarse de que el movimiento de la iglesia no ocurra descuidando la integridad relacional de la comunidad. La tabla 16.2

muestra el modo en que estas funciones de liderazgo atienden y desarrollan los diversos aspectos del marco de visión.

El propósito de la tabla es echar un vistazo a los diversos maquillajes funcionales de líderes en la iglesia. Los líderes que quieran adoptar estos roles se beneficiarán con la naturaleza concisa pero completa del marco de visión. La clave es que trasformemos la página motivadora y el futuro idealista de algo que solo puede usar un líder en una expresión de visión que todo el equipo de liderazgo pueda reproducir y promover.

Tabla 16.2. Liderazgo APEPM y el marco de visión

APEPM Función	Definición como uno que...	Rol	Orientación hacia la visión	Atención al marco de visión
Apóstol	Es enviado	Inicia	Carga la visión hacia adelante	Misión y visión propiamente dicha
Profeta	Sabe	Inspecciona	Desafía la visión hacia arriba	Misión y medidas
Evangelista	Recluta	Invita	Defiende la visión hacia afuera	Misión y estrategia
Pastor	Se preocupa	Infunde	Cuida la visión hacia adentro	Valores y medidas
Maestro	Explica	Integra	Canaliza la visión	Todos por igual

Nota: *Agradezco el trabajo de Frost y Hirsch sobre APEPM en general. Uso su terminología específicamente en la columna de definición.*

Tercer principio: la visión propiamente dicha con el marco promueve la utilidad diaria

Una de mis grandes frustraciones respecto de los líderes es la incapacidad para usar la visión diariamente. Tu vocabulario de visión debería transmitir mucho más que solo una declaración de visión formal, o una «noche de visión» al ser inyectada en el flujo o ritmo del liderazgo cotidiano. Piensa en los momentos informales de lanzamiento de visión (figura 16.4).

Cuando estos momentos suceden, se presenta una degustación de visión como estilo de vida. Para el líder idóneo cada día brinda «puntos de inserción» de visión. Pueden presentarse cuando un miembro de la iglesia le habla a un vecino: un momento de lanzamiento de visión. Puede ser una enseñanza siendo aplicada: otro momento de lanzamiento de visión. Puede ser el director del ministerio para niños invitando a alguien a unirse al equipo o el pastor principal tratando de reclutar a un líder estelar del mundo de los negocios o un pequeño grupo de pastores orando juntos por la misma visión: todos momentos de lanzamiento de visión. ¿Qué hace posible este uso cotidiano? Tan pronto como lo definimos como lenguaje viviente, podemos reacomodar las expectativas respecto a la visión. Tan pronto como liberamos la visión de la declaración de visión, la ponemos en las manos de las personas y se convierte en parte de la vida diaria. Los líderes misionales cristalizan su realidad para ver la vida como una secuencia de oportunidades de lanzamiento de visión. Empujar el futuro hacia adelante es la tendencia natural de la naturaleza apostólica.

Figura 16.4. Oportunidades de lanzamiento de visión

Declaración de visión	Noche de visión	Entrenamiento de líder	Configuración de grupos	Uno-a-uno	Vida de oración

Formal ← → Informal

Cada vez que se juntan los líderes

Cada vez que una persona está considerando ser miembro

Cada vez que reclutas un voluntario

En patrones regulares para la iglesia en grande

Al hacer cambios, como multiplicar un grupo pequeño

Cada vez que introduces un cambio

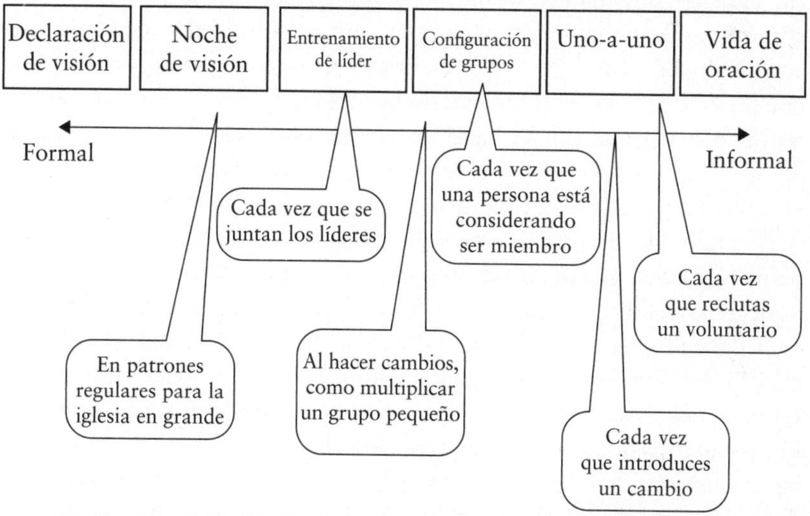

Pero el trabajo no termina aquí. Como los líderes misionales son los responsables de los equipos y de la multiplicación del Reino, un habilidoso lanzamiento cotidiano de visión es aun más crítico. Cuanto más descentralizada sea la estructura de la iglesia y más líderes se proyecten hacia adelante, mayor es la posibilidad de que la visión sea esparcida y contamine todo. La multiplicación misma necesita un ritmo diario. Los líderes misionales deben sobresalir más allá de sus mentores en el desarrollo de equipos que diariamente lanzan y llevan visión. Qué impacto tremendo tendría en nuestro país este estilo de liderazgo. Leonard Sweet nos recuerda que las primeras palabras pronunciadas en la luna fueron en inglés. Pero no fueron los británicos quienes llegaron primero, sino que personas de una de sus colonias se convirtieron en pioneros heroicos.[6] Entonces también los líderes misionales, al demostrar nuevos niveles de visión compartida, influenciarán sobre el cristianismo llevándolo más lejos que la generación anterior.

Visionarios con pantalones vaqueros

Hay una relación importante entre los componentes por separado del marco de visión. Los primeros cuatro componentes fueron abordados como los cuatro extremos del marco (de los cuatro capítulos previos) en contraste con la visión dentro del marco: la visión propiamente dicha. Para explicar los beneficios de este modelo, primero exploramos el modo en que muchas declaraciones de visión caen en alguna de estas rutinas: la página motivadora y el futuro idealista. Para establecer un abordaje alternativo presenté una nueva definición de visión con un giro correccional: la visión propiamente dicha es *el lenguaje vivo de la iglesia que anticipa e ilustra el mejor futuro intermedio de Dios*. Esta definición, en sintonía con el marco circundante de misión, valores, estrategia y medidas, lleva la comunicación de la visión a un nuevo nivel, con un llamado misional apropiado. Lo hace de tres formas. Primero, inyecta una tensión dinámica que permite al líder estar cimentado por un lado y ser radical por el otro. Segundo, le permite al líder hacer del lanzamiento de visión un deporte de equipo. Tercero, promueve el uso cotidiano de la visión como alguien vestido con pantalones de vaquero, no con traje y corbata.

A continuación nos enfocamos en expresar con claridad la visión propiamente dicha. Hasta ahora, solo ofrecimos una muestra de cómo pronunciar la visión, con la introducción de la visión propiamente dicha como ^m*mojones* + cima. El gran músico de jazz Duke Ellington dijo: «La música por supuesto es lo que escucho y de lo que vivo, a veces más, a veces menos. No es una ocupación o una profesión, es una compulsión». El próximo paso es mostrarte la manera de componer la visión propiamente dicha de tu Iglesia única para que se vuelva una compulsión para ti, tus líderes y tu iglesia. La figura 16.5 es un resumen del sendero de visión de la iglesia metodista unida Faithbridge. Este resumen es una demostración de la claridad simple que proporciona el marco de visión, que sirve de guía al liderazgo de su Iglesia única.

Figura 16.5. marco de visión Faithbridge

Misión

Hacer más y más fuertes discípulos de Jesús siendo un puente de fe para las personas cada día

Valores

Oración ferviente
Reconociendo que no podemos hacer nada sin Dios

Excelencia ministerial
Dando lo mejor para honrar a Dios e inspirar a las personas

Comunidad transformadora
De vidas, parecernos más a Cristo a través de relaciones cercanas

Liderazgo auténtico
Ejercitar la influencia divina para avanzar el Reino de Dios

Relevancia generacional
Hacer real a Dios en las vidas cotidianas de las personas

Lealtad intencional
Trabajar para proteger la unidad que Dios deseó para sus seguidores

Estrategia

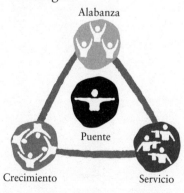

Medidas de misión

Alabanza
- Vivir con prioridades piadosas y obediencia
- Atención diaria al Señor
- Participar de manera activa y regular en las reuniones de alabanza de fines de semana

Crecimiento
- Aplicar las Escrituras a la vida mediante el estudio bíblico personal y las disciplinas espirituales
- Relaciones auténticas y responsabilidad
- Participar de manera activa y regular en grupos de crecimiento

Servicio
- Usar tus dones espirituales dentro de la iglesia
- Servir con humildad, gozo y sacrificio
- Participar de manera activa y regular en un equipo de servicio

Cuidado
- Suplir las necesidades físicas, emocionales y espirituales del cuerpo
- Practicar el ministerio de la presencia
- Proteger la «zona libre de chismes»

Dar
- Mayordomía bíblica (diezmo, ofrenda, recursos)
- Dar al cuerpo con generosidad nuestro tiempo y talentos
- Vivir un estilo de vida financieramente responsable

Orar
- Oración diaria y personal, confesión y adoración
- Dependencia continua de Dios para la toma de decisiones
- Orar con y por otros

Puente
- Alcance local y global hasta el último, el menor y el perdido mediante iniciativas-puente
- Compartir la fe e invitar a otros al cuerpo de la iglesia
- Mostrar amor a las personas de formas prácticas

Personas reales. Vida real.

17

HABLA NUEVAS LENGUAS:

EXPRESA BIEN LA VISIÓN PROPIAMENTE DICHA

*Si quieres construir un barco, no empieces por buscar madera,
cortar tablas o distribuir el trabajo, sino que primero provoca en
los hombres el anhelo de mar vasto e infinito.*

— Antoine de Saint Exupèry

IMAGINA POR UN MOMENTO que estás en la cubierta de un barco dirigiéndote al Caribe, pero todo lo que puedes ver es mar y cielo. Mientras estás allí parado se acerca el capitán del barco, saca una brújula y se mueve para llamar tu atención. Caminas hacia él y miras la aguja. El capitán entonces confirma que tu barco se está dirigiendo en la dirección correcta. En ese momento, ¿te emocionas? Probablemente no. A pesar de que reconfirmas que el capitán sabe cómo dirigir el barco, tu pulso no cambia. Pero si el capitán te muestra un colorido folleto del lugar de destino, tal vez tu respuesta sea diferente. Al ver una foto de la exclusiva playa quizás comiences a sentir la cálida arena entre tus dedos. Das vuelta la página de aventuras en la isla y sientes el refrescante agua cristalina y ves el hermoso arco iris de peces exóticos nadando por el arrecife de corales. Cuando contemplas el folleto tu corazón late más fuerte; hay una respuesta muy intensa. La descripción y fotos del folleto generan anticipación; la brújula no. Piensa en la visión propiamente dicha como tu folleto de viaje que construye anticipación y emoción.

Habiendo establecido los beneficios de desarrollar el marco de visión, ahora nos abocamos a *expresar con claridad* la visión propiamente dicha. ¿Cómo creas una lengua viva que anticipa e ilustra el futuro? Mientras comenzamos a dar respuesta a este interrogante, ten en mente que, como dice Kenn Ash acerca de la música: «Tu habilidad es proporcional a tu interés». Duke Ellington afirma este concepto de otra manera: «No hay arte sin intención». Estas palabras simples de estos grandes músicos se hacen realidad para los visionarios; son artistas cuya habilidad progresa sobre la base del interés y la intencionalidad.

Este capítulo te ofrece herramientas para mejorar tus capacidades. Pero debes mostrar interés. El capítulo anterior demostró que la visión puede ser un deporte de equipo cada día. No te faltarán oportunidades para practicar tu arte de lanzamiento de visión.

Misión y visión: clarificar la diferencia

Hasta aquí he creado algunos términos nuevos para ti en la categoría de visión. Tomemos un momento para hacer una aclaración. Es la pregunta más común que escucho como consultor de visión. Al abordar el asunto de elaborar la visión, ¿cómo entendemos la diferencia entre misión (^m*mandato*) y visión propiamente dicha? La misión es como la brújula y la visión propiamente dicha como la fotografía reveladora de la aventura. Una da dirección, la otra estímulo.

Una ilustración clásica de las Escrituras se relaciona con el éxodo. En la descripción de la zarza ardiente en Éxodo 3, vemos a Dios dándole una misión a Moisés. Quiere que él sea su líder principal en la liberación de Egipto y peregrinaje hacia la tierra prometida. Moisés, en esencia, recibe una brújula. No menos de catorce veces vemos referencias a este lugar como una «tierra que fluye leche y miel». Es una de las frases más memorables del Antiguo Testamento. Es como una fotografía hermosa y pintoresca, del folleto de viaje, siguiendo con el ejemplo anterior. Echa un vistazo a lo que había a disposición de los israelitas:

> Porque el SEÑOR tu Dios te conduce a una tierra buena: tierra de arroyos y de fuentes de agua, con manantiales que fluyen en los valles y en las colinas; tierra de trigo y de cebada; de viñas, higueras y granados; de miel y de olivares; tierra donde no escaseará el pan y donde nada te faltará; tierra donde las rocas son de hierro y de cuyas colinas sacarás cobre. Cuando hayas comido y estés satisfecho, alabarás al SEÑOR tu Dios por la tierra buena que te habrá dado.
>
> Deuteronomio 8.7–10

Aquí vemos que Dios mismo proveyó una *lengua viva* que ilustró y anticipó su mejor futuro intermedio para Israel. Dios le dio a Moisés no solo una brújula, sino también un folleto de viaje. Aquí hay un gráfico que resume algunas de las diferencias entre los dos. En resumidas cuentas, una misión clara nunca crea un sacrificio heroico por sí mismo. Es la visión la que mueve el corazón en un nivel más profundo y conecta tu imaginación con los sueños de Dios.

Misión	Visión
Brújula	Folleto de viaje
Define la dirección	Describe el futuro
Informa	Inspira
Hacer	Ver
Declarado en un suspiro	Estado de falta de aire
Dirige la energía	Crea la energía
Integra actividad	Alienta para tomar riesgos

La visión como mojones y cima misionales

El primer paso para poder expresar con claridad la visión propiamente dicha es el desglose de tu lengua viva en dos partes: visión cualitativa y visión cuantitativa. La primera habla acerca de la naturaleza, o el carácter del estado futuro que se describe; la segunda describe un aspecto numérico o medible del futuro mejor. Cuando estas ideas chocan con una reorientación misional, es útil recurrir a una metáfora de viaje. ¿Alguna vez realizaste una caminata agotadora para llegar a un lugar del paisaje con una hermosura tal que te deja sin aliento? El inesperado quiebre en los árboles da paso a una vista panorámica infartante del lugar hacia el cual te diriges. Esta es la vista cualitativa de la cima misional. Pero en el mismo viaje el líder del grupo puede proponer caminar cinco millas antes de las 3:00 p.m. Cualquier viaje puede marcarse con controles cuantitativos. La visión que establece objetivos cuantitativos habla de mojones misionales. Por lo tanto, los dos puntos de la visión propiamente dicha se expresan como ^{m}*mojones* + *cima*. La visión misional es una escopeta de doble caño, una combinación de inspiración que le habla a la cabeza y al corazón. La tabla 17.1 muestra a ^{m}*mojones* + *cima,* uno al lado del otro, con un recorte de visión creador de comunidad.

Tabla 17.1. Mojones y cima misionales

Visión cualitativa = Cima misional	Visión cuantitativa = Mojones misionales
Ejemplo: «Somos un lugar en donde nadie está solo, donde las personas se conocen y se involucran en las necesidades del que tienen a su lado.»	*Ejemplo*: «El próximo año a esta altura, tendremos 100 grupos pequeños y setenta por ciento de ellos tendrá líderes aprendices.»

Con los años, al trabajar con líderes, me sorprendo de la diversidad de perspectivas respecto de las metas numéricas y los indicadores. A algunos líderes les repele cualquier tipo de visión cuantitativa (quizás por haberse quemado con la idolatría del crecimiento discutida previamente en este libro). La perspectiva *mojones + cima* permite esta diversidad mientras Dios dirige la vida del líder. La mayoría de las veces un líder efectivo usará mojones en un intento de motivar, desafiar, y focalizar a la congregación hacia los resultados. El principio clave en el uso de ambos es que la cima siempre debe preceder a los mojones. El líder debe tener cuidado de que los números no sean, ni parezcan ser, el motivador principal. Como dijo un CEO: «Las metas cuantitativas no pueden aportar propósito a un proceso que no lo tiene. La búsqueda de algo más únicamente, es intrínsecamente insatisfactoria».[1]

Liderar con una visión panorámica desde la cima

Dios tiene una larga historia de llamamiento de líderes: Noé, Abraham, Moisés, Débora, Josué, Ester, David, Pedro, Pablo, y la lista continúa. En algún momento todo líder tiene una experiencia de zarza ardiente, una luz en el camino a Damasco. En esos momentos Dios da a conocer una imagen de un futuro intermedio mejor. Cuando Dios quiere un cambio, primero toca el corazón del líder. Cuando Dios quiere movilizar a una nación, primero da la visión a un individuo. Es como si el líder estuviera sobre la cima de la montaña, con los demás debajo. Él ve algo asombroso, algo más hermoso, mejor y alcanzable. Pero escalar la montaña es un trabajo duro, muy duro. ¿Cómo hace el líder para motivar al equipo para una escalada extenuante? El líder ve el panorama, la visión realmente vale la pena. No está cerca aún, pero es tangible; más importante aún, es revelada por Dios. Pero cuando el líder se levanta por la mañana y se mira al espejo, se da cuenta de que nadie ve lo que él ve. Llega el momento de la verdad y el líder decide pintar un cuadro de la ruta que tienen por delante, debe pintarla de manera que otros puedan anticiparla. Se ve obligado a mostrar la visión y caminar hacia ella con todo lo que tiene, esperando que otros lo sigan. Porque está comprometido a guiar a las personas hacia un mejor futuro,[2] la pregunta por excelencia es ¿cómo ir hacia allá? ¿cómo movilizar a otros al mostrarles lo que uno ve?

Comunicar para movilizar a otros

Para ayudar a las personas a ver lo invisible, el líder debe entender cómo desatar la imaginación. El mismo acto de imaginación está profundamente conectado con la fe. El autor de Hebreos escribe: «Ahora bien, la fe es la garantía de lo que se espera, la certeza de lo que no se ve» (Heb 11.1). Cuando un líder activa, o provoca, la imaginación de un seguidor, está sirviendo tanto a Dios como al propio individuo, al ejercitar el músculo de la fe. Comprender y entrenar el ojo mental es una práctica sorprendentemente poderosa; Einstein dijo que la imaginación es más importante que el conocimiento. C. S. Lewis expresó esta idea de manera elocuente cuando escribió: «Para mí, la razón es el órgano natural de la verdad; pero la imaginación es el órgano del sentido».[3]

Las metáforas como software de pensamiento

¿Entonces cómo influencia el líder la imaginación? La respuesta es a través de las metáforas, mezcladas con el arte de relatar historias y formular preguntas. Las metáforas son el software de pensamiento. Aristóteles dijo que el alma nunca piensa sin una imagen. Por lo tanto, el líder que usa metáforas convierte a los oídos del oyente en ojos. Recientemente estuve con un líder cuya organización está creciendo tan velozmente, e incorporando tanto personal excelente que tuvo una minicrisis de identidad. Él preguntó: «¿Qué es lo más importante que debería estar haciendo?» La respuesta fue simple: toma el rol de jefe oficial de historias. La posición más poderosa en la organización es el rol que puede elegir las metáforas y contar las historias. Leonard Sweet hace un comentario sobre este rol poderoso:

> Las metáforas hacen más que agregar al impacto cognitivo del lenguaje. Las metáforas, en primer lugar, son el material del cual está hecha nuestra mente. En nuestra enciclopedia mental, conceptos como «silla» no se basan en un conjunto abstracto de condiciones necesarias y suficientes, sino en prototipos, mejores ejemplos, e imágenes. Ezra Pound la denominó una imagen «que presenta un complejo intelectual y emocional en un instante de tiempo». Las imágenes hacen lo mismo que los sueños, que en palabras de Emily Brontë: «Corren por la vida de uno como vino en el agua». Cuando alguien está en la posición de elegir metáforas, ese alguien está en la posición de jugar con tu mente, cambiar tus perspectivas y generar sueños nuevos.[4]

La realidad de usar imágenes y metáforas para guiar el pensamiento y crear nuevas realidades yace en el corazón del ministerio de Jesús. En su trabajo *Metaphors for Ministry*, David Bennett revela que la principal herramienta de Jesús para desarrollar líderes eran las imágenes cotidianas que usó para modelar el pensamiento de los discípulos. El lenguaje de relaciones familiares, fiestas de bodas, y pastoreo asentó la importancia de la comunidad con sus seguidores. Las historias de sirvientes, segadores, apóstoles, pescadores, e imágenes de suelo, grano, sal, y luz explotan las realidades de la orientación de un movimiento; Jesús esperaba que sus seguidores tuvieran una influencia penetrante en quienes los rodeaban. Él fundió las imágenes más profundas de comunidad y las encausó juntas con un equilibrio sorprendente y las infiltró en sus discípulos como el epicentro de su movimiento mundial.

Jesús hizo lo mismo con su enseñanza acerca del Reino. Con el mensaje principal de que «El Reino se ha acercado», ¿cómo lanzaría Jesús la visión sobre una nueva manera de vivir? John Adair comenta:

> Consecuentemente, el «Reino de Dios» en las parábolas relatadas por Jesús, suena como si estuviera hablando acerca de un lugar real, no un ideal abstracto En siete parábolas, el reino de Dios es comparado con una *casa*, mientras que en otras seis el foco está en un gran *banquete* festivo que tiene lugar en la casa. Al «reino» se puede *entrar* o no entrar (Marcos 9.47); uno puede *sentarse* en él; las personas pueden *comer y beber* en él (Lucas 22.30). Un hombre puede no estar lejos del «reino de Dios» (Marcos 12.34). Tiene una *puerta* o *entrada* que uno puede golpear y la que puede estar cerrada (Mateo 25.1–12). También es como una *casa o ciudad amurallada*, un reflejo invertido del dominio de Satanás (Marcos 3.23–25, Mateo 12.25). Algunos hombres *lo toman a la fuerza* (Mateo 11.12, Lucas 16.16). La palabra griega usada aquí es *biazesthai*, la que describe agresores atacando una ciudad.[5]

La habilidad de Jesús como experto narrador y manipulador de metáforas señala el camino del aspirante a visionario de hoy. Si el líder tiene alguna esperanza de pintar un cuadro memorable del futuro, será con el lenguaje vívido y convincente de la metáfora (lengua viva) que penetra el alma e ilumina la mente.

Por ejemplo, considera la diferencia en estas dos oraciones, ambas diseñadas para motivar a una persona a unirse a un grupo pequeño.

> *Convocatoria número uno:* «Hemos descubierto que las personas realmente necesitan y se benefician al desarrollar relaciones más profundas.»

> *Convocatoria número dos:* «¿Alguna vez pensaste quién estará presente en tu funeral, y no mirando su reloj?»

Ambas convocatorias usan menos de veinte palabras. La primera es insípida y la segunda es una bomba. Una entra por un oído y sale por el otro. La segunda penetra al corazón e imparte significado como un goteo intravenoso. La primera solo usa palabras descriptivas. La segunda te ubica en el lugar: puedes imaginarte la atmósfera de un funeral, evocar el momento, contemplar la angustia de alguien que pasa por este mundo sin amistades significativas. Puedes imaginarte la apatía de las personas mirando sus relojes; sabes lo que eso significa. Pero lo más poderoso de todo es que puedes ver las expresiones de sus rostros; están listos para irse, taconeando con sus zapatos. La imagen que crea esta escena estremece el corazón; te desafía a mejorar la calidad de las relaciones en tu vida. La primera convocatoria te dice qué hacer; la segunda desata lo que sabemos que la gente quiere finalmente. Por último, la segunda convocatoria formula una pregunta. Una vez que la escuchas, no puedes escaparte, quieras o no. Amo lo que dice el músico Robbie Robertson acerca de la música: «Nunca debería ser inofensiva». Lo mismo es aplicable para el lanzamiento exitoso de la visión.

Entonces, ¿cómo usarás tus dieciséis palabras cuando compartas tu *cima* con tu congregación? Dallas Willard escribió: «Aquellos que se han hecho aprendices de la enseñanza de Jesús acerca de una vida inmortal con un futuro tan bueno y grande como Dios mismo».[6] Tu rol como lanzador de visión es el conector clave a la claridad con que ves esta vida, el próximo futuro intermedio para llegar allí. Como ejercicio para reflexionar sobre la metáfora, considera un segmento más de lanzamiento de visión. Es de Jesús.

Ustedes son la luz del mundo. Una ciudad en lo alto de una colina no puede esconderse. Ni se enciende una lámpara para cubrirla con un cajón. Por el contrario, se pone en la repisa para que alumbre a todos los que están en la casa. Hagan brillar su luz delante de todos, para que ellos puedan ver las buenas obras de ustedes y alaben al Padre que está en el cielo.
Jesucristo, Sermón del monte, Mateo 5.14–16.

Los seis imprescindibles de la visión como cima misional

Habiendo establecido que el líder debe pintar una imagen vívida con historia y metáfora, veamos lo que se debe decir en la visión cualitativa. Hay seis ingredientes imprescindibles. Hasta los mejores lanzadores de visión quedan atrapados en la rutina y pueden incluir solo tres o cuatro de los seis.

Al avanzar por cada imprescindible, me referiré al «diagrama araña» como una herramienta evaluativa (figura 17.1). Uso esta herramienta con regularidad con equipos al escuchar juntos los segmentos de lanzamiento de grandes visiones, y al evaluar cada uno con el personal. La herramienta tiene una línea para calificar cada imprescindible en una escala de valor del uno al cinco (uno siendo pobre, hacia el centro; y cinco siendo excelente, cerca del borde externo). Al final del ejercicio de lanzamiento de visión, conectar los puntajes puede determinar la efectividad de la visión. Lo ideal es que la visión forme una «rueda» que pueda girar fluidamente. O para citar a Eddie Condon, otro de nuestros músicos: «Al entrar al oído, ¿lo hace como vidrio roto o fluye como la miel?».

IMPRESCINDIBLE UNO: DENOMINADOR COMÚN: ¿CONSTRUYO UNA CO-NEXIÓN EMOCIONAL BASADA EN HISTORIA COMPARTIDA? Los momentos de lanzamiento de grandes visiones comienzan mirando hacia atrás por un momento, antes de mirar hacia adelante. Es crítico que prestes atención a las conexiones y experiencias compartidas. Debes recordarle a las personas por qué quieren escucharte. Al fin y al cabo ¿quién eres para ellos? Muchas veces el líder está relacionalmente cerca de las personas y no siente la necesidad de relatar las historias. Pero esto es ser corto de vista.

Figura 17.1. Diagrama araña

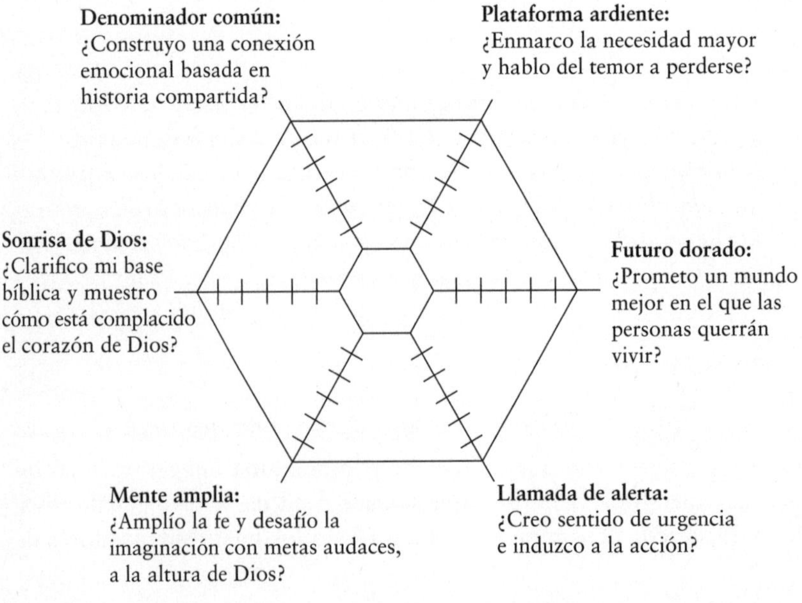

Denominador común:
¿Construyo una conexión emocional basada en historia compartida?

Plataforma ardiente:
¿Enmarco la necesidad mayor y hablo del temor a perderse?

Sonrisa de Dios:
¿Clarifico mi base bíblica y muestro cómo está complacido el corazón de Dios?

Futuro dorado:
¿Prometo un mundo mejor en el que las personas querrán vivir?

Mente amplia:
¿Amplío la fe y desafío la imaginación con metas audaces, a la altura de Dios?

Llamada de alerta:
¿Creo sentido de urgencia e induzco a la acción?

Otras veces el líder está lanzando la visión en un ambiente más amplio y está ansioso por llegar a la esencia. Pero no puedes entregar la esencia de tu visión sin conectarte primero. Mi cita preferida de John Maxwell es que «los líderes tocan el corazón antes de pedir una mano». [7]

Les daré un ejemplo que ilustra el modo en que esto puede incorporarse en cada nivel de la comunicación. Una iglesia con la que yo trabajaba estaba reclutando capitanes de vecindario para llevar a cabo una

caza de huevos de pascua en su barrio, como un evento «constructor de relaciones». El pastor de los niños comenzó su convocatoria con un denominador común: pidió a los adultos que pensaran en sus propias experiencias infantiles de cazas de huevos de pascua.

IMPRESCINDIBLE DOS: PLATAFORMA ARDIENTE: ¿ENMARCO LA NECESIDAD MAYOR Y HABLO DEL TEMOR A PERDERSE? El error más grande en el lanzamiento de visión es no reconocer que la visión siempre es una solución a un problema previo. El impacto de la visión, por lo tanto, no está unido a la claridad del problema, sino a la conciencia profunda del problema y sus consecuencias «para mí» si el problema sigue sin ser atendido. En otras palabras, el lanzador de visión debe hablar y construir «el temor a perderse». ¿Esto es manipulación? Absolutamente no, si la visión está en concordancia con la verdad de Dios. Si el problema es que el evangelio sea escuchado, la eternidad está en la cuerda floja y el líder no puede evitar llevar a casa el horror del infierno. En otras palabras, hablar del miedo a perderse es alinear las emociones de las personas con lo verdaderamente real, y con lo que no vemos o preferimos no mirar.

En un esfuerzo por mostrar consenso de equipo en una noche de visión, un pastor hizo subir a su equipo a la plataforma. Cada uno tuvo su turno de lanzar una visión para su área ministerial. La experiencia fue asombrosamente chata. ¿Por qué? Porque los miembros del equipo estaban tan ansiosos por compartir sus propias ideas que *ninguno presentó primero la necesidad imperiosa*. Como el viejo refrán usado para ilustrar los sermones: si quieres presumir del diamante, debes extender un terciopelo negro detrás de él.

IMPRESCINDIBLE TRES: FUTURO DORADO: ¿PROMETO UN MUNDO MEJOR EN EL QUE LAS PERSONAS QUERRÁN VIVIR? El tercer imprescindible es complicado para los líderes de la iglesia. Puede parecer sencillo en la superficie, pero en realidad es muy difícil. ¿Por qué? Porque la mayoría de los pastores pintan al futuro mejor desde su privilegiado punto de vista de la realidad. El pastor piensa que un servicio de alabanza completo es un mejor lugar para vivir. Pero solo él lo piensa, y es un ingenuo si no se pone en el lugar del receptor que no quiere estar en medio de una muchedumbre un domingo a la mañana. En otras palabras, esperar para realizar el lanzamiento de visión que mejorará a la iglesia, y mostrar a las personas cómo la *iglesia* mejora su *vida*.

IMPRESCINDIBLE CUATRO: LLAMADA DE ALERTA: ¿CREO SENTIDO DE URGENCIA E INDUZCO A LA ACCIÓN? El momento de lanzamiento de visión debe recordar a las personas por qué se debe actuar hoy. «Ahora es el momento» es el mantra del líder. Este imprescindible está estrechamente conectado con las nociones de una plataforma ardiente y el futuro dorado. Si el líder presenta con éxito el mejor camino y muestra lo que se pierde si esperamos, entonces el momento de lanzamiento de la visión debe ser el reloj de alarma que despierta a la acción, el disparo de largada.

Recientemente participé de un entrenamiento para alrededor de setenta líderes nuevos. Luego del evento, muchos se morían de ganas por comenzar. Desafortunadamente debían esperar tres meses antes de poder dar un próximo paso. La efectividad del lanzamiento de visión del pastor fue seriamente obstaculizada por la incapacidad de actuar de manera inmediata.

IMPRESCINDIBLE CINCO: MENTE AMPLIA: ¿ENSANCHO LA FE Y DESAFÍO LA IMAGINACIÓN CON METAS AUDACES, A LA ALTURA DE DIOS? Una mente amplia es el componente crítico para forjar el futuro y construir anticipación. Sin una meta asombrosa por delante tu congregación nunca tendrá una razón para correr riesgos, colaborar y hacer sacrificios heroicos. Como representante de un mejor futuro intermedio de Dios, el pueblo de Dios debe tener conciencia de su capacidad de hacer mucho más abundantemente de lo que podemos pedir o pensar. El líder que no lucha por este espíritu de expectativa está cometiendo mala praxis pastoral.

Cuando Caz McCaslin comenzó Upward, alguien amplió su mente al decirle que debía poner su programa en mil gimnasios. Diez años más tarde había dos mil gimnasios participando de las ligas Upward a través de la iglesia local. Con la primera amplitud mental muy por detrás de ellos, Caz observó que alcanzaban a niños en magnitudes gigantes de cuatro: de cuatro mil, a cuarenta mil, a cuatrocientos mil. Viendo la progresión, Caz le dio lugar a la siguiente amplitud mental y anunció su movimiento internacional de voluntariado: «Creo que Dios quiere que alcancemos cuatro millones de niños, un millón a la vez». Aún recuerdo los suspiros de las personas sentadas junto a mí cuando Caz compartió esa visión en una de sus conferencias de entrenamiento.

IMPRESCINDIBLE SEIS: SONRISA DE DIOS: ¿CLARIFICO MI BASE BÍBLICA Y MUESTRO CÓMO ESTÁ COMPLACIDO EL CORAZÓN DE DIOS? Finalmente el líder es responsable ante Dios y un día estará de pie frente a Jesús con todos sus «carretes de visiones lanzadas». Igual de importante es que el líder coloque su convocatoria en los hombres de Dios, y no en los propios. La visión permanecerá centrada en su persona y carisma si fracasa en mostrar intencionalmente el modo en que se complace el corazón Dios. La visión debería estar cargada de alusiones a las Escrituras y la incuestionable historia del trabajo de Dios en la comunidad local.

Hasta ahora dijimos dos cosas primordiales acerca de la visión como *cima*. Primero, el líder debe emplear el arte del lenguaje metafórico. Una imagen vale más que mil palabras, pero mil palabras adecuadas, cargadas de imágenes y la historia de un mejor futuro, pueden elevar a las personas a un lugar aún desconocido. Decir la metáfora correcta es como acercarte una caracola al oído: continúa hablando y siempre está haciendo eco de una realidad, la verdad de su hogar en el océano. Segundo, afirmé que hay seis ingredientes imprescindibles para movilizar a las personas hasta la cima. Al igual que la tabla periódica que enlista los elementos de la materia, estos seis elementos hacen la visión: denominador común, plataforma ardiente, futuro dorado, llamada de alerta, mente amplia, y sonrisa de Dios. El diagrama de araña está aquí porque tu habilidad será proporcional a tu interés en el desarrollo; recomiendo que antes de los momentos de lanzamiento de visión importantes uses está herramienta de evaluación en ti mismo, o mejor aún, dásela a algún otro para que te evalúe a *ti*.

Haciendo mojones misionales

Mientras tú, el líder, pintas imágenes futuras en las mentes de tus seguidores, a veces haces más que mostrarlas: las marcas. Por lo tanto definimos la visión como ᵐ*mojones* + *cima*. Es como si el líder transpasara el tiempo y llegara al futuro para clavar en el suelo una estaca o bandera (un mojón) y le asignara un valor numérico. Piensa en esto como un cuentakilómetros que registra la distancia referida a una expectativa específica. Esta puede ser la asistencia a la alabanza, o puede ser algo mucho más diferente y sutil de medir, como por ejemplo el porcentaje de personas que tiene al menos cinco individuos fuera del reino por los cuales ora regularmente. O un pastor puede ponerse un objetivo numérico de la cantidad de gente que convoca una iglesia en un viaje misionero intercultural. O el pastor del ministerio para niños puede monitorear el porcentaje de familias que tienen un devocional significativo en su casa al menos una vez a la semana. Los detalles de lo que puedes medir son infinitos. Un líder ubicando una expectativa de tiempo con un objetivo medible crea un mojón. Un mojón representa un punto de progreso que definitivamente se alcanzará o no.

Hasta ahora hablé acerca de las metas en dos puntos diferentes. El primero fue en la primera parte, donde exploramos los problemas asociados con la planificación estratégica y el mito de que establecer más metas lleva a más responsabilidad. En este contexto las metas eran organizacionales. El crecimiento descontrolado de objetivos organizacionales dentro del plan estratégico nubla la claridad y crea individualismos. La tercera parte introduce la idea de medidas de misión como ᵐ*marcas* (marcas de vida misional). En este caso la meta es acerca del individuo, no de la organización. La iglesia debe tener un retrato de un discípulo como centro del blanco, para no caer en una «desviación del cálculo», midiendo solo activos difíciles. En otras palabras la iglesia necesita un lenguaje común acerca de los resultados de un cambio de vida y discipulado para los cuales existe.

Si bien las ᵐ*marcas* son muy importantes, no están pensadas para constituir una meta organizacional o un indicador en sí mismas. En lugar de eso establecen que cualquier objetivo o indicador debe estar arraigado en las marcas de la vida misional. En otras palabras, las ᵐ*marcas* nos muestran el objetivo, pero no nos dicen cuántas personas estamos disparándole a ese objetivo o cuál es nuestro porcentaje de aciertos. Dentro de ᵐ*mojones* + *cima*, los mojones nos dan la oportunidad de establecer metas mensurables o indicadores como grupo colectivo. Es el lugar en el cual acogemos metas nuevamente, pero con algunas diferencias importantes respecto de la planificación estratégica que critiqué. En el resto de este capítulo, subrayo un simple proceso y ofrezco una herramienta básica para equipar tus conversaciones y toma de decisiones con ᵐ*mojones*.

La simplicidad como el principio guía ¡nuevamente!

El principio que guía nuestro desarrollo de ᵐ*mojones* es no tener más de un mojón a la vez. En este caso, el líder usa su rol para manejar la atención de las personas con cuidado. En el mundo de hoy con períodos de corta concentración, y en ambientes ministeriales sobre-trabajados, el líder es sabio si acoge el concepto menos-es-más. Nuevamente el ejemplo de la perspectiva de un músico aporta valor a nuestra discusión. Dizzy Gillespie dijo: «Me está llevando toda la vida aprender qué no tocar». La iglesia puede aprender de sus palabras. Con más mojones, difícilmente sea mejor. Algunas voces recientes del mundo de los negocios abogan por este concepto con grandes repercusiones, como la de Marcus Buckingham. Lee su exhortación a los líderes:

> No nos den un registro con cinco, o diez, o veinte indicadores. No nos presenten todos los indicadores que nuestra organización pueda generar con el argumento de que es el necesario «cuadro de mando integral». Es probable que ustedes como líderes analíticos se sientan felices con su cuadro de mando porque creen que con eso logran imponer algo de orden en su complejo mundo, pero a nosotros, sus seguidores, realmente no nos interesa qué tan integrado sea el cuadro. Podría ser integral o no porque, de todos modos, es demasiado complejo. Contiene demasiados indicadores y, como tal, nos dice que debemos mirar aquí, allá y más allá para ajustar nuestro viaje. Esta complejidad nos confunde y nos pone ansiosos. Debilita nuestra fortaleza y socava nuestra confianza… Si quieren que los sigamos hacia el futuro, deben ir al grano y darnos un indicador, un número para monitorear nuestro progreso.[8]

Su definición de *cuadro de mando* es la misma que nuestros mojones, por lo que sus palabras traducen de manera directa lo que estamos diciendo. Otra voz es la de Patrick Lencioni quien escribió el popular libro *Luchas por el poder dentro de las empresas*. ¿Cuál es su antídoto para demasiadas metas? Él lo denomina una «meta temática», y la define como «un único punto de mira cualitativo sobre el cual se enfoca todo el equipo, aplicable solo durante un período de tiempo estipulado».[9] El propósito de su abordaje es aportar sinergia real al interconectar cada departamento a través de un enfoque multidisciplinario. Su pensamiento apoya lo que queremos lograr teniendo un mojón a la vez. Esta dinámica focalizada es la razón por la cual muchas iglesias usan programas enlatados como «Cuarenta días de comunidad», o experimentan cierto éxito a través de una típica campaña. Por una vez en la vida de la iglesia, todos están en la misma página, trabajando con una perspectiva concreta y compartida de hacia dónde se dirige la iglesia. Nuestro deseo con los ᵐ*mojones* es hacer temporadas de enfoques que construyan sinergia e ímpetu para tu Iglesia única. Este tipo de enfoque es sistemático y arraigado en el concepto del Reino y el marco de visión en lugar de ser conducido de manera azarosa por la última conferencia de moda o destello de creatividad.

Figura 17.2. Usando el marco de visión para determinar tus ᵐmojones

Valores
(ᵐmotivos)

Estrategia
(ᵐmapa)

Medidas
(ᵐmarcas)

Los mojones enfatizan un cambio en la cultura o una dramática concientización cultural.	El mojón enfatiza el movimiento de las personas mediante su integración a la iglesia o su liberación fuera de ella.	El mojón enfatiza el desarrollo de un cambio de vida o el resultado de formación espiritual.
Ejemplo: el valor de «sensatez» es exprimido de la sobre-actividad. El equipo pastoral pide que los voluntarios no sirvan en más de dos áreas ministeriales. El mojón es cero por ciento de sobre-compromiso en doce meses.	Ejemplo: incrementar el porcentaje de personas en áreas identificadas de servicio de un veintitrés por ciento a un cuarenta por ciento en doce meses.	Ejemplo: la iglesia decide ayudar a las personas a ser más intencionales para Cristo en sus esferas de influencia. Deciden medir cuántas personas pasan al menos una hora semanal intentando establecer *conversaciones con* y *alcanzando* a los perdidos. El mojón es sesenta por ciento en seis meses.

Determinar tus ᵐmojones

Para determinar tus mojones primero debes identificar la necesidad u oportunidad más importante de tu iglesia *en este momento*, y revisarla con tu marco articulado. (Ahora te beneficiarás de los bordes externos de tu marco de visión.) Cada marco matiza el modo en que miras a la organización y qué tipo de mojón obtienes. Los valores enfatizan la cultura, la estrategia produce integración, y las medidas se enfocan en la formación espiritual (observa la figura 17.2). Por ejemplo una iglesia puede identificar la necesidad de que haya más personas sirviendo. Esto se conecta con la estrategia o ᵐmapa, la cual se traduce en un mojón de integración. Otra iglesia puede estar planeando unas vacaciones de servicio voluntario. Para aprovechar la oportunidad, enfatizaron la medida o ᵐmarca articulada como «dedicados a alcanzar a otros». La formación espiritual deviene el resultado deseado del indicador.

Localización y resolución de problemas de mojones

Varias preguntas surgen al tratar con los mojones. Aquí hay tres comunes:

¿Cómo determinamos un solo mojón? Esta pregunta importante debe ser discutida con tu equipo de liderazgo. Toma tiempo para intercambiar ideas y escucharse mutuamente con atención. Si hay dos ideas compitiendo recomiendo presentarlas de la manera más apasionada posible a un grupo determinado de liderazgo para que tome la decisión. Ser poco claro no

siempre es malo; puede forzarte a obtener una devolución más clara que nace del interior de la organización. Recuerda que como líder siempre puedes pedir la opinión de un grupo tan amplio como sea posible. Si quieres puedes dirigir una encuesta congregacional para leer mejor o más objetivamente el pulso de la comunidad. No estoy sugiriendo que las decisiones las tome la comunidad; si haces una encuesta ten cuidado cómo formulas las preguntas. Al fin y al cabo la importancia de la idea que elijas no es tan relevante como el tener una solo idea. No dejes que la indecisión sea tu decisión. Aun si debes elegir una de manera arbitraria, ¡ve por ella!

¿Cómo medimos un mojón una vez que lo determinamos? ¿Alguien mencionó encuestas? Siempre hay modos de medir, mientras existan las ganas de preguntar. La medición puede incluir algo de creatividad. La conclusión es que a las personas siempre les agrada que le preguntes (en el contexto de la iglesia local). Nunca vi un sondeo o una reunión intencional para escuchar que no realce la credibilidad del liderazgo. No tengas temor de diseñar las herramientas y dar los pasos para solicitar una devolución y medir el progreso de tus mojones.

¿Qué pasa si queremos más de un mojón? Sé que para algunos líderes reducirlos a uno puede ser muy difícil. Si crees que debes tener más de uno te recomiendo aplicarlo al equipo ejecutivo o personal pago únicamente. No pongas la complejidad de múltiples mojones sobre los hombros de tu congregación, convirtiéndolos en una carga. Prepara a tu gente para el éxito y guíalos a ganar con una meta clara.

Siente el futuro

Earl Crepes acuña el término «desviación del cálculo» para mostrar de un modo más preciso cómo comienza a desviarse la misión. Sucede porque no tenemos un modo real de sentir que estamos encaminados. Por eso son tan importantes los mojones. Te aliento a mezclar de manera creativa ᵐ*mojones* + *cima* al elaborar tu propia visión propiamente dicha. Dale a tu congregación mojones duraderos y audaces de modo tal que puedan sentir el progreso y saber que no se están desviando, sino progresando hacia el mejor futuro de Dios. Pero no todo se trata de números. Trabaja duro para descubrir y desenterrar las metáforas que implantan en las almas de las personas una semilla de sentido y belleza que crece con el tiempo. Esfuérzate por usar el diagrama araña, y pide contribuciones honestas de tu entorno más cercano. Tu habilidad es proporcional a tu interés. Mientras te conviertes en una mejor persona, además de hablarle a tu congregación acerca del futuro se los estarás *mostrando* y haciendo que sus corazones se estremezcan. Enséñales no solo a construir el barco, sino a anhelar mares vastos e infinitos.

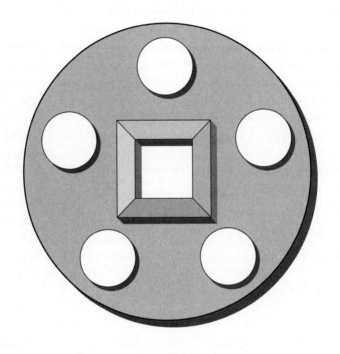

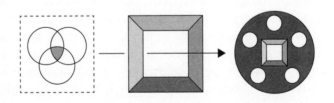

Cuarta parte

PROMOVER LA VISIÓN

IMAGINA QUE TE REÚNES CON TU FAMILIA a diseñar una casa. Inviertes meses en el proceso de diseño. Hay tantas decisiones y tanto en qué pensar. Trabajas duro para acomodar los deseos de cada miembro de la familia. Los niños quieren sus habitaciones de cierta manera, y lo más alejada una de la otra. Consideras el tamaño de su habitación, el flujo de tráfico por la casa, dónde y cómo recibir a los huéspedes, el porche trasero, la bañera, la ubicación de la cocina. Después de meses de luchar con los planos, finalmente tienes un diseño final.

Luego planeas el modo en que avanzará el proyecto, cómo progresará. Trabajas con el contratista general para acordar el programa de sub-contratistas que vendrán a trabajar. Luego alineas tus recursos y personal con el plan. Te aseguras de que todos conozcan el proceso y cronograma. El proyecto comienza.

Luego de unas semanas tu hija decide que no le gusta la ubicación de su cuarto. Está demasiado cerca de la cochera y la apertura de la puerta la despertaría cada mañana cuando tú te vas a trabajar. Quiere que su habitación esté en la parte trasera de la casa.

Tu hijo está pensando en tocar la batería. Él no tenía este interés antes de que el plan surgiera, pero lo tiene ahora. Al menos eso cree. Su cuarto es demasiado pequeño para que entre una batería, y tu esposa te informa que no hay opción de que la batería vaya a la sala.

El proyecto está en riesgo. Todos habían aprobado el proyecto, pero ahora otras cosas están cambiando el enfoque. Baterías, puertas de cochera... vida. Todo sucede.[1]

La cuarta parte de nuestro viaje es acerca de la «vida sucediendo» en la iglesia. Una vez que clarificaste y expresaste con claridad tu visión, comienza el trabajo desordenado y complicado de avanzar hacia ella. La parte más difícil del viaje es que inicialmente aquellos que aprobaron la visión se distraerán, tal vez pierdan el enfoque, o incluso quieran re-diseñar los planos. Tu rol es mantener viva la visión, o entregar visión diariamente para poder construir ímpetu para tu movimiento. Al hacerlo estarás constantemente alineando, mejorando e integrando la visión en las mentes y corazones, acciones y pasiones, roles y organigramas, de tu Iglesia única.

18

DESATA LA GUERRA CONTRA EL STATU QUO:

DE LA ARTICULACIÓN A LA TRACCIÓN

Puede ser que el día del juicio final amanezca mañana; en ese caso, felizmente dejaremos de trabajar por un futuro mejor. Pero no antes.

— Dietrich Bonhoeffer

LAS PALABRAS DE PABLO DE ROMANOS 7.15 son tanto agobiantes como reconfortantes: «No entiendo lo que me pasa, pues no hago lo que quiero, sino lo que aborrezco». Las palabras hablan de la tensión de ser una nueva creación en Cristo y tener el polvo residual de la carne trabajando en el cuerpo mortal. Estas palabras agobian porque hablan de nuestra propia experiencia. Nos reconfortan porque sabemos que no estamos solos en la lucha de nuestra alma y en nuestra guerra interna.

Estoy convencido de que si el cuerpo de Cristo pudiera hablar con una voz audible y unificada, diría: «No comprendo mis propias acciones». No hay mejor momento para reconocer esto que cuando una visión única orientada al movimiento es impulsada en la iglesia. Cuando el líder y su equipo tienen nueva claridad, inevitablemente enfrentan la fuerza de la inercia de ayer. El statu quo no es estático; es como un automóvil y un conductor yendo a sesenta millas por hora por la carretera del ministerio. El conductor tiene los músculos tensos, los brazos rígidos y la determinación focalizada en mantenerse en curso, incluso cuando el curso es tangencial a la misión.

Las bibliotecas están llenas de libros que abordan el tema de la administración de cambios. Sinceramente no quiero hablar acerca de la administración de cambios per se, sino del avance de la visión como integración. La cuarta parte es la más breve de este libro. Quiero presentar una simple dirección sobre el tema de «adquirir tracción» con claridad. ¿Qué pasa en los próximos seis, dieciocho y treinta y seis meses siguientes a que una visión haya sido completamente articulada? De eso tratan los próximos tres capítulos.

Alineación: acción pre-tracción

La parte irónica de promover la visión es que el trabajo más difícil y más definitorio sucede pre-movimiento. Durante mis años de seminarista conducía una vieja chatarra, un Toyota Cressida que compré a un compañero pobre. Él se iba al extrangero y tenía que vender su auto. Para cualquiera que lo viera el auto estaba bien. Pero en el primer viaje de Dallas a Houston, cuando llevé esa cosa a más de sesenta y cinco millas por hora, el auto se sacudió violentamente. La falta de alineación hubiera destrozado al auto en pedacitos si yo hubiera continuado presionando el acelerador. Así que le hice alineación y balanceo y el problema quedó resuelto. Naturalmente, cuando el auto estaba en reparación, no se estaba moviendo. El paralelo para la iglesia es este: *la alineación* es el trabajo crítico que debe estar hecho primero en el momento del lanzamiento de la visión. Cuando ves a donde Dios quiere llevarte lo primero que haces no es presionar el acelerador. Debes trabajar en la parte delantera antes de acelerar al máximo. Desafortunadamente algunos líderes no tienen la paciencia suficiente. Pero considéralo seriamente porque tener a mi Cressida desalineado significó limitar mi velocidad máxima. Para la iglesia estar desalineada significa severas limitaciones a la efectividad y eficiencia misionales.

Caballos de fuerza del Reino que llevan a ninguna parte

Será de mucha utilidad tener presente la imagen de alineación mientras avanzamos. Mi ilustración favorita vino del equipo de Castle Hills First Baptist Church en San Antonio. Mientras conversábamos acerca de este concepto, Donnie, un estudiante para ministro, interrumpió el proceso para compartir una imagen que tenía en su mente: «Cuando hablas acerca de alineación me imagino un enorme aro de metal en el centro de la habitación. Tiene siete u ocho sogas atadas a él, de ese tipo bien grueso que usas en una cinchada. Cada soga tiene un poderoso caballo amarrado en su otro extremo. Luego alguien hace el disparo de largada y los caballos comienzan a tirar con cientos de kilogramos de fuerza. El problema es que el aro no va a ninguna parte. Todos los caballos de fuerza se disipan por el efecto cancelatorio de los caballos mal alineados alrededor del aro». El efecto de esta acción es movimiento cero. No te imaginas cuantos equipos existen (tristemente) con este efecto de movimiento cero. (La imagen de Donny fue tan buena que ahora hacemos nuestros propios «aros de alineación», aros con pequeñas cuerdas de cuero atadas, para permitir que los equipos interactúen con la idea.) Las cuerdas representan al personal, las áreas ministeriales, el voluntariado, los programas, o el nombre que tú le quieras poner. Cada actividad en tu iglesia tiene un portador. Ahora echemos un vistazo a dónde queremos llegar. Una vez que tienes el marco de visión en su lugar, la dinámica de alineación es enorme. Como vimos antes, una y otra vez el personal irá descubriendo el beneficio que proporciona la estrategia y el trabajo en equipo, a medida que transite el camino de visión. El beneficio general es obvio, pero hay otros que son difíciles de imaginar al comienzo.

Pueden identificarse cuatro fases de alineación (figura 18.1).

Las fases varían para *iglesias ya establecidas* (con más de quince años de historia) e *iglesias emprendedoras* (con menos de quince años de historia). Cada categoría enfrenta desafíos que pueden sacarla de alineación, pero las dinámicas en cada contexto son muy diferentes. Observemos primero a la iglesia establecida.

ALINEACIÓN EN LA IGLESIA ESTABLECIDA. Para la iglesia establecida la fase cero de alineación es «confusión». Finalmente, para ser sumamente efectiva, la iglesia debe mover todos los caballos hacia el mismo lado del aro de alineación para alcanzar la fase tres de alineación: colaboración. Imagina el modo en que estos portadores multiplican la energía cuando tiran juntos. Dos caballos que de manera individual pueden tirar 450 kilos, juntos pueden tirar casi 1.200 kilos; hay un treinta por ciento de incremento en la eficiencia. De este modo, la matemática representa más, como uno más uno es igual a tres. Para lograr alineación se requiere una misión clara y agregada al diagrama. La mayor parte del tiempo, el obstáculo para alcanzar el nivel de alineación que se ve en la fase tres es el problema de no tener claridad primero, en especial con tu ^{m}*mapa*.

Figura 18.1. Fases de alineación

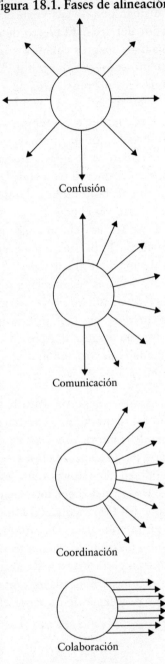

Confusión

Comunicación

Coordinación

Colaboración

Misión

La pregunta que necesitamos responder es cómo movernos de la fase cero: confusión, a la fase tres: colaboración. Colaboración es el punto en el cual los ministerios individuales y líderes dejaron su ego en la puerta de entrada y están tratando activamente de servir a la misión sirviéndose mutuamente. En un ambiente de iglesia establecida lleva cierto tiempo reajustar la comprensión y expectativas. Al tener éxito el proceso de lograr alineación, el equipo no salta directamente de la confusión a la colaboración, sino que aprende colaboración de dos fases previas y sucesivas. La primera es la fase de alineación uno: comunicación. En la fase de comunicación los líderes y las áreas ministeriales aprenden el valor de compartir información y mantener el diálogo abierto. Los ministerios son amigables unos con otros. La oposición directa a la misión es removida con facilidad (a menos que haya alguien presente con malas intenciones). Puede haber uno o dos ministerios pícaros, o simplemente un programa inadaptado que claramente no contribuye. El mismo proceso que lleva a expresar con claridad el marco de visión suele generar tanto diálogo que la fase uno puede lograrse con facilidad. Pero la comunicación sola no es suficiente para remover la cruda «energía lateral». Si bien la imagen es mucho mejor que con movimiento cero, hay una increíble pérdida de energía e ineficiencia de recursos. Los ministerios pueden tener portadores que están orientados noventa grados fuera de la misión.

Si los líderes en la iglesia se mantienen firmes en coordinar mejor sus esfuerzos, alcanzarán la segunda fase de alineación: coordinación. Bill Donahue define la coordinación como cuando «dos o más ministerios secuencian y potencian las actividades individuales en pos de las ganancias colectivas».[1] En esta fase se dan confrontadas conversaciones acerca de qué hacer con los programas, las iniciativas ministeriales y las personas. Es el equivalente a la limpieza de primavera como iglesia, caminando por los armarios de programas cerrados y quitando las telarañas ministeriales. Significa hablar con el malhumorado Sr. Smith, quien ha liderado la misma clase por veinte años. No hay manera de alcanzar la fase de coordinación sin que todos en la iglesia estén al tanto de algunos cambios. En este punto varios aspectos del marco de visión se hacen más claros para la gente. Es importante reconocer que aun con una coordinación apropiada hay ministerios tirando un poco más fuerte, aunque generalmente en la misma dirección. El paso final de coordinación a la fase tres, colaboración, lleva tiempo y desarrollo de nuevas habilidades. Para tu equipo significa un cambio de paradigma comenzar a liderar desde tu visión misional y tu sendero de visión en lugar de desde metas individuales.

Significa que los pensamientos y las acciones de los líderes son guiados por la creencia de que juntos pueden lograr mucho más que ninguno individualmente. El «todos ganan» no es algo que sucede espontaneamente; se desarrolla desde el compromiso con la creatividad diligente y el diálogo. Esta transición es un proceso. Si la iglesia es exitosa en general, y con más de veinte años de edad, no se puede lograr colaboración en menos de tres años.

ALINEACIÓN EN LA IGLESIA EMPRENDEDORA. Una nota para los líderes jóvenes y las iglesias de crecimiento rápido: la sección anterior trataba sobre lograr alineación en las iglesias establecidas, aquellas que pasaron la etapa adolescente. Para ellas el punto de inicio suele ser confusión y no enfoque. En el otro extremo del espectro hay un número creciente de mega-iglesias en crecimiento que fueron construidas sobre un enfoque simplificado de una visión clara. Cerca de un tercio de mis iglesias clientes tienen menos de quince años de antigüedad y están creciendo velozmente a un rango de asistencia de entre ochocientos a tres mil personas. Si es tu caso ¡lee con atención! Las fases de alineación trabajan en reverso para ti, y el principio clave es que en el mejor de los casos estás a doce meses de distancia de la próxima fase *más baja*. Así es como progresa, asumiendo que comenzaste una en los últimos quince años. Las iglesias emprendedoras comienzan en la fase tres no porque han conquistado la colaboración, sino porque comenzaron antes. En otras palabras, estabas focalizado por necesidad como iniciativa emprendedora. Dibujaremos una flecha o cuerda en tu aro de alineación. Felicitaciones, porque vayas a donde vayas ¡estás alineado! Aquí re-etiquetamos la fase tres como «aceleración» (vuelve a referirte a la figura 18.1). Cuando la iglesia alcance una asistencia de ochocientas personas se establece la fase dos. Eres considerada una exitosa iglesia creciente. Tienes más recursos y, en consecuencia, más opciones. Re-etiquetamos la fase dos no como coordinación sino como «expansión». En esta fase, todo parece grandioso. Pero en realidad los recursos que estás agregando están un poco menos focalizados que en la fase de aceleración. A menos que haya una increíble atención para crear colaboración al agregar personal, seguirás experimentando la ley de utilidad decreciente al agregar infraestructura y manejar tu éxito. Agregando iniciativas ministeriales te deslizas hacia la fase uno, esta vez re-etiquetada como «oscilación». Oscilación es el punto donde tu crecimiento toca el techo de cristal proverbial. Como una ola, la curva de crecimiento baja un poco y luego se dispara otra vez, solo para golpear la misma barrera invisible. En la mayoría de los casos esta dinámica se relaciona con una masa crítica de fuerzas opositoras alrededor del aro de alineación. Los yo-yo de crecimiento dinámico suben y bajan hasta que las prácticas de coordinación y colaboración se engranan para abortar el patrón.

Estas dinámicas son posibles en cualquier escala, pero es común ver que la oscilación ocurre en marcas de mil doscientos, mil ochocientos y tres mil asistentes. Si la iglesia continúa agregando iniciativas, entra en la fase cero, o «disipación». En la disipación el foco que creó la aceleración ya no es discernible y la organización se estabiliza, a riesgo de estancarse. La tabla 18.1 resume las cuatro fases de alineación e interpreta cada una dependiendo del punto de ventaja del que proviene tu iglesia, una establecida o una emprendedora.

Tabla 18.1. Resumen de fases de alineación

	Iglesia establecida (más de quince años)	Iglesia emprendedora (menos de quince años)
Dolor de alineación	Tratando de re-focalizar iniciativas ministeriales dispersas	No darse cuenta de que la des-alineación sucede por el «éxito»
Dinámica deseada	Re-focalizando al desplazarse de la fase cero a la fase tres	Mantenerse focalizado en la fase tres, al multiplicarse el ministerio
Fase cero	Confusión	Disipación
Fase uno	Comunicación	Oscilación
Fase dos	Coordinación	Expansión
Fase tres	Colaboración	Aceleración

Alinear tu ᵐmapa

Hacer alineación y balanceo en tu iglesia requiere focalizar tu atención en un componente específico del marco de visión: estrategia o ᵐmapa. Hay muchas razones por las cuales la estrategia llama más la atención para un trabajo de alineación inicial. Primero, la estrategia involucra las partes móviles de la iglesia: los programas ofrecidos semanalmente, el servicio de alabanza de fines de semana, las oportunidades de servicio, el ministerio para niños, el último viaje misionero, y así sucesivamente. De manera natural recibe atención constante de tu liderazgo contratado y voluntario. Segundo, es mediante la comunicación y la implementación de tu ᵐmapa que a la mayoría de las personas de la iglesia se les presenta el marco de visión entero y el concepto del Reino subyacente. Piensa en él de esta manera: si introducimos un cambio en los valores, el calendario de la iglesia probablemente no cambiará a la siguiente semana. Pero cuando se presenta la estrategia, el modo en que los ministerios se promocionan ciertamente podría cambiar. La tercera razón para centrar la atención en tu ᵐ*mapa* es que la mayoría de las iglesias no tienen uno. Entonces, al hacerte más intencional (no importa si son iglesia establecida o emprendedora) incorporar un ᵐ*mapa* o una estrategia es una oportunidad inmediata de aplicación. Cuarto, tener un ᵐ*mapa* es el modo más claro de explicar el concepto de enfoque, es la más simple y mayor necesidad organizacional en nuestras iglesias hoy.

Modificación persistente

Una vez que tu ᵐ*mapa* está desarrollado necesitas un proceso para hacer el trabajo de modificación persistente, para alinear las iniciativas ministeriales nuevas y existentes tanto para el ᵐ*mandato* como para el ᵐ*mapa*. Modificación persistente es la adaptación constante y continua de tu ministerio a tu sendero de visión. Es una disciplina que debe realizarse por comunidades de liderazgo que entienden el marco de visión. Al trabajar con iglesias desarrollamos un quíntuple abordaje al formular la pregunta: «¿Cómo encaja este ministerio o programa?». Este enfoque te ayuda a evaluar si los ministerios están alineados con tu marco de visión, aportando múltiples soluciones si lo están.

CATAPULTA EL MINISTERIO. Catapultar el ministerio significa levantarlo tan alto como puedas para captar la atención de tu congregación. Significa disparar una luz y poner al ministerio en el equivalente de la «cartelera» más grande de tu iglesia, sea un sitio web, una guía de adoración, o una nota del pastor. En esencia el desarrollo del ícono de la estrategia sirve al propósito de catapultar. (Vuelve a referirte al capítulo catorce para una revisión de íconos estratégicos.) Por lo tanto catapultar se aplica solo a los ministerios que encajan directamente en el ᵐ*mapa*. Por ejemplo, si trabajar en el ministerio para niños es una oportunidad de voluntariado semanal, puede mostrarse en el ᵐ*mapa* como un paso de «servicio», como sucedió en varios de nuestros ejemplos. Esto significa que la oportunidad de voluntariado ya se encuentra en el nivel más alto dentro de la estrategia; no puede ir más alto. Ten en mente que la promoción de voluntariado en el ministerio para niños no debería eclipsar o dominar el ᵐ*mapa* en tus comunicaciones internas. En lugar de eso debe comunicarse como una opción de servicio luego de que un individuo digiera el ᵐ*mapa*.

COMBINA EL MINISTERIO. Algunos ministerios no encajan en el ᵐ*mapa*. Pero luego de definir la estrategia con claridad tal vez podrían. La modificación persistente suele involucrar modificar ministerios para hacerlos entrar en el ᵐ*mapa*. En lugar de enchufar y ejecutar un programa enlatado, puedes agregar y quitar tus propias características del modo que quieras. Por ejemplo, digamos que el ᵐ*mapa* de tu iglesia tiene un paso para conectarse relacionalmente en un grupo pequeño. Pero algunas damas de tu iglesia están muy emocionadas con su estudio bíblico Beth Moore. Cuando exploras lo que quieres que suceda en el componente de tu ᵐ*mapa* definido como «conectar» y lo comparas con lo que está sucediendo en el estudio bíblico, descubres que no están alineados. Digamos que el formato es muy extenso y guiado por la lectura. El abordaje «combinado» considera de qué manera puede adaptarse de modo significativo para ser considerado una oferta de conexión legítima dentro del ᵐ*mapa*. Tal vez pulsen pausa en la lectura para generar un espacio de discusión, y en lugar de que las series duren diez semanas, duran veinte. Si al ministerio le gusta esto, lo combina en el ᵐ*mapa*, hace más eficiente el modo en que el ministerio se comunica porque se convierte en una ofrenda legítima dentro del ᵐ*mapa*, no un horario o un ministerio adicional a la iglesia como un todo.

Una iglesia con la que trabajé tenía un famoso orador del ministerio de hombres que hablaba los miércoles por la noche. El liderazgo se dio cuenta de que sus ofrendas ministeriales estaban sobre-construidas (promoviendo la estrategia de cuatro pasos «aliméntame») y necesitaban reestructurar de alguna manera el ministerio de hombres. Otro problema que tenían era hacer espacio para las Comunidades Bíblicas de Adultos (ABF) los domingos por la mañana. Así que decidieron hacer los miércoles por la noche una ABF de hombres, combinándola y haciéndola un componente del ᵐ*mapa*. El trabajo duro de adaptación significó reducir el tiempo de lectura y construir más tiempo para la oración y la responsabilidad. Muchos líderes no se dan cuenta de la facilidad con que se pueden hacer estos cambios. Con el marco de visión comunicado como una parte del proceso de cambio estarás gratamente sorprendido de la cantidad de personas que aceptan con agrado las modificaciones intencionales.

CONTRIBUTIZAR EL MINISTERIO. La idea denominada «contributizar» es adaptar una iniciativa ministerial de modo tal que se convierta en un contribuyente, o alimentador, de uno de los componentes claves del ᵐ*mapa*. Digamos que hay una mañana de estudio bíblico masculino que no encaja estratégicamente en el ᵐ*mapa*. Se determinó que no es fácil combinarlo con algo de la estrategia. Una alternativa es modificar el ministerio para que sea un alimentador permanente de un componente más estratégico del ᵐ*mapa*. En otras palabras, existe como un punto de entrada estratégico. Por ejemplo si se necesitan más hombres en la parte de servicio del ᵐ*mapa*, el estudio bíblico matinal mensual puede terminar antes del horario habitual por un testimonio especial y convocar a una oportunidad inmediata para involucrarse en el servicio. O el contenido del estudio podría focalizarse en desarrollar una actitud de servicio.

Una iglesia bautista con la cual trabajo estaba tratando de ubicar a su servicio de alabanza de los domingos por la tarde como un paso estratégico en el ᵐ*mapa*. Decidieron convertir este espacio en un «contributario» de servicio y evangelismo. Crearon seis estaciones de trabajo por adelantado, que facilitarían el compromiso de las personas al trabajo en proyectos de desarrollo comunitario o evangelismo personal. Un domingo por la noche dividieron a la congregación en cuatro grupos por sus apellidos y de manera ceremonial los enviaron a un cuarto de la congregación fuera del santuario, a la estación de trabajo de su preferencia. Esto se convirtió en un patrón semanal. Durante las primeras semanas hubo algunas críticas al plan. Pero seis meses después las personas halagaban al liderazgo por la audacia de sacar a las personas de sus asientos.

CAJONEA AL MINISTERIO. Es claro que algunos programas no son estratégicos y nunca lo serán. El liderazgo decide que no vale la pena combinarlos o contributizarlos. Pero algo en el instinto del liderazgo dice que no es sabio cerrar el ministerio. Quizás hay una masa crítica de gente influyente que está emocionalmente muy ligada al ministerio. Tal vez las personas no tuvieron tiempo de captar el concepto menos-es-más de enfoque. Este es un llamado difícil pero que debe hacerse una y otra vez por los líderes ministeriales. Una opción es cajonearlo, esto es, no suministrarle nuevos recursos ni promoción ministerial. De manera intencional relegas el ministerio a su propio pequeño rincón del mundo, sabiendo que algún día morirá con gracia. La perspectiva estratégica de cajonearlo es minimizar la atención y los recursos. Mientras el ministerio está cajoneado no desvía recursos que necesitan canalizarse hacia otro lugar. Tampoco distrae la comunicación clara del ᵐ*mapa* a quienes vienen por primera vez. El ministerio cajoneado no contribuye al desorden ministerial y la energía lateral es minimizada.

CORTA EL MINISTERIO. La opción final en la alineación de tu ᵐ*mapa* es cortar o cerrar el ministerio que no cabe y que ya no es efectivo. Para muchos pastores el proceso de pensar sobre esto se siente como la muerte. El solo hecho de pensar en acercarse a un contribuyente influyente les provoca acobardarse y huir. Al fin y al cabo continuar un ministerio que debería cortarse hiere a la misión general. El líder debe revisar la verdad de que lo bueno es enemigo de lo mejor y debe aprender a comunicarse *no* con sabiduría y gracia. Como reza el viejo dicho: «Si el caballo está muerto, desmonta». Es notable que las iglesias misionales efectivas tengan culturas en las que detener y comenzar ministerios es esperable. ¿Recuerdas el capítulo sobre congregaciones perdidas? En él afirmamos que cuando existe ausencia de un marco de visión las personas se apoyan en los lugares, las personalidades, los programas y las personas para deducir su identidad de miembro, en lugar de hacerlo de la visión singular de la iglesia. Imagina por un momento una cultura en la cual las personas están tan sintonizadas con tu misión, valores y estrategia que les importa poco si se cierra un programa particular. Están dispuestos porque el programa ya no alimenta su identidad.

Las cinco C de modificación persistente pueden ser un abordaje poderoso para el líder que entiende la alineación. Para el líder establecido es una guía para reinventar ministerios de manera creativa. Para el líder emprendedor es un correctivo para no dejar que la expansión anule la habilidad de la organización de permanecer focalizada. *No añadas lo que puedes alinear.*

Usa los dos juegos de vocabulario introducidos en este capítulo para guiar conversaciones de equipo: las cuatro fases de alineación y las cinco C de modificación persistente. Son herramientas para mantenerte avanzando hacia tu visión como «vida sucediendo» en el trabajo siempre cambiante del ministerio.

19

TEN LARGOS ENCUENTROS EN EL APOSENTO ALTO:

EL SECRETO DE LA SINTONIZACIÓN

El cambio genera simultáneamente sentimientos de temor y esperanza, ansiedad y alivio, presión y estímulo, amenazas a la autoestima, y desafíos a dominar situaciones nuevas. La tarea de los líderes transformadores es reconocer estos sentimientos mezclados, actuar para ayudar a las personas a moverse de las emociones negativas hacia las positivas, y movilizar la energía necesaria para la renovación individual.

— Noel Tichy y Mary Anne Devanna

DURANTE UNAS VACACIONES FAMILIARES en la costa de Carolina del Sur, Abigail, mi hija de dieciocho años tomó una decisión que me sorprendió mientras caminábamos por la playa junto a un entretenimiento de karaoke. ¡De la nada decidió saltar al escenario! No podía creer que estuviera lista para hacerlo. Fingiendo mi preocupación por su nerviosismo, difícilmente podía controlar el mío. Después de todo no habíamos ensayado y ella jamás había cantado en público. En el escenario tomó el micrófono inalámbrico con sus pequeñas manos, casi me da urticaria.

No pude creerlo cuando abrió su boca. ¡Sonaba increíble! Pero no porque *sonaba increíble*. En un golpe de suerte, su elección no calculada fue «Sweet Home Alabama». Esta canción era tan apreciada y bien conocida que la gente del lugar no podía mantenerse callada. Mi pequeña Abby sonreía como Hannah Montana, mientras una sinfonía de voces llenaba la atmósfera festiva de la noche, con ella en el centro. Me encanta la palabra alineación. Pero la imagen de los caballos tirando un aro de metal en la misma dirección no es suficiente si el líder quiere tocar el alma de los líderes con una visión compartida. Necesitamos otra imagen: una fotografía de un grupo unido cantando espontáneamente una dulce armonía. El líder debe entender el término «sintonización». Piensa en sintonización como los primos de la película *Kissin'cousin* parándose al lado de la alineación. La sintonización es a la emoción humana (el material blando de la organización) lo que la alineación es a la estructura y la comunicación (el material duro de la organización). Podríamos hablar todo el día de la alineación y no tener el corazón de los líderes orientado hacia la visión. Tal realidad sería trágica. Definimos sintonización como la atracción y conexión emocional en el corazón del seguidor a una determinada dirección organizacional. Le habla a lo profundo del seguidor y lo hace querer cantar cuando el líder comparte la imagen de un futuro mejor. Podemos alinear muchas cosas en la organización, pero en el análisis final no alineas corazones; los sintonizas.

La clave para promover la visión es no ver alineación y sintonización como dos dinámicas separadas y no relacionadas. Ambas trabajan juntas de manera poderosa. Las veo trabajando como un emparedado: entre pasos de acción específicos para alinear (pan arriba y abajo) pones la carne en el medio con sintonización.

Miremos nuevamente a la estrategia de la iglesia como ᵐ*mapa*. En el último capítulo nos enfocamos en este componente del marco de visión desde un punto de vista de alineación. Hagamos lo mismo desde una perspectiva de sintonización.

A lo largo del proceso de transitar el sendero de visión, tu liderazgo alcanzará un momento de decisión. Llegado el momento de comunicar la estrategia como ᵐ*mapa*, el primer paso es la comunicación. La comunicación es algo que se puede alinear. En un día podemos alinear un cien por ciento el modo en que hablamos acerca del ministerio de la iglesia. En un día, podemos imprimir el ᵐ*mapa* en una guía de alabanza, por ejemplo. En ese momento al invitado le parecerá que los ministerios están alineados y que siempre lo estuvieron, aunque la iglesia continúe en proceso de modificación persistente. Así construimos nuestro emparedado de sintonización con una rodaja de pan abajo como alineación de comunicación (ver figura 19.1). En el proceso de tomar decisiones ministeriales reales, como cambios en los roles y las estructuras o distribución de recursos, el liderazgo comienza a alinear otro material organizacional duro. A pesar de que la alineación de la comunicación puede suceder rápidamente, otros aspectos de la alineación pueden tomar años. Esta es la rebanada superior de pan en nuestro emparedado de sintonización, al que generalmente me refiero como «alineación estructural».

Figura 19.1. El emparedado de sintonización

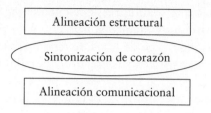

¿Estás listo para comer tu emparedado? ¡Vamos dale un mordisco! El emparedado que no tiene carne en el medio no es muy rico. Sufres el mismo tipo de desencanto si estás siguiendo a un líder al que no le interesa la sintonización. La sintonización es la carne en el medio que debe estar amontonada entre sucesivos pasos de alineación organizacional. Mark Lipton les recuerda a los líderes: «La alineación en sí misma no es suficiente porque es un aparato gerencial. Aunque algunas personas pueden cambiar ciertas conductas por decreto gerencial, el cambio no durará a menos que estén emocionalmente integradas con la nueva dirección».[1]

Prácticas que armonizan corazones

Entonces la pregunta que surge es: ¿cómo un líder logra el trabajo de sintonización? ¿Cómo ayudas a las personas a *querer* ir y no a *tener que* ir? La respuesta sincera es: no puedes. Pero como líder puedes crear un clima que produce una repercusión emocional y dinámica para tu visión.

Hay dos prácticas específicas que quiero compartir contigo. Obviamente existen muchas complejidades en alcanzar la sintonización, que afectan la formación de un individuo tanto como líder y como seguidor. Pero si dominas estas prácticas estarás bien equipado para crear armonía entre aquellos a quienes lideras.

Crear diálogo real

La primera práctica es el diálogo. El líder debe relacionarse con las personas con indagación apreciativa, y ubicarse en el punto de vista de los demás. Digo crear diálogo «real» porque no es poco común que los líderes escuchen con sus oídos bien cerrados. Cuando se trata de prestar atención muchos líderes lo simulan, o escuchan para reaccionar más que para escuchar realmente. Lo que hacen es escuchar con tus ojos.

Para el líder siempre es difícil crear diálogo real, debido al trabajo de formación espiritual que se está dando en su corazón. Surge entonces la pregunta de si el líder realmente quiere la sintonización o está más interesado en una dinámica de mando y control. En este caso recomiendo el modelo de Jesús. A pesar de que Él crea seguidores, se convierten en más que seguidores, devienen compañeros. Esa es la razón por la cual el movimiento sobrevivió a su partida corporal. Pablo, tomando su liderazgo de Jesús, se refiere al menos trece veces a «compañeros de trabajo» en sus escritos. La palabra griega aquí es *synergos*. Combina esto con la imagen que pintamos en el último capítulo de un equipo de caballos tirando juntos en la misma dirección. El modelo apostólico demanda perseverar en el trabajo en equipo. Pedro incluso lideró al primer equipo para reemplazar a su decimosegundo compañero después de la traición de Judas. Este tipo de trabajo en equipo asume el diálogo y demuestra el rechazo del abordaje de llanero solitario o tácticas autoritarias. Hasta que no exista un diálogo maduro por parte del líder, ninguna cantidad de entrenamiento de habilidades será suficiente para crear una atmósfera de sintonización.

DISCUSIÓN VERSUS DIÁLOGO. El diálogo real no es lo mismo que discutir. Una discusión crea ganadores y perdedores, pero en un diálogo todos ganan. La palabra *diálogo* proviene del griego *dialogos*. *Dia* significa «a través de» y *logos* significa palabra o sentido. (Estas son dos de las palabras griegas más reconocidas para nosotros los predicadores.) La idea de diálogo es la de «significado pasando o moviéndose a través de dos personas».[2] Es un intercambio y una experiencia que lleva a los dos individuos a un nivel más elevado de comprensión de la perspectiva del otro. ¿Por qué es crítica esta distinción? Porque la sintonización no se trata de que todos se salgan con la suya. Se trata de que todos tengan la oportunidad de ser escuchados y verdaderamente comprendidos para avanzar con entusiasmo. Aquí está la gran ironía del diálogo: si el líder no impone primero su posición, crea una comprensión compartida que hace innecesario el uso de la fuerza y la postura autoritaria.

PRESTA ATENCIÓN Y ESCUCHA. La primera clave para lograr sintonización es escuchar. Crear diálogo real planificando el tiempo para hacerlo. Tienes que saber que estás acelerando la misión al desacelerar para tener una conversación. Pero por ser el líder, quieres maximizar la eficiencia, ¿verdad? En este caso no cierres tus oídos atentos. Escucha con atención a la organización y a los demás líderes, todo el tiempo. Si estás trabajando en ello, te sorprenderá ver todo lo que aprendes sin tener que preguntar.

Colaboradores reticentes versus colaboradores equivocados

La práctica del diálogo es importante para todos. Pero hay momentos en que el líder debe hacer algo más. La segunda práctica que quiero mencionar requiere de una comprensión matizada del tipo de sintonización que intentamos alcanzar. Esta comprensión ubica a las personas en una de dos categorías: *colaboradores reticentes* o *colaboradores equivocados*. Una simple grilla ayuda a clarificarlo. Imagina que toda tu congregación se encuentra en un crucero con una visión clara. Las personas de tu barco pueden ponerse en una de las cuatro categorías creadas por un cuadrante. Un lado de la grilla formula la pregunta sencilla de si tienen claridad en la visión (sí o no). El otro lado pregunta si quieren ser un colaborador de la visión (sí o no). El cuadrante crea una grilla de sintonización (figura 19.2) y pone a cada uno de los miembros de tu organización en una de las cuatro categorías:

Polizones: personas que no conocen la visión y no quieren colaborar.
Pasajeros: personas que conocen la visión y no quiere contribuir.
Tripulación: personas que conocen la visión y quieren colaborar.
Piratas: personas que no conocen la visión y quieren contribuir.

Figura 19.2. El cuadro de sintonización

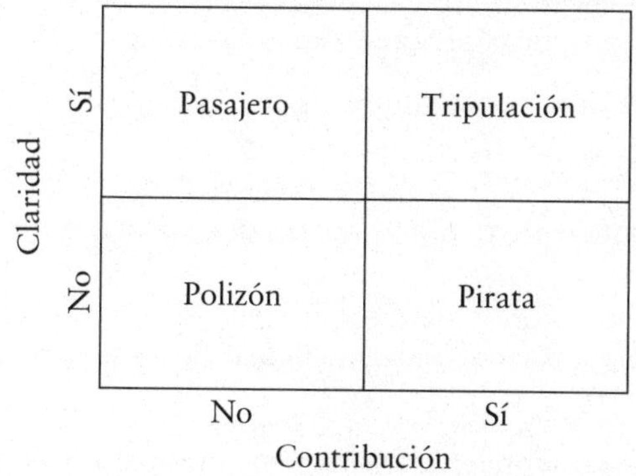

¿La referencia a «piratería» parece un poco fuerte? Creo que es un concepto importante para que el líder comprenda y funde la segunda práctica de la que quiero hablar. La primera resistencia cuando uso la palabra se debe a que los piratas tienen tan malas intenciones. Para el líder de la iglesia estas personas claramente están alrededor, pero también lo están un montón de personas sin deseos de lastimar. Hay muchas personas buenas que no captan la visión pero aun así quieren colaborar. Aquí está el desafío. Querer colaborar pero no estar de acuerdo con la visión es un acto de piratería, ya sea que la persona tenga malas intenciones o no. Nuestra perspectiva polariza la realidad que rodea la visión. Por lo tanto el pirata cabe en la categoría de colaborador equivocado, mientras que el pasajero cabe en la categoría de colaborador reticente.

El poder del «no» positivo

A lo largo de este libro hablamos acerca de focalización, alineación, claridad e ideas relacionadas. Estas ideas están arraigadas en comprender en qué anda Dios y no en lo que queremos crear para nosotros. Para el líder que comprende la visión de *Iglesia única* (el concepto del Reino expresado mediante el marco de visión), la práctica del no positivo deviene la disciplina más importante para alcanzar la visión. Alguien dijo alguna vez que no podemos hacer nada grandioso hasta que no sepamos qué no podemos hacer. Esta es la segunda práctica de la sintonización: expresar bien el no positivo.

¿A dónde nos lleva esto con los piratas en nuestro barco? Para utilizar una analogía musical, ellos deben comenzar a afinar y armonizar, o tendrán que unirse a otro coro. Tu iglesia no puede ir hacia la visión de Dios si existen personas tratando de encaminar al barco hacia una dirección diferente, o están tratando de envenenar a la tripulación respecto de la integridad de la visión.

Estas son las próximas preguntas importantes para el líder:

o ¿Cómo le hablo con sabiduría y gracia a alguien en mi congregación que no está de acuerdo con la visión?

o ¿Permití suficiente tiempo para un diálogo adecuado con esta persona?

o ¿Cuándo es suficiente, para luego pedirle a esa persona que se marche?

Solo tú puedes responder estos interrogantes para tu situación particular. En mi experiencia, la práctica más útil para discernir estas preguntas, especialmente la última, se relaciona con expresar bien el no positivo.

William Ury es un negociador que acuñó el término «no positivo». En un libro previo que co-escribió, eligió el título *Obtenga el sí*. Pero luego de años de negociación sostiene que la habilidad más importante es saber cómo decir no. De allí el título de su reciente libro, *El poder de un no positivo*.

Para el líder la aplicación de esta idea es doble. Primero, el líder debe valorar que la visión es el sí más profundo, y como tal, la integridad de la visión implica miles de no. Esto sólo puede darse mediante la reflexión que trae una decisión profunda. Para estimular algunos pensamientos acerca de tu visión teniendo un sí más profundo, aquí hay algunas citas del libro de Ury:

o Poco a poco me fui dando cuenta de que el principal obstáculo no suele ser la imposibilidad de llegar al Sí, sino la incapacidad para llegar primero al No.

o Todos los buenos No están al servicio de un Sí superior.

o El No correcto no es el opuesto al amor, sino que proviene del amor y crece hacia el amor.

o Siempre ha sido importante decir No, pero quizá nunca había sido una habilidad tan esencial como ahora.

o Hay tres trampas que nos impiden alcanzar el No positivo: Ceder, decimos Sí cuando deseamos decir No; Atacar: decimos No torpemente; y Evitar, que es no decir nada en absoluto.

o Siempre que tengas que decir No, asegúrate de afianzarlo en un Sí más profundo.

o Es más fácil decir No con un Sí más profundo ardiendo dentro.[3]

Segundo, el líder debe jalar el gatillo y expresar bien el no positivo. En muchos casos la habilidad de elegir el no puede permitir la sintonización. La otra persona finalmente puede captar la visión, o de a poco comenzar a someterse por propia decisión. Veo esto todo el tiempo. A veces si la persona continúa sin sintonizar emocionalmente la visión, es probable que se vaya por propia voluntad. El lugar más difícil para el líder es cuando el pirata no quiere irse. Si luego del diálogo adecuado y de las múltiples oportunidades de expresar bien el no positivo, el problema persiste, hay que tomar una difícil decisión: vivir sin armonía o quitar la fuente de disonancia. Si el líder está dispuesto a este tipo de sintonización, aunque resulte difícil, la misión de la iglesia experimentará una «quita de bendición» y podrá disfrutar de una nueva aceleración.

Una conversación reciente con Brian Tome de Crossroads Community Church en Cincinnati ilustra el no positivo. Luego de una serie de mensajes que expresaban con claridad la identidad y dirección de la iglesia, Brian literalmente puso en la pantalla una lista de otras iglesias del área. Invitó a la congregación a visitar otras iglesias si no les entusiasmaba la dirección

que estaba tomando Crossroads. Mediante una convicción que muchos
líderes encuentran difícil de lograr, Brian aprendió los beneficios de un no
positivo. El enfoque de Crossroads expande. Año tras año alcanzan a miles
de personas más, no *a pesar* del no positivo, sino *gracias* a él.

Amor misional

Una vez que se expresa con claridad el marco de visión, promover la
visión requiere el trabajo previo de alineación, similar al de alineación y
balanceo de tu auto previo a realizar a un viaje. Pero esto es solo un
comienzo. Cuando el auto empiece a moverse las personas tendrán preguntas. La conversación luego de los primeros pasos de alineación en la
iglesia crea la necesidad de sintonización (ayudar a las personas a conectarse emocionalmente con la nueva y única visión clarificada). El líder
debe hacer un emparedado de sintonización al alinear los elementos esenciales de las cosas, siendo cuidadoso de crear un diálogo real y practicar
el poder de un no positivo.

Cuando el líder va forjando el futuro mediante las decisiones difíciles
de alineación y sintonización, se desplegará una nueva realidad de
amor: «El amor no consiste en mirarse unos a otros, sino en mirar juntos en la misma dirección».[4] Si la mayoría de las iglesias no alcanza un
punto de claridad o movimiento sorprendente es porque el liderazgo
establece una «pseudocomunidad», una apariencia de amor por el otro.
Esta apariencia de amor previene dos avances. El primero es tener conversaciones difíciles para lograr que la comunidad de liderazgo esté en
la misma página. La segunda es asegurarse de que la misma página sea
una verdadera página en el libro de la historia redentora de Dios. Finalmente estar en sintonía refleja no solo nuestra efectividad juntos, sino la
esencia de mirar juntos en la misma dirección de Cristo, hacia los hombres y mujeres, niños y niñas que él anhela. La comunidad real vive con
una causa claramente definida que todos los miembros persiguen con
despreocupado abandono.

20

TRANSFORMA EL FUTURO:

REPARTE LA VISIÓN TODOS LOS DÍAS

Los líderes espirituales son los portadores del ADN de Dios en la iglesia, los moldeadores de la visión y valores esenciales de una iglesia. Son personas influyentes de lo que la iglesia encarna La clave del discipulado radical es el desarrollo de instructores-entrenadores que lleven el ADN a los extremos del movimiento.

— Michael Slaughter

EL 15 DE OCTUBRE DE 1981 un hombre inició un acto que cambiaría la experiencia en estadios de deportes profesionales para siempre. Era el tercer juego de las series eliminatorias de la Liga Americana entre Oakland Athletics y New York Yankees. Ese día Krazy George Henderson supo que iba a hacer algo extraordinario. Él lo vio antes que ningún otro en el estadio. Con un tambor en su mano trabajó duro para captar la atención de quienes estaban sentados en las secciones que lo rodeaban. Comenzó por generar entusiasmo e imaginó: «Una acción que comenzaría en su sección y correría exitosamente a través del público como una ola continua y gigante de entusiasmo conectado».[1] Este evento transformador se convirtió en histórico porque ese día Krazy George inventó «la ola». Dov Seidman comenta el fenómeno: «La ola es un acto extraordinario. Todas esas personas esparcidas sobre un vasto estadio, con capacidad limitada para conectar y comunicar, de algún modo se juntan en un gigante acto cooperativo inspirado por una meta común: ayudar a ganar al equipo local. Desafió el lenguaje y la cultura, ocurriendo regularmente alrededor del mundo en eventos diversos. Trasciende género, ingresos y clase social. Es una expresión pura de una pasión colectiva liberada».[2]

Haciendo olas

Al llegar a este capítulo culminante de este viaje llamado *Iglesia única*, me anima el pensamiento de que tu visión sensacionalmente única orientada al movimiento llegue a actuar como una ola en tu comunidad. No una multitud de fanáticos del deporte agitando sus brazos en el aire, sino una revolución del evangelio, marcada por olas de vidas cambiadas y la inconfundible presencia del Espíritu de Dios. Imagina tu visión singular como «una expresión pura de pasión colectiva liberada».

En la introducción desenterré un supuesto conductor de este libro: el nivel de éxito en promover la visión es directamente proporcional con el nivel de éxito que previamente existió en alinear e incorporar dicha visión. Para crear la ola que barrió aquel estadio ese día de octubre, Krazy George tuvo que perseverar por muchos intentos fallidos. Un intento tras otro y la ola hubiese muerto pronto, abandonada, e inspirando solo abucheos de secciones enteras de fanáticos. Pero finalmente, con una masa crítica de simpatizantes alrededor, logró que su mensaje alcance y sature al estadio entero. Miles de personas a quienes George quizás nunca conocería captaron su visión. Veinticinco años más tarde su pequeño y tonto espectáculo de porristas del tamaño de un estadio une religiosamente a millones de fanáticos del deporte alrededor del mundo. De manera similar el líder de iglesia debe convocar el entusiasmo de aquellos más cercanos a él. Durante la construcción del consenso, el líder debe repartir visión todos los días. Una sección a la vez, un líder a la vez, un ministerio a la vez, la iglesia comenzará a ver la imagen grande. La visión quizás alcanzará a miles de personas a quienes el líder nunca conoció personalmente.

Durante mi carrera de arquitecto de visión me ha consumido la pregunta: ¿cuál es el mejor camino para que cualquier iglesia comprenda el modo en que su visión puede penetrar e influenciar la cultura de la iglesia? Este capítulo presenta la respuesta: el modelo de integración. Mi motivo principal es darles a ti y a tu equipo una herramienta simple para tener conversaciones que liberen pasión colectiva. No estoy queriendo faltarle el respeto a Rick Warren cuando digo que el modelo de integración es un modo de comenzar a ser de «propósito para tu iglesia» en lugar de «tener un propósito».

Tocar el tema de la integración es una tarea de enormes proporciones. Después de todo la iglesia es un organismo vivo de sistemas complejos. En el **modelo de integración**, no introduzco una teoría de sistemas, sino un *punto de inicio de conversación*. Está construido por una mirada a la iglesia desde cinco perspectivas: liderazgo, comunicación, proceso, ambiente y cultura (figura 20.1). Para cada perspectiva, presento tres principios para entretejer visión en la vida de la iglesia. El resultado es no menos de quince principios de integración que alimentarán las conversaciones de tu equipo en los meses siguientes. A través del modelo esperamos alcanzar olas redentoras que capten la participación total de la congregación. El epicentro es tu visión singular expresando el llamado y el trabajo específico de Dios para tu comunidad.

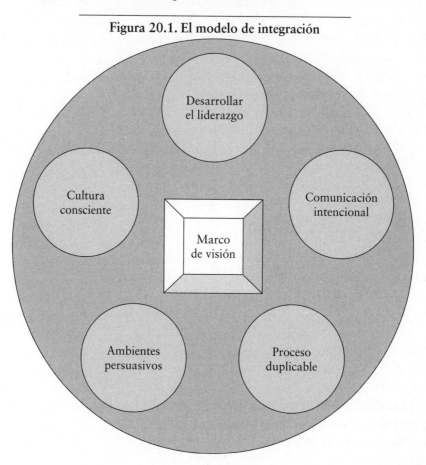

Figura 20.1. El modelo de integración

Desarrollar el liderazgo

El primero de los cinco círculos del modelo de integración es liderazgo (figura 20.2). ¿Cómo usarás tu visión para reclutar líderes, desarrollar líderes, estructurar personas y dividir tu atención entre los líderes correctos? Quita a los líderes de la ecuación y el visionario es un soñador diurno. Quita al estadio de Krazy George y es simplemente otro sujeto agitando sus brazos en el aire.

Figura 20.2. Modelo de integración: Desarrollar el liderazgo

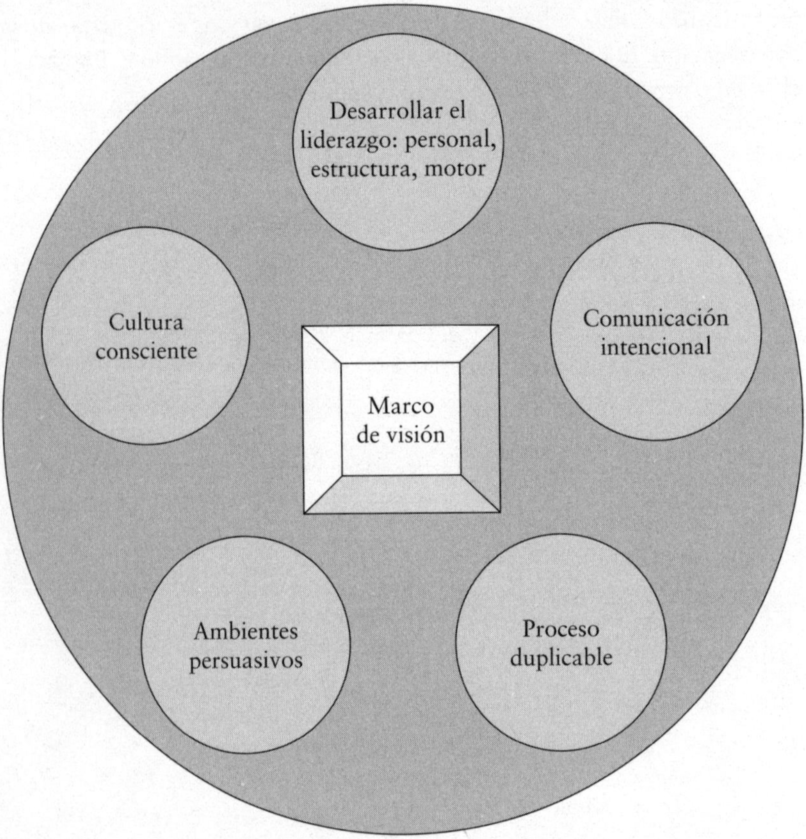

PERSONAL: CAPTA GENTE QUE CAPTE LA VISIÓN. Contratar buen personal es más difícil que nunca. Como ejemplo, hace poco me pidieron que ayudara a contratar un pastor. Colocamos avisos en dos seminarios y en la página web churchstaffing.com. Durante las dos semanas siguientes tuve más de cincuenta currículums, de los cuales hablé a ocho candidatos, interesado solo en uno. Para complicar las cosas, tal vez estés trabajando en un comité que también está evaluando currículums. Recuerda que una vez que tienes tu marco de visión en su lugar, los individuos que componen tu equipo pueden exacerbar (o agravar) tu habilidad de entregar visión diariamente. Hay algunas preguntas clave que formular:

¿Sus valores personales se alinean con los de la organización? Por cierto, no puedes preguntar esto; debes discernirlo de manera creativa.

¿Demuestran la claridad no egoísta que se requiere para colaborar en un equipo?

¿Su nuevo propio espíritu apostólico encaja con el de otros en tu equipo de liderazgo? Además del carácter y la competencia, ¿cuál es su química de equipo?

¿Tienen experiencia liderando una organización con claridad? Pregúntales por la visión del lugar de donde provienen.

¿Concuerdan con tu expresión de visión en general? ¿Muestran interes y emoción hacia ella, o permanecen distantes e indiferentes? Si no están visiblemente interesados considera seriamente descartarlos como candidatos.

¿Estás contratando para crear progreso u orden para la visión dentro de la organización? Cada persona de tu equipo de liderazgo contribuye en cierta medida a recrearse mutuamente. Recomiendo esforzarse por una ecuación de «progreso antes que orden»; esto significa asegurarse de que el equipo tenga preferencia hacia el progreso. ¿Cómo defino una orientación hacia el progreso? Generalmente, son los dones, personalidad y fortalezas que atraen y conectan personas, más que quienes entrenan y sostienen a las personas. Busca motivación en el rango de apóstoles, evangelistas y profetas de APEPM (recuerda la mención en el capítulo nueve y la discusión en el capítulo dieciséis); las orientaciones «D» e «i» en el perfil DiSC de evaluación de la personalidad; los énfasis Extrovertido e Intuitivo en el indicador de Myers-Briggs; o los colores rojo y amarillo en el perfil personal base de Insights Discovery. En contraste, el orden en tu equipo puede ser más importante si ya hay demasiados perfiles emprendedores, apostólicos y orientados al progreso. Demasiado progreso sin orden provocará que el progreso se deshaga por sí mismo. Busca en el APEPM en el rango de pastores y maestros, cableado «S» y «C» en el DiSC, Introvertido y Perceptivo en el Myers-Briggs, y los colores azul y verde en el perfil Insights.

Si tu iglesia tiene más de cuatrocientas personas, te recomiendo contratar una persona sin un don espiritual de liderazgo demostrado (Ro 12.8). En especial si la persona supervisará un número grande de líderes voluntarios, es absolutamente crítico que esa persona sea un delegador más que un hacedor. Para asistirte en el discernimiento de este don busca los rasgos identificados por Russ Robinson y Bill Donahue: (1) orientación estratégica, (2) pensamiento conceptual, (3) curiosidad intelectual, y (4) estructura de pensamiento centrada en los demás.[3]

ESTRUCTURA: PERMITE QUE LA ESTRATEGIA DETERMINE LA ESTRUCTURA. Estaba trabajando con una iglesia que completó el sendero de visión y desarrolló un ᵐ*mapa* maravillosamente claro. Seis meses más tarde el pastor me llamó cuando estaba a punto de contratar un «pastor para los ministerios para adultos». Le hice una pregunta simple acerca de lo que se suponía que tendría que hacer este hombre. El pastor hizo una pausa. Me di cuenta de que no tenía ninguna buena respuesta, y ciertamente no tenía una respuesta basada en la estrategia. ¿Por qué? Un pastor de ministerios para adultos era la expectativa predeterminada del sistema denominacional. ¡Era la inercia de ayer reteniendo el sistema! Hay tres reglas cardinales para integrar tu marco de visión a tu estructura. La primera es comunicar la visión en el modo en que nombras la posición. No puedes transformar el futuro si tu congregación está encerrada en los modelos mentales de una estructura previa. Los títulos pueden ser sencillos. Resiste la tentación de darle un título que le guste a alguien porque suena importante. La segunda es clarificar las tres áreas principales de responsabilidad, incluyendo el dar cuentas por los componentes del ᵐmapa. El personal no puede conducir la estrategia si las personas no tienen lineamientos claros de responsabilidad y autoridad basados en el ᵐmapa. La tercera regla es estructurar la estrategia sobre la afinidad, y no la afinidad sobre la estrategia. Ante la ausencia de una visión y estrategia, las iglesias se inclinaron a contratar grupos de afinidad, como «jóvenes pastores adultos» o «ministro de hombres», o áreas de programas. Si tu personal se organiza primero en torno al ᵐmapa, luego puedes contratar personal adicional por afinidad o programación dependiendo del tamaño de tu iglesia. El problema de estructurar por afinidad sobre estrategia es que al personal basado en la afinidad no se le puede fácilmente hacer responsable de un componente de la estrategia.

MOTOR: ¡LIDERA LÍDERES! El motor de tu visión es tu liderazgo. Punto. Descuídalo y descuidas tu visión; lidera bien a tus líderes y todo lo demás se acomodará solo. La iglesia de hoy demuestra un énfasis profundo y desproporcionado en las multitudes por sobre lo esencial, lo denomino la «obsesión por las multitudes». Olvidamos por completo el modelo de Jesús quien pasó la mayor parte de su tiempo con doce hombres para lanzar un movimiento mundial. De hecho, cuando las multitudes más grandes se reunían, Jesús tenía en su agenda el entrenamiento de los doce más que la enseñanza a la muchedumbre. Hoy hacemos lo opuesto. Construimos todo en torno de las multitudes viniendo a alabar, y tenemos suerte si juntamos a todos nuestros líderes una o dos veces al año. Más que un marco de visión claro, hoy la mayor necesidad en la iglesia es recuperar un proceso de desarrollo de liderazgo centralizado. (Aubrey Malphurs y yo escribimos *Building Leaders* para atender esta necesidad.)

Con tu marco de visión desarrollado, ahora tienes una nueva base para el desarrollo de liderazgo. No se trata de darles más «Maxwellismos» solamente, sino de desarrollar su aprecio, comprensión y habilidad en torno del concepto del Reino y el marco de visión. Ellos se convierten en los instructores-entrenadores que llevan el ADN hasta los extremos del movimiento.

Comunicación intencional

Cada día tu iglesia administra miles de momentos de verdad. Cada vez que un miembro le habla a un vecino, alguien conduce una instalación de la iglesia, sale un correo electrónico ministerial, una tarjeta personal del pastor es dejada en un escritorio, se da alguna interacción en nombre de la iglesia. Cada vez que suceden estos eventos, la visión de la iglesia brilla más o destella en los incrementos más pequeños. El rol del líder es aumentar el voltaje. El visionario se preocupa demasiado por el mensaje como para dejarlo simplemente volar con el viento. Más bien, toma su mensaje y lo sujeta a una cometa para que todos lo vean. Esto solo puede suceder con una tremenda cantidad de intencionalidad en la disciplina compleja de las comunicaciones de la iglesia (figura 20.3).

Figura 20.3. Modelo de integración: comunicación intencional

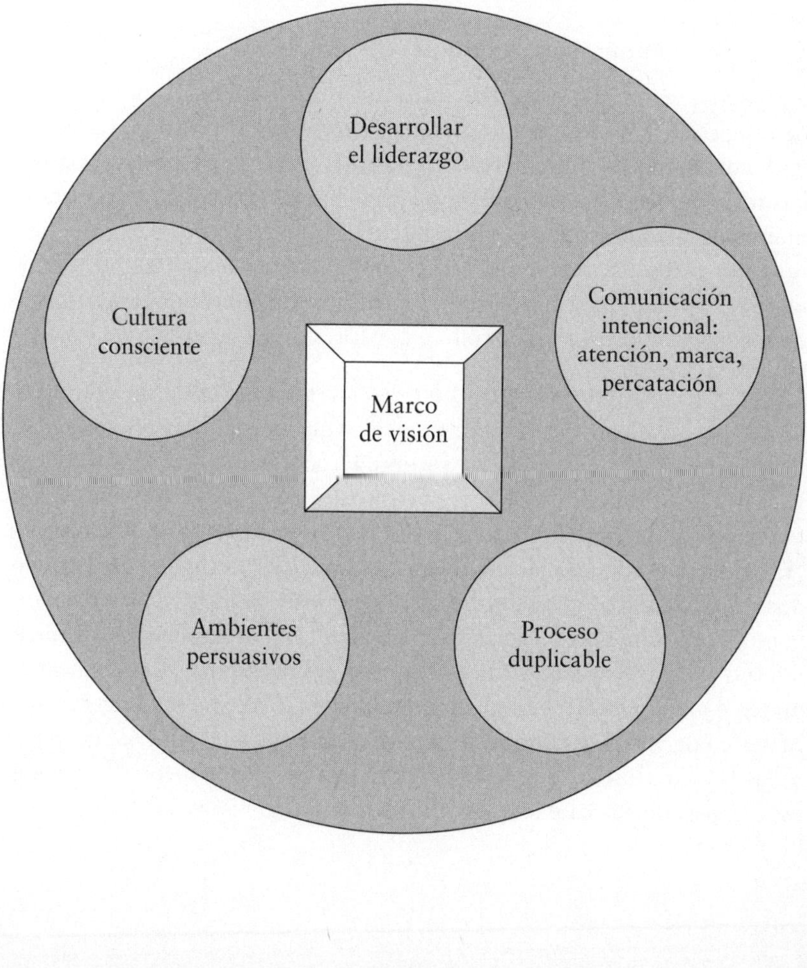

ATENCIÓN: CAPTA LA ATENCIÓN O NADA SE SOSTENDRÁ. Cuando Thomas Davenport y John Beck escribieron el libro *La economía de la atención*, trajeron un mensaje muy importante a los líderes eclesiales. El libro argumenta que la información y el talento ya no son el recurso más importante, sino la atención misma. Las personas no pueden escuchar la visión a menos que vayamos al centro del desorden. Cuando Krazy George inventó la ola, golpeó un tambor sin parar para captar la atención de las personas. ¿Qué tambor sostendrás tú como líder?

El principio de atención requiere que los líderes de la iglesia sean audaces y relevantes al integrar la visión a la comunicación interna de la iglesia. Según Davenport y Beck, estas son las características más importantes para captar la atención:

o La comunicación es personalizada.

o La comunicación proviene de una fuente confiable.

o La comunicación es breve.

o La comunicación es emocional.

Imagina las implicaciones de estos atributos para las comunicaciones de tu iglesia. ¿Estás enviando correos electrónicos HTML direccionados para complementar los correos ordinarios? ¿Estás entregando tus coletillas más importes vía redifusión multimedia? Finalmente, es importante mantener a las personas que son buenos comunicadores cerca del liderazgo principal. No deberían tener que adivinar acerca del ADN de tu iglesia. Más bien, permíteles tener acceso a todas las conversaciones y diálogos que rodean el desarrollo y la expresión de tu marco de visión.

MARCA: COMUNICA LA VISIÓN VISUALMENTE. Vivimos en un mundo de destreza mediática y saturado de grafismos que bombardea nuestras mentes con promesas de marcas y estimulación visual todo el día. Luego vamos a la iglesia donde líderes talentosos intentan lanzar una visión revolucionaria, transformadora de vidas por seguir al Dios del universo. ¿El problema? Las iglesias bombean comunicaciones todo el día perdiéndose la oportunidad de reflejar y reforzar constantemente la visión. Sí, tu iglesia necesita de las técnicas para desarrollar marca/imagen institucional (no es una frase importada del mundo corporativo). Las técnicas de marca e imagen institucional sirven para tomar tu concepto del Reino y tu marco de visión, y comunicarlos con consistencia *consistente* mediante todas las plataformas de comunicación. Los tres componentes básicos de tus técnicas de marca e imagen institucional son:

Logotipo: una marca distintiva que identifica tu nombre en la comunidad local.

Eslogan: una frase corta persuasiva que posiciona a tu Iglesia única y entrega una promesa acorde a tus fortalezas como iglesia. (Ve los apéndices para ejemplos.)

Identidad gráfica: los estilos, formas y colores que llevan y sostienen la imagen y el sentido de toda tu comunicación visual.

Con estos tres componentes en tu marca puedes integrar tu comunicación a lo largo de todos los ministerios y niveles en tu organización: invitados, asistentes, miembros, y liderazgo principal. La clave es que estos elementos visuales deben realzar y estar ligados a la articulación del marco de visión. Recomiendo que traigas ayuda externa de una compañía de mercadeo ministerial o una agencia de publicidad local para ayudarte a hacer esto. Pero no emplees una compañía que utiliza abordajes pre-diseñados. Eso viola toda la base de este libro; tu iglesia representa algo único y tú debes comunicar esa singularidad de manera intencionada. (Debido a la limitación de la impresión en blanco y negro de estas páginas, pusimos algunos ejemplos a color de las técnicas de marca e imagen institucional guiadas por la visión en www.churchunique.com; dale un vistazo.)

PERCATACIÓN: TRANSMITE TU POSICIÓN. Juan 15 nos dice que el Espíritu de Dios convence soberanamente a las personas de pecado y justicia y juicio. En otras palabras, Dios está atrayendo a hombres, mujeres, niños y niñas a Él en tu comunidad local. La pregunta es, ¿cuándo están listos para actuar al respecto y a dónde irán? Aunque el primer modo de percatación sucede mediante una publicidad de boca a boca, la cultura estadounidense provee otros medios para ayudar a difundir tu posición. Por difundir me refiero a dos cosas. Primero, piensa como un minorista y deja que las personas sepan *que* existes y *dónde* existes. Segundo, diferénciate de las otras iglesias de tu comunidad. En la economía del Reino, otras iglesias no son competencia, sino colaboradores. Lo mejor que puedes hacer es difundir un mensaje claro y definido de lo que hace única a tu iglesia.

Recuerda que tu misión tiene competidores, esto es, cualquier cosa que distraiga a las personas de ser la Iglesia bajo el señorío de Jesús. Estos competidores, sea la tienda Home Depot, la liga local de deportes, la tienda Old Navy o el gimnasio abierto 24 horas, están haciendo todo para difundir su posición. ¿Deberíamos mantenernos al margen como no competidores en el juego de relaciones públicas, mercadeo y publicidad y dejarlos ganar?

El uso de mercadeo nunca debería reemplazar la esencia del latido misional: la búsqueda orientada a la vida, conducida por la conversación y generosa de amor hacia aquellos a quien Jesús anhela más. El famoso sermón de Jesús no fue «en el valle», sino «en el monte». Jesús se posicionó a sí mismo para difundir su mensaje. Si nos proponemos llevar el evangelio en y a través de la cultura, no podemos permitirnos ver el uso cultural de la comunicación como un enemigo, sino como un aliado. El uso de herramientas de mercadeo puede ser un apoyo poderoso para evangelismo personal. Estos son tiempos emocionantes para administrar el mensaje más importante que pueda oírse.

Proceso *duplicable*

Para un líder, es verdad la máxima: no se trata de lo que puedes hacer, sino de lo que puedes duplicar (figura 20.4). En algún punto tu visión debe trascender tus habilidades y ser depositada en los hábitos básicos reproducibles de toda tu congregación. Hay tres procesos para comenzar a pensar: (1) ¿Cómo movilizan las personas a otras personas por tu ᵐmapa? (2) ¿Cómo realiza tu gente el trabajo de evangelismo? (3) ¿Cómo se multiplica a sí mismo el cuerpo de tu iglesia?

Figura 20.4. Modelo de integración: proceso duplicable

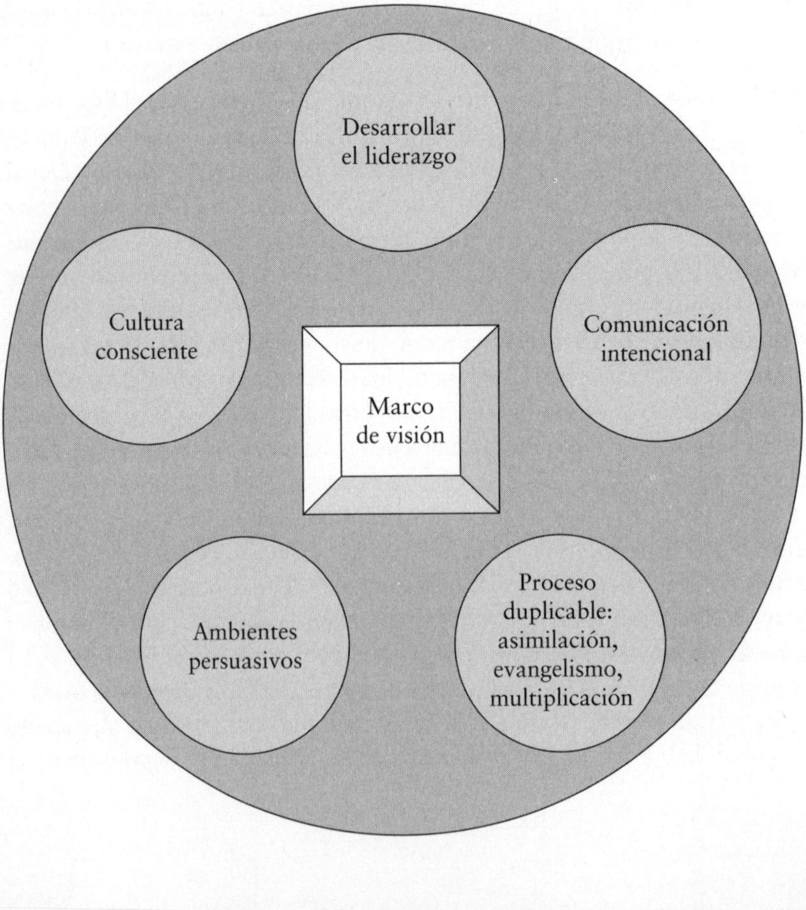

ASIMILACIÓN: AYUDA A LAS PERSONAS A ATRAER PERSONAS. Ya presentamos nuestra regla de oro de que los programas no atraen personas, sino que las personas lo hacen. Esto significa motivar a las personas para hacer lo que sea necesario para ayudar a otros a moverse por el ᵐ*mapa*. Es como construir un impulso de servicio al cliente en cada corazón y manos de quienes creen que tu iglesia es como un hogar. Escribe estos pasos, estas palabras, estas ideas y enséñalas a tu congregación. Cultívalas de tu visión y hazlas lo suficientemente simples y reproducibles como para que las personas puedan acceder a ellas en cualquier momento. Los miembros de Sagemont Church están preparados para ofrecer «una palabra, una mirada, o un toque» como gestos de hospitalidad hacia los invitados. En otra iglesia se alienta a los líderes a participar de la «mezcla de diez minutos» al finalizar el servicio, para invitar a las personas a los grupos. En Faithbridge, servidores no pagos encienden las luces delanteras de sus autos para que los dirijan a estacionar sus vehículos *más lejos* que aquellos que no están sirviendo. En North Coast quienes conducen el autobús de enlace del estacionamiento, reciben una pequeña calcomanía fluorescente que dice «yo manejé el autobús» como mini «recompensa» por estacionar remotamente. Las iglesias hablan todo el tiempo acerca de la asimilación como una función importante. No te pierdas la oportunidad de potenciar tu visión en general, y tu ᵐ*mapa* específicamente, para hacer de la asimilación una función de la cultura mediante pequeños pasos que todos pueden dar.

EVANGELISMO: EQUIPA CON ACCESORIOS LA MISIÓN. Cuando las personas piensan acerca del evangelismo en tu iglesia, ¿en qué pasos, habilidades, herramientas o procesos reproducibles piensan? Cuando digo *equipar con accesorios la misión*, me refiero a dos ideas relacionadas. La primera es un juego de palabras bastante forzado (la idea de hacer accesible a la misión); esto es, ¿cómo provocas de modos concretos la práctica de vida misional? La segunda es dar a las personas las herramientas y procesos para evangelizar. Alguien con el don espiritual del evangelismo tal vez no necesite estas ayudas, pero la mayoría de nosotros sí. Los estudios muestran que cuando un líder lanza una visión, la pregunta más común que hacen los seguidores es: «¿Qué soportes y herramientas hay a disposición para nosotros?»[4] Por lo tanto cuando te levantas y le recuerdas a la congregación tu ᵐ*mandato*, querrás saber que disponen del acompañamiento necesario para equiparlos. No hay un modo correcto de ser un evangelista; algunos de los mejores procesos tal vez surjan fuera del concepto del Reino de una iglesia. Cuando Bruce Wesley, pastor principal de Clear Creek Community Church, comparte su misión de guiar a las personas que no se congregan a ser seguidores

totalmente devotos de Cristo, su congregación sabe que tiene una carta de
«las cinco más importantes» en su cartera (las personas que no se congregan
por las cuales está orando). Otro pastor estimula a su congregación a realizar caminatas de oración por el vecindario. Mi padre llevó a Cristo a un
miembro nuevo de su grupo pequeño hace algunos meses. Durante el
almuerzo dibujó una simple ilustración de un puente, un proceso básico de
compartir el evangelio que se ha duplicado en su vida por años. Otra iglesia
le pide a cada miembro que escriba un testimonio de tres minutos como
preparación para compartirlo con poca anticipación. Como cabecera de
playa para conversaciones espirituales, la gente de Bandera Road Community Church se reúne para compartir una comida.

Ten en mente que no estamos hablando acerca de abordajes formulados.
De lo que hablamos es de algo más en línea con la súplica elocuente de
Frost y Hirsch: «Anhelamos algo más rico y complejo, más osado y peli-
groso. Como ya dijimos los enfoques de misión y evangelismo de talle
único que le caben a todos deben abandonarse. Esto no parece ser una
declaración tan radical, pero iglesias a lo largo de occidente parecen estar
más deseosas que nunca de utilizar modelos pre-empacados "exitosos" y
formularizados de evangelismo. Desde nuestra experiencia, cada vez y
menos iglesias parecen estar desarrollando ministerios evangelísticos con-
textualizados específicamente al área geográfica o subcultura en la que
están viviendo».[5] Recordemos que conocer nuestra problemática local es
esencial para enfrentar nuestra cultura de manera creativa y considerada.

MULTIPLICACIÓN: DECIDE CÓMO DUPLICAS. Uno de los valores de la iglesia
misional es una sana orientación hacia el crecimiento del reino por sobre el
necesario crecimiento de una iglesia local. Sobre la base de tu concepto del
Reino y tu marco de visión, debes decidir qué tamaño es mejor, qué
momento es mejor, y qué tipo de multiplicación es mejor. Un elefante reproduce de acuerdo con la biomasa de un elefante, y un ratón reproduce conforme con la biomasa de un ratón. ¿Antes de plantar, estás planeando crecer
hasta seiscientos o mil seiscientos? ¿Estás reproduciendo multisitios, plantación de iglesias, iglesias de hogar, o comunidades de fe orgánica, o agregando servicios y lugares múltiples a una ubicación? ¿Estás estableciendo
una iglesia en tu ciudad, estado o en grupos étnicos no evangelizadas? ¿Tendrás un rol activo o pasivo en el proceso de establecimiento? Como puedes
ver hay muchas preguntas para hacerce en este proceso. Por eso éste debe
estar sujeto a la visión. Hope Baptist Church en Las Vegas tiene una visión
única de transformación de la ciudad. Para alcanzarla decidieron plantar en
su comunidad una iglesia por año durante cinco años y pedirle a cada iglesia nueva establecida que haga lo mismo. Ellos prevén un plan muy activo

que incluye reclutar al pastor que establecerá la filial un año antes del lanzamiento. Este proceso reproducible es el modo en que ellos planean efectuar un rápido crecimiento en el área local.

Ambientes persuasivos

Habiendo diseñado cientos de estrategias durante la última década, encuentro que hay tres ambientes dominantes que cada iglesia local intenta crear: ambientes de alabanza, ambientes de conexión y ambientes de servicio. Cada uno juega un rol significativo en transmitir y alcanzar la visión. Más importante aún, en medio de una reorientación misional debemos reconocer que nuestros ambientes tendieron a ser un fin en sí mismos y no medios para la misión cristiana. El líder misional debe mostrar constantemente que la reunión de la iglesia es en realidad un tiempo de preparación para «ser la iglesia» fuera de sus paredes (figura 20.5).

Figura 20.5. Modelo de integración: ambientes persuasivos

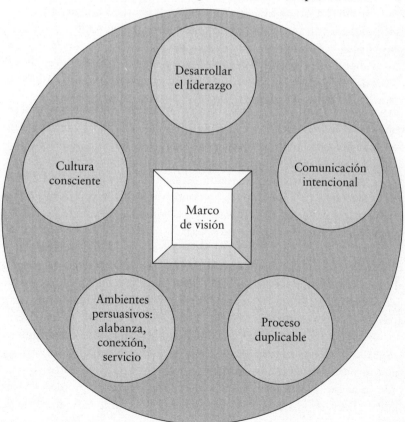

ALABANZA: RE-FOCALICEN A JESÚS, JUNTOS. El patrón de alabanza semanal y Sabbat fue incrustado en el tejido de la cultura de la iglesia primitiva. Cada iglesia tiene algún ambiente para la alabanza. La pregunta es, ¿cómo se integra tu visión en tu alabanza? ¿Qué aspectos de la visión se comunican durante la experiencia de la alabanza? ¿Cómo comunican valores los elementos y el orden de la alabanza? ¿Cómo afecta la visión misma el diseño del espacio de alabanza? La visión de simplicidad cruda en un templo cuáquero es un duro contraste a un gran santuario con vitrales en el centro de la ciudad. La frase latina *lex orandi, lex credenda*, usada en la iglesia católica romana, se refiere a la relación entre el modo en que alabamos y el modo en que creemos. Implica que aprendemos acerca de valores y creencias por el modo en que tiene lugar la alabanza, incluso antes de que nos enseñen. La experiencia precede al pensamiento. En otras palabras, antes de que pienses que estás lanzando la visión, ya lo estás haciendo con la manera en que alabas.

El otro rol de la alabanza es mantener a la comunidad tan centrada en Dios que la euforia de ser usado por Dios no reemplace la intimidad con Dios mismo. Luego de una misión exitosa Jesús tuvo que decirles a sus discípulos que no se regocijen por tener autoridad sobre los demonios, sino porque sus nombres están escritos en el cielo (Lucas 10.20). La alabanza mantiene a nuestras visiones más grandes centradas en Dios y enfocadas en Jesús.

CONECTA: INTEGRA TODO RELACIONALMENTE. ¿Qué sería de la iglesia sin relaciones? Toda iglesia atrae a las personas a alguna especie de escenario donde se aplica el «uno con los otros» de las Escrituras. Los grupos pueden ser muy unidos, grupos de responsabilidad de género de tres a seis, puede haber entre treinta y cuarenta personas en una comunidad bíblica de adultos dentro del campus. Tu concepto del Reino y tu marco de visión reflejan alguna unidad básica de comunidad mediante la cual las relaciones se pueden formar y prosperar.

Tal vez el principio más importante de integración es que para que suceda el discipulado en una iglesia de más de cuatrocientas personas, el punto relacional de integración para el marco de visión se mueve necesariamente de un pastor del personal hasta un líder laico en el ambiente de conexión de la iglesia. Por ejemplo, en una iglesia de grupos de tamaño medio, el ADN de la iglesia generalmente se transmite a través del líder voluntario de grupo pequeño. Simplemente no hay tiempo suficiente ni exposición relacional para que un pastor contratado lo haga. (Esto nuevamente refuerza nuestro principio de «motor: ¡lideren líderes!») Esto hace del ambiente de conexión, en la mayoría de

los casos, tanto el lugar de la formación espiritual como del descubrimiento de la visión. Por ejemplo, en el grupo pequeño que lidero, tengo
la responsabilidad de enseñar y pastorear a los miembros hacia la «guía
G7» de nuestra iglesia, que es nuestra manera de definir las ᵐmarcas
como seguidores completamente devotos de Cristo. Sí, los miembros del
grupo escuchan acerca de la visión en otros sitios de la iglesia, pero la
teoría se pone a prueba en el ambiente de mayor tiempo de relaciona-
miento intenso. Si no captan la visión en el ambiente de conexión, la
visión no se aferrará. La ola del estadio no irá muy lejos.

Servir: sirve de adentro hacia afuera. Debido a que Dios dio dones
espirituales para la edificación del cuerpo (Efesios 4), la iglesia está
incompleta e inmadura a menos que los miembros se sirvan unos a otros.
Cada iglesia tiene ambientes de servicio: guiar la alabanza, instruir a los
niños, o recibir a los invitados, para nombrar algunos. El marco de visión
debe guiar el modo en que la iglesia construye sus ambientes de servicio.

El modo de pensar misional presiona la manera que pensamos acerca
del servicio. ¿Servimos a las personas solo después de que los convenci-
mos de algún modo de venir a nuestro reino santo, o salimos a la comunidad y demostramos el amor de Jesús en su medio? Ha habido un énfasis
creciente en dos dinámicas relacionadas al servicio. Uno es compartir
proyectos con otros participantes de la comunidad. Hope Baptist Church
lanzó recientemente una organización sin fines de lucro llamada Surgance, cuya misión es «canalizar olas de servidores para la transformación de la comunidad». La idea general detrás de la organización es
conectar iglesias y voluntarios con entidades no cristianas para trabajar
por un impacto comunitario. Otra dinámica es la que Frost y Hirsch
denominan «espacios de proximidad» a los que definen como «lugares o
eventos donde cristianos y aún no cristianos pueden interactuar de
manera significativa unos con otros».[6] La conclusión es esta: tenemos que
salir de las cajas de nuestras iglesias si pretendemos adoptar de manera
efectiva el estilo de vida de Jesús, quien alcanzó y sirvió a las personas
que estaban profundamente arraigados en sus espacios.

Cultura consciente

El visionario misional también es un arquitecto cultural. Comenzamos el
libro afirmando que cada iglesia tiene una cultura única. Al caminar por el
sendero de visión enfatizamos la importancia de observar y escuchar aten-
tamente para poder comprender mejor la cultura circundante, como también remarcamos la necesidad de liberar el pasado para poder dar rienda

suelta al futuro. Pero ahora hablamos de manera generativa acerca de la cultura de la iglesia (figura 20.6). El líder moldea la cultura con el marco de visión, informado por el concepto del Reino. Transformar el futuro deviene posible porque la perspectiva cultural se sostiene a la vista consciente.

Figura 20.6. Modelo de integración: cultura consciente

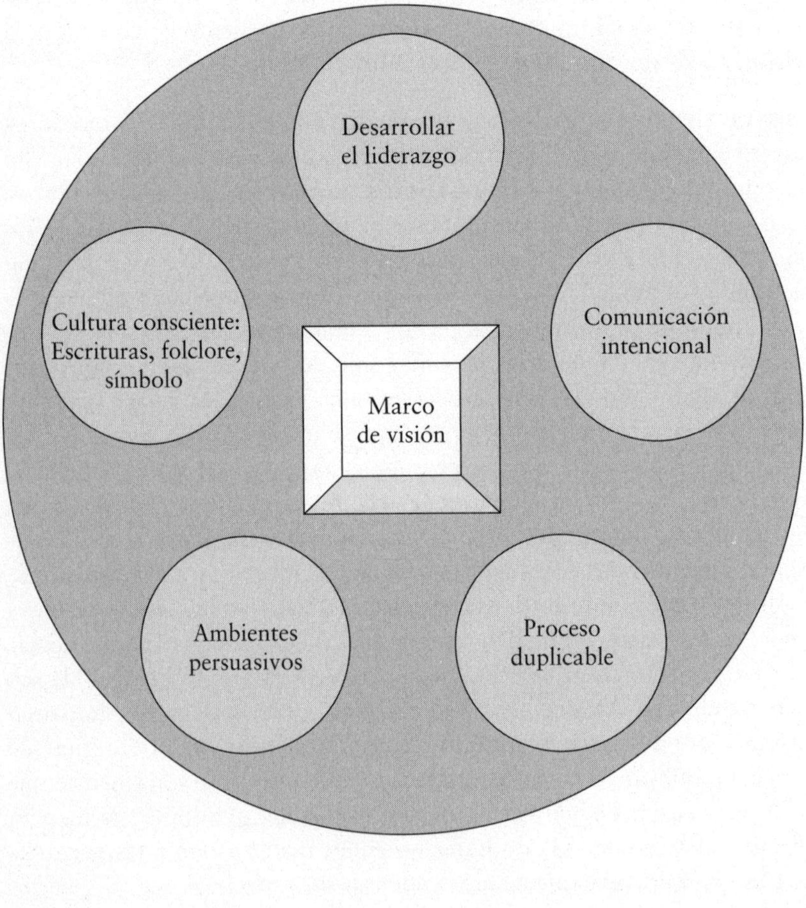

ESCRITURAS: REVELA LA FIRMA DE DIOS. A donde sea que el líder llame la atención o que solicite apoyo, debe mostrar la firma de Dios detrás de la convocatoria. El marco de visión debe iluminarse de manera directa y repetida por la Palabra de Dios. El visionario debe señalar siempre al visionario original.

El líder debe apropiarse de los textos que marcan su propio espíritu apostólico. Busca pasajes que recarguen tu pasión, amplíen tu visión, informen tus ^mmotivos, y distingan tus fortalezas como iglesia. Domina la exposición de estos textos. Luego busca oportunidades para exudar la visión por las páginas de las Escrituras a donde quiera que vayas. Cuando y donde sea que la visión hable, tu trabajo es asegurarte de que se escuche la voz de Dios.

FOLCLORE: RECUENTA LA HISTORIA. El líder que moldea cultura comprende que no todas las historias son creadas iguales. El folclore es una clase especial de historias, historias que hablan de manera tan fundamental y clara acerca de la visión de la iglesia que deben ser contadas, recontadas, y vueltas a contar. Aubrey Malphurs y yo discutimos la importancia de crear cultura con historias en *Building Leaders*:

> La vida es narrativa. Como humanos, estamos conectados directamente a vivir por y responder a las historias de nuestras vidas. Imagina por ejemplo tratar de fomentar intimidad con otra persona sin poder compartir una historia. Es completamente posible compartir hechos y datos de la vida de una persona todo el día sin poder llegar a conocerlos realmente. O imagina tratar de comunicar «cómo son las cosas» en una organización sin contar historias para dejarlo claro. Las historias son una herramienta indispensable para comunicarse a un nivel de corazón-a-corazón; para comunicar cosas como valores, pasión, convicciones, historia y visión. Ten en mente que cuando Dios decidió revelarse a sí mismo a través de las Escrituras, eligió la narrativa como forma principal. Y cuando Jesús instruía a las multitudes contaba historia tras historia en la forma de parábolas. Por lo tanto los pastores que quieren impactar a líderes eclesiales a nivel cultural primero deben hacerse diestros en el arte de relatar historias.
>
> Todos los predicadores están familiarizados con las historias como una herramienta ilustrativa o un constructor de mensaje de una prédica. Pero también es importante ver la narración de historias en un nivel más amplio, como herramienta para la creación de cultura. Crear cultura requiere la identificación y el desarrollo de historias especiales o folclore, que sirven como fundacionales y formadoras de identidad dentro de la cultura de liderazgo. La textura y el color de la cultura luego son pintados de manera artística por el relato y recuento de estas historias. Por ejemplo todo Marine conoce la historia de la batalla de Chapultepec, que ocurrió el 13 de septiembre de 1847 en la guerra méxico-americana. En los Cuerpos se cuenta la historia del coraje y auto-sacrificio de los Cuerpos de suboficiales

que atacaron el castillo de Chapultepec fuera de la ciudad de México. Allí soportaron el peso de una gran pérdida cuando el noventa por ciento de ellos murió tomando la fortaleza mexicana. Ser un Marine requiere conocer esta historia y reflexionar en los valores de auto-sacrificio ejemplificados en ella.[7]

Hace algunos meses estaba escuchando predicar al pastor de mi iglesia y querido amigo Bruce Wesley. Hizo una simple declaración que nunca olvidaré: «Las personas religiosas tienen preferencias; las personas misionales tienen historias». Al liderar, las historias emergerán de los sitios menos pensados. Asegúrate de desarrollar el rol de colector de historias; a través de ellas cultivarás la imaginación misional de tu congregación y la reorientarás nuevamente a la visión de Dios.

Símbolo: MARCA LOS MOMENTOS DEFINITORIOS. Un símbolo es un signo visible de algo invisible. El término contiene literalmente la idea de «lanzar juntos», asociando algo intangible con algo concreto. Un león, por ejemplo, es un modo concreto y visible de representar la idea invisible, intangible de valentía. Para el líder la expresión de viejos símbolos familiares y la creación de nuevos pueden moldear una cultura. Erwin McManus escribe: «En cada cultura encontrarás metáforas esenciales que definen y moldean su etos. Tus símbolos contienen tus historias secretas. La metáfora causa una erupción de imágenes, ideas, sueños, creencias y convicciones todo al mismo tiempo».[8] Para McManus el término *mosaico* devino eventualmente en el nombre de la iglesia, para reflejar su identidad y visión. La metáfora refleja al menos tres componentes de su cultura: (1) expresión dinámica de una congregación multiétnica, (2) énfasis en un quebrantamiento personal vivido en comunidad, y (3) conciencia de un Dios soberano que trabaja como artista maestro. Usando este símbolo hermoso y persuasivo, McManus dio un gran salto en la creación de cultura en su iglesia.

Una de las razones por las cuales los símbolos nuevos son tan importantes es porque cultivan una memoria compartida. Alan Roxburgh escribe: «La clave para innovar la comunidad misional es la formación de una congregación dentro de una memoria y una narrativa específicas».[9] Al desplegarse tu visión y ver el trabajo de Dios, permite que el uso de los símbolos marque los momentos y fomente una memoria compartida. Esta memoria une a la comunidad y multiplica los valores definidos por la memoria. Esta es la razón por la cual los tatuajes tiene sentido para las generaciones emergentes de nuestra cultura. Son símbolos corporales que marcan momentos definitorios y evocan las historias más importantes que moldean la identidad personal.

En algunos casos el símbolo puede tomar la forma de un acto simbólico. Por ejemplo en Lucas capítulo 9 Jesús proclama tres veces; el trabajo de los discípulos es *proclamar* el reino de Dios. Luego, en el versículo 27, cambia el verbo «proclamar» por «ver»: «Les aseguro que algunos de los aquí presentes no sufrirán la muerte sin antes haber visto el reino de Dios». Ocho días más tarde, Pedro, Santiago y Juan tienen la mayor experiencia de su vida. En la cima de una montaña, vislumbran la gloria del reino cuando Jesús «se transfigura» y Moisés y Elías entran en la escena celestial. Por alguna razón en medio del campo de entrenamiento para la proclamación del reino, Jesús crea una experiencia compartida: los discípulos ven el reino. Jesús marca el momento de un modo que solo Él pudo: con un acto simbólico sobrenatural.

Cuando el líder vive la visión y habla a la cultura de la iglesia, los símbolos (signos visuales y actos simbólicos) se convierten en herramientas poderosas. ¿Cuál es el símbolo más importante? Es el logotipo de tu iglesia como fue descripto en el principio «marca: comunica la visión visualmente». ¿La marca identificadora de tu iglesia abre una puerta para contar una historia? Además de tu logotipo, hay muchas oportunidades para usar símbolos para comunicar otros aspectos de tu concepto del Reino y tu marco de visión, como ilustramos de manera específica con tu ᵐ*mapa* en este libro.

Juntando todo

Integrar significa unir dos o más objetos de modo tal que puedan hacerse parte de un todo mayor. Comenzamos el libro hablando acerca del problema de la visión fotocopiada. Mientras más fotocopias, más fragmentas. Las iglesias en Estados Unidos son algunas de las comunidades más fragmentadas que veo.

El propósito de rever este modelo de integración es darles a ti y a tu equipo un vocabulario de trabajo para armar tu visión única. La visión no avanzará a menos que esté sujeta y una al liderazgo, la comunicación, los procesos, los ambientes y la cultura. Si lo hace, tu Iglesia única captará tu cultura y construirá un movimiento que fluirá en tu comunidad con una pasión redentora contagiosa (figura 20.7).

Figura 20.7. Los quince principios del modelo de integración

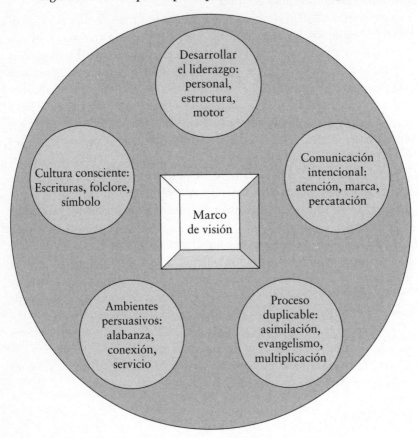

PENSAMIENTOS FINALES

21

RESUCITA TU SINGULARIDAD:

SI COPIAS LA VISIÓN DE OTRO, ¿QUIÉN LLEVARÁ A CABO LA TUYA?

Todo lo que quiero es una iglesia simple y natural, con propósito y externamente focalizada.

— El deseo no dicho del pastor

¿QUÉ PASARÍA SI NUESTRAS VIDAS estuvieran marcadas con una profunda paz, un bienestar minucioso que corriera profundamente en nuestras almas?

¿Qué pasaría si la oración y la reflexión fuesen nuestra verdadera dieta, y los momentos con Dios fueran palpables, y el Espíritu realmente nos susurrara?

¿Qué pasaría si desaceleráramos lo suficiente como para ver al mundo y a nosotros como si fuera la primera vez? ¿Qué veríamos?

¿Qué pasaría si no tuviéramos nada que probar ni nada que perder? ¿Y como niños pequeños supiésemos que el gozo de nuestro Padre no proviene de lo que hacemos sino de lo que somos? ¿Quiénes seríamos?

La originalidad está en tu persona y en el lugar en el que Dios te puso.

Cualquiera que trabaje junto contigo, frente a ti, detrás de ti, a tu alrededor, allí encontrará originalidad.

Hoy Dios te está llamando a un viaje incomparable con Cristo. ¿Adónde te llevará el tuyo?

Mi viaje incomparable me llevó a un lugar de una inquietud con la fuerza de un huracán. No elegí esta carga; Dios la escogió para mí cuando la puso en mí. Este libro es una ráfaga de viento de una tormenta. Describiría mi carga como ojos que ven la tragedia no original. Pero me temo que esto es solo un síntoma de algo más profundo. ¿Quién no quiere ser original? No es nuestro deseo lo que está bloqueada, sino nuestra condición de ser, nuestro estado de proximidad, nuestra posición de quietud, y en consecuencia, nuestra habilidad para determinar. Pregunto nuevamente: ¿qué verías?, ¿quién serías?, ¿para traer qué futuro intermedio mejor fuiste creado?

¿Recuerdas todas las situaciones difíciles de la raza de los hombres, hacia el final de la trilogía de J.R.R. Tolkien, *El retorno del rey*? En la película del año 2003 dirigida por Peter Jackson, cuando parecía que las fuerzas malvadas de Sauron ganarían el día, Elrond, el líder de los elfos, aparece con un regalo especial: la espada de Elendil. Está fragmentada por una vieja batalla, pero Elrond secretamente forja la espada de nuevo en una pieza, de pedazos inútiles a un todo integrado. La espada contiene un poder incalculable que puede cambiar el destino. Elrond sabe que debe entregársela a Aragorn, el heredero legítimo. Cuando Elrond le muestra la espada a Aragorn, Aragorn se muestra incrédulo. En este momento se da un punto definitorio, cuando el rey de los elfos le ofrece la espada a Aragorn. Proclama que el hombre que tiene la capacidad de blandir el poder de la espada puede convocar y comandar a la armada más mortal que nunca se formó. Exhorta a Aragorn a tomar la espada, dejar atrás su vida como explorador, y convertirse en el hombre que nació para ser.

Señor, muéstrate a nosotros como nunca antes te hemos visto. Conocemos tu paz, así que muéstranos nuestra pasión, nuestro lugar detrás de ti al seguir tu guía. ¿Cómo podemos servirte, cómo podemos encarnar tu presencia en *aquellos* a nuestro alrededor *que más anhelas*? Muéstrate a nosotros, Señor, que podamos ser libres para ser quienes tú predestinaste. Al hacerlo, que tu iglesia sea liberada.

APÉNDICE A

EJEMPLOS DE LOGOS E ÍCONOS ESTRATÉGICOS

Los siguientes ejemplos de diferentes iglesias ilustran el principio del capítulo veinte de comunicar visualmente la visión. Los ejemplos tienen tres elementos clave: logotipo, ícono de estrategia y eslogan. Cada una de estas iglesias desarrolló sus técnicas de marca e imagen institucional con Auxano luego de transitar el sendero de visión. Observa el modo en que sus logos representan imágenes nítidas y estilización para poder reflejar la visión y cultura únicas de su organización. Sus íconos no solo visualizan el contenido de su estrategia, sino que también se relacionan con el diseño del logotipo y son una herramienta importante de la comunicación interna. Sus eslóganes son simples, frases cortas que juegan un rol significativo para posicionar a su iglesia y hacer una promesa a las personas tanto de adentro como de afuera de la congregación, resaltando sus fortalezas.

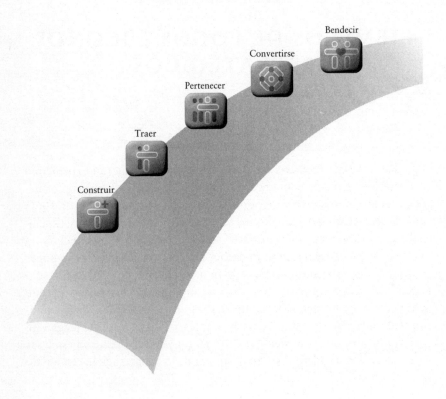

Para el viaje de la vida

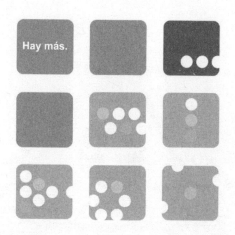

Hay más.

Donde las vidas cambian por Dios

Alcanzar por la vida

APÉNDICE B

EJEMPLOS DE SENDERO DE VISIÓN

ADEMÁS DEL EJEMPLO DE FAITHBRIDGE del capítulo dieciséis, incluyo tres ejemplos de sendero de visión para ministerios que completaron los cuatro bordes del marco de visión. El primero es de Discovery Church en Orlando, la que emplea la metáfora del hogar. Observa que la misión, estrategía y medidas de misión se relacionan con la metáfora dominante. El segundo ejemplo es de First Presbyterian Church en San Antonio. El tercer ejemplo es de Upward Sports, un ministerio evangélico internacional. Incluí Upward como un ministerio no eclesiástico para mostrar que el marco de visión puede responder las principales preguntas de liderazgo en cualquier contexto.

discovery
IGLESIA

Misión (ᵐ*Mandato*)
Liderando a las personas para descubrir todo su hogar en Cristo.

Diferencia Discovery (ᵐ*Motivos*)
Descubrimiento apasionado
Somos creyentes apasionados por descubrir todo lo que Cristo y su Palabra ofrecen, y aprovechar las oportunidades de compartirlo con otros.

Transformación comunitaria
Alcanzamos intencionalmente a otros supliendo sus necesidades, y compartiendo el evangelio de maneras relevantes para que puedan acceder a la vida de Cristo.

Relación auténtica
Nos comprometemos en una relación afectuosa y auténtica con Dios y los demás.

Ambientes persuasivos
Creamos ambientes persuasivos propicios para que el Espíritu Santo trabaje en los corazones de las personas.

S2 Liderazgo
Desarrollamos líderes efectivos guiados por el Espíritu y estratégicamente focalizados.

Marcadores de crecimiento (ᵐ*Marcas*)
Persigue, relaciona, sirve, da, invita.

Proceso Discovery (ᵐ*Mapa*)

Hay más

First Presbyterian
SAN ANTONIO

Misión (^mMandato)
Renovando mentes y redimiendo vidas con el inalterable amor de Jesucristo.

Valores (^mMotivos)

Transformación de la ciudad
Demostrada por el firme compromiso de redimir el corazón de la ciudad para Jesucristo.

Integración del evangelio
Demostrada por la fusión de lo bíblico con lo social.

Compasión espontánea
Demostrada por el flujo de amor increíble y natural por los otros.

Dedicación misericordiosa
Demostrada por la devoción desinteresada del liderazgo dentro de la iglesia.

Misión práctica
Demostrada por la filosofía de que las vidas cambian por el aprendizaje experimental.

Educación familiar
Demostrada por la realidad de que la familia es el principal móvil de Dios para el discipulado.

Estrategia (^mMapa)

Alaba

Crece

Sirve

Medidas de misión (^mMarcas)

Corazón para Dios
Mente para la verdad
Rodillas para oración
Boca para alentar
Manos para cuidar
Pies para ir

Imagina la vida diferente

Misión (ᵐ*Mandatos*)

Presentarle a los niños a Jesucristo, creando oportunidades de servir a través del deporte.

Valores (ᵐ*Motivos*)

La prioridad de los niños: creemos que cada niño es un ganador.

La expectativa de momentos de Dios: creemos que Dios está trabajando alrededor de nosotros.

La disciplina de la excelencia: creemos en un servicio que exceda las expectativas.

La vida de integridad: creemos que el modo en que vivimos es más importante que lo que decimos.

Ligas en misión: preguntas para Iglesias aliadas (ᵐ*Marcas*)

¿Levantan su liga en oración?

¿Presentan el evangelio y las Escrituras?

¿Desean que cada niño conozca a Cristo?

¿Desarrollan el liderazgo de manera activa?

¿Refuerzan a Cristo como modelo de entrenadores y árbitros?

¿Entregan una experiencia divertida a cada participante?

Estrategia (ᵐ*Mapa*)

Cada niño es un ganador

NOTAS

INTRODUCCIÓN

1. Schaller, Lyle E, *The Interventionist* (Nashville, Tennessee: Abingdon Press, 1997), p. 144.

PRIMERA PARTE

CAPÍTULO 1

1. Libbrecht, Kenneth G., «Is It Really True That No Two Snowflakes Are Alike?», www.its.caltech.edu/~atomic/snowcrystals/alike, 2006.
2. Barna, George, *A Fish out of Water* (Nashville, TN: Integrity, 2002), p. 119. [*Un pez fuera del agua* (Lake Mary, Florida: Casa Creación, 2003)].
3. Lewis, Robert, y Cordeiro, Wayne, *Culture Shift: Transforming Your Church from the Inside Out* (San Francisco: Jossey-Bass, 2005), p. 3.
4. Lewis y Cordeiro, *Culture*, p. 2.
5. Lewis, Allyson, *The Seven Minute Difference: Small Steps to Big Changes* (Chicago: Kaplan, 2006), p. 57. [*La solución 7 minutos* (Ediciones B, 2012)].
6. Barna, George, *The Power of Vision* (Ventura, CA: Regal Books, 2003), p. 11. [*El poder de la visión* (Miami, FL: Vida, 2003)].
7. Para una explicación útil acerca del modo en que los cambios en tecnología y comunicación afectan la cultura, ver Miller, M. Rex, *The Millennium Matrix: Reclaiming the Past, Reframing the Future of the Church* (San Francisco: Jossey-Bass, 2004).
8. Schaller, *The Interventionist*, p. 13.

CAPÍTULO 2

1. Adaptado de Stanley, Andy, and Jones, L, *Communicating for a Change: Seven Keys to Irresistible Communication* (Sisters, OR: Multnomah, 2006), pp. 93 – 94.
2. Stanley, A., Joiner, R., y Jones, L, *Seven Practices of Effective Ministry* (Sisters, OR: Multnomah, 2004), p. 130. [*Siete prácticas efectivas del liderazgo* (Buenos Aires: Peniel, 2006)].
3. Gladwell, Malcolm, *The Tipping Point: How Little Things Can Make a Big Difference* (Boston: Little, Brown, 2000), p. 99. [*El punto clave: cómo los pequeños cambios pueden provocar grandes efectos* (Doral, FL: Santillana USA Pub. Co., 2007)].

4. Collins, Jim, *Good to Great* (New York: HarperBusiness, 2001), pp. 90–91.
5. «The Masters of Business Imagination Manifesto», http://www.jim-carroll.com/10s/10MBI.htm, 2006. Usado con permiso.
6. McNeal, Reggie, *The Present Future: Six Tough Questions for the Church* (San Francisco: Jossey-Bass, 2003), pp. 92 – 96.

CAPÍTULO 3

1. Engle, Paul y McIntosh, Gary, *Evaluating the Church Growth Movement: Five Views* (Grand Rapids, MI: Zondervan, 2004), pp. 20–21.
2. Engle y McIntosh, *Evaluating*, p. 12.
3. Engle y McIntosh, *Evaluating*, p. 9.
4. Engle y McIntosh, *Evaluating*, p. 21.
5. Stetzer, Ed, y Putman, David, *Breaking the Missional Code: Your Church Can Become a Missionary in your Community* (Nashville, TN: Broadman and Holman, 2006), p. 46.
6. Warren, Rick, *Una iglesia con propósito* (Miami, FL: Vida, 2009), contratapa.
7. Stetzer y Putman, *Breaking*, p. 49.
8. Barna, George, *Growing True Disciples* (Ventura, CA: Regal, 2002), pp. 31 – 48.
9. Guder, Darrell y Barrett, Lois, *The Missional Church: A Vision for the Sending of the Church in North America* (Grand Rapids, MI: Eerdmans, 1998), p. 6.
10. Guder y Barrett, *The Missional*, p. 5.
11. Frost, Michael y Hirsch, Alan, *The Shaping of Things to Come: Innovation and Mission for the 21st Century Church* (Peabody, MA: Hendrickson, 2003), p. 12.
12. Henderson, Jim, y Casper, Matt, *Jim & Casper Go to Church: Frank Conversation About Faith, Churches, and Well-Meaning Christians* (Ventura, CA: Barna Group, 2007), p. xvii.
13. Guder y Barrett, *The Missional*, p. 3.
14. McNeal, *The Present*, p. 23.

CAPÍTULO 4

1. Barker, Joel Arthur, *Future Edge: Discovering the new Paradigms of Success* (New York: W. Morrow, 1992), p. 140.
2. Collins, *Built to last* (Harpercollins, 2004), p. 82.

SEGUNDA PARTE

CAPÍTULO 5

1. Buckingham, Marcus, *Lo único que usted debe saber*, (Bogotá: Norma, 2006), p. 156.
2. Stanley, Joiner y Jones, *Seven*, pp. 69 – 84.

CAPÍTULO 6

1. Willard, Dallas, *The Divine Conspiracy* (New York: HarperCollins, 1997), p. 11. [*La Divina Conspiración* (Zondervan, 2013)].
2. Adair, John, *The Leadership of Jesus and Its Legacy Today* (Cleveland: Pilgrim Press, 2002), p. 117.
3. Blanchard, Ken, *High Five: The Magic of Working Together* (New York: HarperCollins, 2001), p. 184. [*¡Choca esos cinco!: la magia de trabajar en equipo* (Barcelona: Grijalbo Mondadori, 2001)].
4. Deming, Edwards, «A System of Profound Knowledge», en Neff, Dale, y Cefola, Jacquelyn, *The Economic Impact of Knowledge* (Boston: Butterworth-Heinemann, 1998), p. 161.

CAPÍTULO 7

1. Coleman, Robert, «The Master's Plan», en Winter, Ralph y otros, *Perspectives on the World Christian Movement* (Pasadena, CA: William Carey Library, 1999), p. 101.
2. Smith, Dwight, «Identifying People of Vision: God's Design for Antioch, Apostolic, Visionary Kinds of Leaders», http://www.scpi.org/index.php?page=peopleofvision, 2001.

CAPÍTULO 9

1. Colson, Charles, *The Body: Being Light in the Darkness* (Dallas: Word, 1992), p. 65. [*El cuerpo: luz en medio de las tinieblas* (Grupo Nelson, 1994)].
2. Cannistraci, David, *God's Vision for Your Church* (Ventura, CA: Regal Books, 1999), pp. 276 – 277.
3. Spaugh, Herbert, «A Short Introduction to the History, Customs, and Practices of the Moravian Church», http://www.everydaycounselor.com/archives/sh/shistory.htm, 16 diciembre 1999. (Nota: esta página está a la venta y ya no tiene contenidos.)
4. http://en.wikipedia.org/wiki/Facing_the_Giants.
5. James, William, *The Varieties of Religious Experience: A Study in Human Nature* (New York: Modern Library, 1936), p. 9. [*Las*

Variedades de la Experiencia Religiosa: Estudio de la Naturaleza Humana (México DF, México: Lectorum, 2005)].

6. Tichy, Noel, *The Leadership Engine: How Winning Companies Build Leaders at Every Level* (New York: HarperBusiness, 1997), p. 3. [*Líderes en acción: cómo formar líderes en todos los niveles de una organización* (México: Patria Cultural, 2003)].

CAPÍTULO 10

1. http://www.southwest.com/about_swa/airborne.html, 2007.
2. Collins, Jim. *Good to Great and the Social Sectors: Why Business Thinking Is Not the Answer: A Monograph to Accompany Good to Great: Why Some Companies Make the Leap — and Others Don't* (Boulder, CO: J. Collins, 2005), p. 27.
3. Rainer, Thom S., and Eric Geiger. *Simple Church: Returning to God's Process for Making Disciples* (Nashville, TN: Broadman Press, 2006), p. 76. [Iglesia simple: cómo volver al proceso divino de hacer discípulos (Nashville, TN: B & H Español, 2007)].

TERCERA PARTE

CAPÍTULO 11

1. http://www.37signals.com/svn/archives/001074.php , 2005.

CAPÍTULO 12

1. Jones, Laurie Beth, *The Path: Creating Your Mission Statement for Work and for Life* (New York: Hyperion, 1996), p. ix. [*Encuentra tu camino: Creando el lema de tu misión para el trabajo y la vida* (New York : Hyperion, 1996).]
2. Cole, Neil, *Organic Church: Growing Faith where Life Happens* (San Francisco: Jossey-Bass, 2005), p. xxvii.
3. Minatrea, Milfred, *Shaped by God's Heart: The Passion and Practices of Missional Churches* (San Francisco: Jossey-Bass, 2004), p. 11.

CAPÍTULO 14

1. Dahle, Cheryl, «Can This Off-site Be Saved?», *Fast Company*, septiembre 2001, p. 118.
2. Laermer, Richard, y Mark Simmons, *Punk Marketing: Get Off Your Ass and Join the Revolution* (New York: HarperCollins, 2007), p. 123. [*Punk Marketing* (Bcn: Planeta, 2008)].
3. Stanley y Jones, *Seven*, p. 87. [*Siete*].

4. Hawkins, Greg L., Cally Parkinson, y Eric Arnson, *Reveal* (Barrington, IL: Willow Creek Resources, 2007), p. 33.
5. Hawkins, Parkinson, y Arnson, *Reveal*, p. 65.
6. Rainer y Geiger, *Simple*, p. 67. [*Iglesia*].

CAPÍTULO 15

1. Pope, Randy, *The Prevailing Church: An Alternative Approach to Ministry Design* (Chicago: Moody Press, 2002), p. 84.
2. Frazee, Randy, *The Connecting Church: Beyond Small Groups to Authentic Community* (Grand Rapids, MI: Zondervan, 2001), p. 69.
3. McNeal, 2003, p. 106.
4. Barna, George, *Growing True Disciples: New Strategies for Producing Genuine Followers of Christ* (Colorado Springs, CO: WaterBrook Press, 2001), pp. 74 – 76.
5. Barna, *Growing*, pp. 75 – 76.

CAPÍTULO 16

1. Warren Bennis, *On Becoming a Leader* (New York: Perseus, 1989), p. 31 [*Cómo llegar a ser líder* (Bogotá: Norma, 1989)].
2. Barna, George. [http://www.barna.org/FlexPage.aspx?Page=Excerpt&ProductID=57]. Excepto por Barna, George, *The Power of Team Leadership: Achieving Success Through Shared Responsibility* (Colorado Springs, CO: WaterBrook Press, 2001).
3. Regele, Mike, y Mark Schulz, *Death of the Church* (Grand Rapids, Mich.: Zondervan, 1995), p. 229.
4. www.philvischer.com/index.php/?p38, 2007.
5. Frost y Hirsch, *The Shaping*, pp. 170 – 171.
6. Sweet, Leonard, *SoulTsunami* (Grand Rapids, MI: Zondervan, 1999), p. 57.

CAPÍTULO 17

1. Lipton, Mark (citando a Tom Chappell), *Guiding Growth: How Vision Keeps Companies on Course* (Boston: Harvard Business School Press, 2003), p. 100.
2. Buckingham, *Lo único*, p. 141.
3. Weems, Lovett H. (citando a C. S. Lewis), *Church Leadership: Vision, Team, Culture, and Integrity* (Nashville, TN: Abingdon Press, 1993), p. 59.
4. Sweet, *SoulTsunami*, p. 201.
5. Adair, *The leadership*, pp. 125–126.

6. Willard, Dallas. *The Divine*, p. 375.
7. Maxwell, John C. *Las 21 leyes irrefutables del liderazgo: siga estas leyes, y la gente lo seguirá a usted* (Nashville, TN: Grupo Nelson 2007), p. 109.
8. Buckingham, *Lo único*, p. 191.
9. Lencioni, Patrick, *Luchas por el poder dentro de las empresas: un cuento sobre liderazgo y cómo destruir las barreras que convierten a los colegas en rivales* (Bogotá: Norma, 2007), p. 202.

CUARTA PARTE

INTRODUCCIÓN

1. Rainer y Geiger, *Simple*, p. 202–203. [*Iglesia*].

CAPÍTULO 18

1. Donahue, Bill y Russ Robinson, *The Seven Deadly Sins of Small Group Ministry: A Troubleshooting Guide for Church Leaders* (Grand Rapids, MI: Zondervan, 2002), p. 45. [*Los siete pecados capitales de los grupos pequeños* (Miami, FL: Vida Publishers, 2008)] (Aquí adapto el uso de los términos de colaboración, coordinación y comunicación.)

CAPÍTULO 19

1. Lipton, *Guiding*, p. 109.
2. Senge, Peter (citando a David Bohm), *La quinta disciplina: el arte y la práctica de la organización abierta al aprendizaje* (Buenos Aires: Granica, 2005), p. 302.
3. Ury, William, *El poder de un no positivo: cómo decir No y sin embargo llegar al Sí* (Bogotá: Norma, 2005), pp. 1–30.
4. Adair (citando a Antoine de Saint Exupéry), *The Leadership*, p. 151.

CAPÍTULO 20

1. Seidman, Dov, *How: Why HOW We Do Anything Means Everything...in Business (and in Life)* (Hoboken, NJ: Wiley, 2007), p. 1.
2. Seidman, *How*, p. 3.
3. Donahue y Robinson, *The seven*, p. 68. [*Los siete*].
4. Jensen, Bill, *Simplicity: The New Competitive Advantage in a World of More, Better, Faster* (Cambridge, MA: Perseus Books, 2000), pp. 72–73.

5. Frost y Hirsch, *The Shapping*, p. 84.

6. Frost y Hirsch, *The Shapping*, p. 24.

7. Malphurs, Aubrey y Will Mancini, *Building Leaders: Blueprints for Developing Leadership at Every Level of Your Church* (Grand Rapids, MI: Baker Books, 2004), p. 217.

8. McManus, Erwin Raphael, *An Unstoppable Force: Daring to Become the Church God Had in Mind* (Loveland, CO: Group, 2001), p. 113. [*Una Fuerza Incontenible: Decididos a ser la iglesia que Dios tenía en mente* (Unilit, 2008)].

9. Roxburgh, Alan J. y Fred Romanuk, *The Missional Leader: Equipping Your Church to Reach a Changing World* (San Francisco: Jossey-Bass, 2006), p. 71.

BIBLIOGRAFÍA

Bailey, Mark. *To Follow Him: The Seven Marks of a Disciple*. Sisters, OR: Multnomah, 1997.

Barna, George. *Growing True Disciples: New Strategies for Producing Genuine Followers of Christ*. Colorado Springs, COL: WaterBrook Press, 2001.

Bennett, David W. *Metaphors of Ministry: Biblical Images for Leaders and Followers*. Grand Rapids, MI: Baker Book House, 1993.

Cole, Neil. *Organic Church: Growing Faith Where Life Happens*. San Francisco: Jossey-Bass, 2005.

Collins, Jim. *Good to Great and the Social Sectors: Why Business Thinking Is Not the Answer: A Monograph to Accompany Good to Great: Why Some Companies Make the Leap — and Others Don't*. Boulder, CO: J. Collins, 2005.

Creps, Earl G. *Off - Road Disciplines: Spiritual Adventures of Missional Leaders*. San Francisco: Jossey-Bass, 2006.

Davenport, Thomas H., y John C. Beck. *La economía de la atención: El nuevo valor de los negocios*. España: Paidós, 2002.

Driscoll, Mark. *Confessions of a Reformission Rev.: Hard Lessons from an Emerging Missional Church*. Leadership Network Innovation Series. Grand Rapids, MI: Zondervan, 2006.

Faber, R. «The Apostle and the Poet: Paul and Aratus», [http://www.spindleworks.com/library/rfaber/aratus.htm]. 2001.

Frost, Michael, y Hirsch, Alan. *The Shaping of Things to Come: Innovation and Mission for the 21st Century Church*. Peabody, MA: Hendrickson, 2003.

Gibbs, Eddie, y Ryan K. Bolger. *Emerging Churches: Creating Christian Community in Postmodern Cultures*. Grand Rapids, MI: Baker Academic, 2005.

Gladwell, Malcolm. *El punto clave: [cómo los pequeños cambios pueden provocar grandes efectos]*. Doral, FL: Santillana USA Pub. Co., 2007.

Guder, Darrell, y Lois Barrett. *The Missional Church: A Vision for the Sending of the Church in North America*. Grand Rapids, MI.: Eerdmans, 1998.

Lewis, Robert, y Rob Wilkins. *La irresistible influencia de la iglesia*. Miami, FL: Vida, 2003.

Lucado, Max. *Cura para la vida común: Encontrando su lugar*. Nashville, TN: Caribe-Betania, 2005.

Malphurs, Aubrey. *Planeamiento estratégico: un nuevo modelo para la iglesia y los lideres*. Miami, FL: Peniel, 2006.

Maxwell, John C. *Piense, para obtener un cambio*. Miami, FL: Peniel, 2010.

McGavran, Donald. *The Bridges of God: A Study in the Strategy of Missions*. New York: Friendship Press (distributor), 1955.

McGavran, Donald. *Understanding Church Growth*. Grand Rapids, MI: Eerdmans, 1970.

McGrath, Alister. *Beyond the Quiet Time: Practical Evangelical Spirituality*. Grand Rapids, MI: Baker Books, 1995.

McNeal, Reggie. *Prácticas para la grandeza: 7 disciplinas extraordinarias del liderazgo*. Miami, FL: Vida, 2010.

Mintzberg, Henry. *The Rise and Fall of Strategic Planning: Reconceiving Roles for Planning, Plans, Planners*. New York: Free Press, 1994.

Newbigin, Lesslie. *The Other Side of 1984: Questions for the Churches*. Risk Book Series, no. 18. Geneva: World Council of Churches, 1983.

Peterson, Eugene H., y Janice Stubbs Peterson. *Living the Message: Daily Help for Living the God-Centered Life*. San Francisco: HarperCollins, 2003.

Peterson, Eugene H. *Correr con los caballos: la búsqueda de una vida mejor*. Miami, Fl.: Patmos, 2006.

Peterson, Eugene H. *Under the Unpredictable Plant: An Exploration in Vocational Holiness*. Grand Rapids, MI: Eerdmans, 1992.

Quinn, Robert E. *Building the Bridge As You Walk on It: A Guide for Leading Change*. San Francisco: Jossey-Bass, 2004.

Ries, Al, y Jack Trout. *Posicionamiento*. Madrid: McGraw-Hill, 1990.

Rusaw, Rick, y Eric Swanson. *The Externally Focused Church*. Loveland, CO: Group, 2004.

Schaller, Lyle E. *The Very Large Church*. Nashville, TN: Abingdon Press, 2000.

Senge, Peter. *La quinta disciplina: el arte y la práctica de la organización abierta al aprendizaje*. Buenos Aires: Granica, 2005.

Slaughter, Michael, y Warren Bird. *Unlearning Church: Just When You Thought You Had Leadership All Figured Out!* Loveland, CO: Group, 2002.

Southern, Richard, y Robert Norton. *Cracking Your Congregation's Code: Mapping Your Spiritual DNA to Create Your Future*. San Francisco: Jossey-Bass, 2001.

Stanley, Andy. *Visioingeniería*. Miami, Fl.:Unilit, 2001.

Stetzer, Ed, y David Putman. *Breaking the Missional Code: Your Church Can Become a Missionary in Your Community*. Nashville, TN: Broadman and Holman, 2006.

Stone Yamashita Partners. *Chemistry (and the Catalysts for Seismic Change)*. San Francisco: Stone Yamashita Partners, 2001.

Sweet, Leonard. *SoulTsunami: Sink or Swim in New Millennium Culture*. Grand Rapids, MI: Zondervan, 1999.

Taylor, Steve. *The Out of Bounds Church?: Learning to Create a Community of Faith in a Culture of Change*. El Cajón, CA: Emergent YS, 2005.

Ury, William. *El poder de un no positivo: cómo decir No y sin embargo llegar al Sí*. Bogotá: Norma, 2005.

Warren, Rick. *Una iglesia con propósito. Cómo crecer sin comprometer el mensaje y la misión*. Miami, FL: Vida, 2009.

Wiersbe, Warren W. *Developing a Christian Imagination: An Interpretive Anthology*. Wheaton, IL.: Victor Books/SP, 1995.

Willard, Dallas. *Renueva tu corazón. Sé como Cristo*. Barcelona, España: Clie, 2004.

Winseman, Albert L., Donald O. Clifton, y Curt Liesveld. *Living Your Strengths: Discover Your God-Given Talents and Inspire Your Community*. New York: Gallup Press, 2004.

RECONOCIMIENTOS

Veo a las personas que contribuyeron al trabajo de mi vida como un pase en una rueda de la fortuna. Algunos dan una vuelta y producen un impacto inconfundible. Otros viajan contigo por años, dándote apoyo y compartiendo aventura tras aventura.

Mi ministerio como consultor-navegador no hubiera sido posible sin innumerables personas que hicieron breves viajes conmigo. En especial agradezco a todos los líderes ministeriales que compartieron sus vidas y organizaciones conmigo, como un compañero de trabajo confiable. Cada vez que lo hacen aprendo mucho, y espero que, a su tiempo, también yo sea de ayuda a ellos.

Las palabras de este libro fluyen de la voz colectiva del equipo Auxano, aquellos con quienes disfruté años de paseos con algunas vistas imponentes. Estoy sumamente agradecido a Jim Randall y Cheryl Marting, quienes fueron co-pioneros en comenzar nuestro ministerio. Muchos siguieron y agregaron contribuciones invaluables a nuestro abordaje. Específicamente quiero agradecer a James Bethany, director creativo de Auxano; Justin Johnson, Crull Chambless, Jeff Harris, Rich Kannwischer, Dave Saathoff, and Christopher Willard.

El viento diario en mis navegaciones durante la temporada de preparación de este libro provino de siete personas. Primero, mi madre y mi padre, Bill y Lee Mancini, han sido alentadores consumados y modelos de la vivencia del reino. Luego mi increíble trío, Jacob, Joel, y Abigail, han sido más que hijos maravillosos; fueron participantes curiosos y gozosos, que me inspiraron constantemente. Nuestras frecuentes paradas Jamba y recreos de Halo marcaron el viaje con muchas risas. Sexta, su mamá Katrina, quien aún me cautiva con su sonrisa, la que difícilmente ni por un momento se sienta débil. La séptima persona es Cheryl Marting, directora de conexión de Auxano y mi querida amiga.

Cheryl ha sido una «gran tormenta» de habilidad, apoyo e inspiración, más que ningún otro. Este libro es un testimonio de su trabajo como líder y escritora en el proceso de colaboración. El grado de utilidad de este libro es el resultado de sus presiones y resistencias consistentes al expresar sus pensamientos. Estoy inmensamente agradecido por su apoyo como colaboradora en aportar visión y claridad a líderes ministeriales.

ACERCA DEL AUTOR

WILL MANCINI salió de la trinchera del liderazgo de la iglesia local para fundar Auxano, un ministerio consultor pionero en su tipo que se focaliza en desarrollar claridad de la visión. Como «evangelista de la claridad» sirvió como arquitecto de visión a cientos de iglesias a lo largo del país, incluyendo las iglesias líderes bautistas, metodistas, presbiterianos, luteranos y no denominacionales, y para los notables pastores Chuck Swindoll y Max Lucado. El estilo de Will mezcla lo mejor de tres mundos: proceso de pensamiento de su disciplina de ingeniería, conocimiento comunicacional como ejecutivo de agencia, y teología práctica como líder pastoral. Su educación incluye una maestría teológica en liderazgo pastoral de Dallas Theological Seminary y bachillerato en ciencias en ingeniería química de la universidad estatal de Pensilvania. Es el co-autor junto con Aubrey Malphurs de *Building Leaders: Blueprints for Developing Leadership at Every Level of Your Church*. Will reside en Houston donde sus diversiones favoritas son el ciclismo de montaña y jugar Halo con sus tres hijos.

ÍNDICE

Nos agradaría recibir noticias suyas.

Por favor, envíe sus comentarios sobre este libro

a la dirección que aparece a continuación.

Muchas gracias.

Vida@zondervan.com

www.editorialvida.com